城乡规划管理基础理论研究系列　周剑云　主编
国家自然科学青年科学基金项目"基于行动者关联法的地方开发控制及其制度构建：以广州为例"(51908222)资助

开发控制体系及其制度形态研究

Research on Development Control System and Its Institutional Form

庞晓媚　周剑云　蔡小波　黎淑翎　陈璐　著

东南大学出版社·南京

内容提要

本书从开发控制的历史发展以及制度渊源开始，为读者展现了开发控制所涵盖的制度目标以及实现制度目标的方式和途径，梳理了核心而关键的观点。通过追溯开发管制的权利渊源和开发控制模式，概括开发控制两种基本原型。综述西方开发控制理论研究的演变以及实践发展，对开发控制具有的政治性、经济性、技术性以及地方性进行归纳演绎。立足我国目前的开发控制制度困境，对"开发"这一术语的法律定义进行详细的考究辩证；并基于开发控制体系梳理我国工程建设项目的审批逻辑。对开发控制六种法定形式进行了深入的剖析，并综述了英国规划许可、中国香港土地契约、新加坡土地批租、美国区划修正及建筑许可、澳大利亚开发许可、日本工程认可等典型国家和地区的开发控制程序；对规划许可的普遍性程序进行四个阶段的划分。

本书对开发控制的历史发展、制度渊源、制度目标、多维属性、程序构成等核心问题进行梳理并呈现这些要素的关系，可供城市政府、城乡规划管理与技术人员、科研学者、高等院校相关专业学生等人员参考和学习。

本书"开发管制的权力渊源与开发管制模式""开发术语的法律定义""开发控制原理与分类审批的逻辑"三个章节由周剑云教授主笔。

图书在版编目(CIP)数据

开发控制体系及其制度形态研究 / 庞晓媚等著. -- 南京：东南大学出版社，2024.8
（城乡规划管理基础理论研究系列 / 周剑云）
ISBN 978-7-5641-9925-8

Ⅰ.①开… Ⅱ.①庞… Ⅲ.①城市开发—研究—中国 Ⅳ.①F299.2

中国版本图书馆 CIP 数据核字(2021)第 259321 号

责任编辑：姜　来　　责任校对：子雪莲　　封面设计：毕　真　　责任印制：周荣虎

开发控制体系及其制度形态研究
KAIFA KONGZHI TIXI JIQI ZHIDU XINGTAI YANJIU

著　者：	庞晓媚　周剑云　蔡小波　黎淑翎　陈　璐
出版发行：	东南大学出版社
社　址：	南京市四牌楼2号　邮编：210096　电话：025-83793330
出版人：	白云飞
网　址：	http://www.seupress.com
电子邮箱：	press@seupress.com
经　销：	全国各地新华书店
印　刷：	广东虎彩云印刷有限公司
开　本：	787 mm×1092 mm　1/16
印　张：	16
字　数：	357 千
版　次：	2024 年 8 月第 1 版
印　次：	2024 年 8 月第 1 次印刷
书　号：	ISBN 978-7-5641-9925-8
定　价：	68.00 元

本社图书若有印装质量问题，请直接与营销部调换。电话(传真)：025-83791830

目 录

图片目录	ix
表格目录	xi
注释目录	xiii
专家推荐/李晓江	xv
丛书前言/周剑云	xvii
序一/尹稚	xxi
序二/于立	xxiii

1 开发控制的制度目标	**1**
1.1 城市发展的历史进程与开发控制目标	2
1.1.1 自然聚居时期的乡村和小镇：协调相邻利益	2
1.1.2 王权统治时期的城市：美学与社会控制	4
1.1.3 商品经济主导时期的城市：从土地开发中获取收益	8
1.1.4 工业革命后的城市快速发展时期：干预开发与调节人居环境	9
1.1.5 二战之后的城市发展时期：多元目标的探索	12
1.1.6 面向 21 世纪：可持续发展	15
1.2 基于可持续发展要求的开发控制制度目标	15
1.2.1 建立"妨碍制度"，保障基本权利	15
1.2.2 将开发收益还原为公共利益	16
1.2.3 创新开发控制机制，提升人居环境	19
1.2.4 将社会控制转为促进社会公正与阶层的融合	20
1.2.5 拓展美学控制的要素，营造理想的城市公共空间	22
1.2.6 促进开发活动与城市发展战略的融合	23
1.2.7 通过"程序正义"平衡可持续发展的冲突	25
1.3 本章结语	26
2 开发管制的权力渊源与开发管制模式	**27**
2.1 英国的规划许可管制模式	28
2.2 美国的区划管制模式	29

2.3	混合管制模式	30
	2.3.1 香港的混合管制模式	30
	2.3.2 新加坡的混合管制模式	32
	2.3.3 昆士兰州的混合管制模式	34
2.4	管制模式的比较与评价	35
2.5	本章结语	36

3 开发控制制度的多维属性   39

3.1	开发控制制度的实践及理论发展	39
	3.1.1 城市早期的开发控制实践	39
	3.1.2 工业革命后规划理论的发展	40
	3.1.3 开发控制研究的转折	41
	3.1.4 新马克思主义学派的渗透	42
	3.1.5 城市政体理论的推动	42
	3.1.6 制度经济学理论的影响	43
	3.1.7 后现代城市研究理论的思潮	43
3.2	开发控制制度的多维属性	44
	3.2.1 政治性	45
	3.2.2 经济性	45
	3.2.3 技术性	47
	3.2.4 地方性	48
3.3	本章结语	49

4 开发术语的法律定义   51

4.1	专业术语与概念的关系	51
4.2	中文"开发"概念的词典含义	53
4.3	"开发"作为专业术语在不同国家和地区的定义	54
	4.3.1 英国《1947城乡规划法》中"开发"的概念与定义	54
	4.3.2 《1961纽约区划规例》中"开发"的定义	55
	4.3.3 昆士兰州《1997整合规划法》中"开发"术语的定义与解释	56
	4.3.4 1998年《新加坡规划法》中"开发"的定义	57
	4.3.5 《香港城市规划条例》中"开发"的定义与解释	58
4.4	"开发"术语含义的比较与讨论	59
	4.4.1 英国、中国香港和新加坡将"开发"的专业概念直接转化为法律术语	59
	4.4.2 昆士兰州《整合规划法》以列举的方式规定"开发"的范围	

		（开发概念的外延）	61
	4.4.3	《1961纽约区划规例》将"开发"作为一般专业词语进行解释	61
4.5	本章结语		62

5 开发控制原理与分类审批的逻辑　　65

- 5.1 工程项目审批与开发控制的关系　　65
  - 5.1.1 开发控制目的的演变　　65
  - 5.1.2 开发控制的组成以及工程项目审批的环节　　66
- 5.2 基于开发项目负外部性的评估构建分类审批的逻辑　　68
  - 5.2.1 开发目的与开发控制目的的一致性识别　　69
  - 5.2.2 外部性影响的程度　　69
  - 5.2.3 外部性影响的确定性　　69
- 5.3 开发活动分类与批准（许可）形式分类的整合框架　　70
  - 5.3.1 认可与备案　　71
  - 5.3.2 豁免或授权　　72
  - 5.3.3 合法性审查/第三方评估　　72
  - 5.3.4 规划许可　　73
  - 5.3.5 其他改进规制效率的手段　　74
- 5.4 开发项目生成的逻辑性与阶段性　　74
- 5.5 本章结语　　75

6 开发控制的法定形式　　77

- 6.1 工程行政认可　　78
  - 6.1.1 工程行政认可的表现方式　　78
  - 6.1.2 工程行政认可的法律含义　　80
  - 6.1.3 工程行政认可的对象　　81
  - 6.1.4 工程行政认可的制度基础　　81
- 6.2 法律授权许可　　82
  - 6.2.1 法律授权许可的表现方式　　82
  - 6.2.2 法律授权许可的法律含义　　83
  - 6.2.3 法律授权许可的对象　　84
  - 6.2.4 法律授权许可的制度基础　　84
- 6.3 区划赋权许可　　85
  - 6.3.1 区划赋权许可的表现方式　　85
  - 6.3.2 区划赋权许可的法律含义　　90
  - 6.3.3 区划赋权许可的对象　　91

		6.3.4	区划赋权许可的制度基础	91

6.4 规划行政许可 — 92
6.4.1 规划行政许可的表现方式 — 92
6.4.2 规划行政许可的法律含义 — 92
6.4.3 规划行政许可的对象 — 93
6.4.4 规划行政许可的制度基础 — 93

6.5 开发建设协议 — 94
6.5.1 开发建设协议的表现方式 — 94
6.5.2 开发建设协议的法律含义 — 96
6.5.3 开发建设协议的对象 — 97
6.5.4 开发建设协议的制度基础 — 98

6.6 土地契约(土地出让合同/租赁协议) — 98
6.6.1 土地契约的表现方式 — 98
6.6.2 土地契约的法律含义 — 99
6.6.3 土地契约的对象 — 100
6.6.4 土地契约的制度基础 — 100

6.7 本章结语 — 101

7 典型开发控制形式：美国区划 — 103

7.1 美国区划的历史渊源 — 103
7.1.1 从妨害原则到土地使用分区规制 — 103
7.1.2 从建筑规则到分区规则 — 108
7.1.3 从私人契约到公共管制 — 109
7.1.4 从传统欧几里得区划到综合分区管制 — 111

7.2 区划的制度特点 — 113
7.2.1 区划的权力来源——警察权的拓展 — 113
7.2.2 区划与规划的联系与差别 — 114
7.2.3 区划制度的普适性 — 115

7.3 美国区划多层级的裁量机制 — 117
7.3.1 一般规则 — 118
7.3.2 特殊规则 — 122
7.3.3 裁量型特殊规则 — 124
7.3.4 变通 — 124
7.3.5 特别许可 — 125
7.3.6 区划修正 — 126

7.4 本章结语 — 127

8 典型开发控制形式的程序 129
8.1 英国的规划许可程序 129
  - 8.1.1 规划许可的程序构成 129
  - 8.1.2 规划许可的程序特点 135
8.2 香港的土地契约程序 136
  - 8.2.1 土地契约的程序构成 136
  - 8.2.2 土地契约的程序特点 142
8.3 新加坡的土地批租程序 142
  - 8.3.1 土地批租的程序构成 142
  - 8.3.2 土地批租的程序特点 145
8.4 美国的区划修正及建筑许可程序 148
  - 8.4.1 区划修正许可的程序构成 148
  - 8.4.2 建筑许可的程序构成 149
  - 8.4.3 美国规划许可的特点 153
8.5 澳大利亚的开发许可程序 153
  - 8.5.1 开发许可的程序构成 153
  - 8.5.2 开发许可的程序特点 157
8.6 日本的工程认可程序 159
  - 8.6.1 工程认可的程序构成 159
  - 8.6.2 工程认可的程序特点 160
8.7 本章结语 160

9 规划许可的普遍性程序 163
9.1 规划许可程序的划分及其依据 163
  - 9.1.1 通过前期准备降低制度成本 164
  - 9.1.2 通过许可维护保障公众利益 165
  - 9.1.3 通过许可救济保障公民权利 165
9.2 规划许可申请的前期程序 165
  - 9.2.1 咨询 165
  - 9.2.2 预申请 166
  - 9.2.3 准备申请材料 166
9.3 规划许可的申请及授予程序 167
  - 9.3.1 申请与受理 167
  - 9.3.2 磋商与谈判 168
  - 9.3.3 决定与公告 170
9.4 规划许可的维护程序 170

        9.4.1 规划许可的变更 170
        9.4.2 规划许可的撤回 171
        9.4.3 许可的撤销 171
        9.4.4 许可的注销 172
   9.5 规划许可的救济程序 172
        9.5.1 规划许可的申诉 172
        9.5.2 规划许可的强制执行 174
   9.6 规划许可核心程序的设置理念 175
        9.6.1 协商谈判与制度成本 175
        9.6.2 公示听证与知情权 177
        9.6.3 许可撤回与信赖原则 177
        9.6.4 许可申诉与法律救济 178
        9.6.5 强制执行与制度权威 178
   9.7 规划许可的利益相关者及决策 180
        9.7.1 利益相关者的构成 180
        9.7.2 规划许可行政的权力模式 186
        9.7.3 规划许可决策的考虑因素 188
        9.7.4 规划许可决策的附加条件 191
   9.8 本章结语 192

附录 195
   1 英国规划许可申请书 196
   2 美国建筑许可申请书 203
   3 日本建筑确认申请书 204

参考文献 223

图片目录

图 1-1　1690 年英国考文特花园计划 ………… 5
图 1-2　英国考文特花园市场的原始建筑立面 ………… 5
图 1-3　英国背靠背住宅平面 ………… 9
图 1-4　英国利兹哈罗德街头的背靠背房屋 ………… 10
图 1-5　霍华德设想的"田园城市" ………… 12
图 1-6　法国巴黎圣日耳曼大道上的钻探工作 ………… 13
图 1-7　美国土地开发权转移示意图 ………… 14
图 1-8　欧盟土地利用空间变化（2000—2012 年） ………… 24
图 5-1　开发控制三个阶段的管理方式示意图 ………… 68
图 5-2　开发项目分类与管制形式的整合框架 ………… 71
图 6-1　英国布莱克地区企业区区位图 ………… 87
图 6-2　1983 年指定的伦敦德里企业区（指定有效期为 10 年） ………… 89
图 6-3　英国海伍德分销园区简化规划区 ………… 90
图 6-4　英国 Bridport Vearse 农场范围图 ………… 96
图 6-5　新加坡阿尔卡夫码头地块出让信息及建成效果 ………… 99
图 7-1　洛杉矶市中心的中央防火区和一般防火区边界演变 ………… 105
图 7-2　1904 年洛杉矶居住区 ………… 107
图 7-3　1908—1911 年洛杉矶工业区演变 ………… 108
图 7-4　19 世纪纽约公寓住宅平面演变 ………… 109
图 7-5　区划的权力来源 ………… 113
图 7-6　纽约区划裁量机制层级 ………… 118
图 7-7　1916 纽约区划的分区体系 ………… 119
图 7-8　1916 纽约区划的三套独立、平行的分区体系 ………… 119
图 7-9　1961 纽约区划"一张图"综合分区体系 ………… 120
图 7-10　1961 纽约区划分区编码特点 ………… 122
图 7-11　纽约区制定特别规定的考虑因素和管控目标 ………… 123
图 8-1　英国规划许可的程序 ………… 131

图 8-2　香港地政署处理契约修订申请的程序 …………………… 140
图 8-3　香港地政署处理换地申请的程序 ………………………… 141
图 8-4　新加坡政府发布希尔维尤地块详情 ……………………… 146
图 8-5　新加坡政府发布希尔维尤地块招标结束公告 …………… 147
图 8-6　2020 年 8 月正在施工建设住宅的新加坡希尔维尤地块及效果图 ……………………………………………………………… 147
图 8-7　美国规划许可申请类型 …………………………………… 148
图 8-8　美国统一土地用途审核程序 ……………………………… 150
图 8-9　美国建筑许可程序 ………………………………………… 151
图 8-10　澳大利亚标准规划许可证申请流程简图 ……………… 154
图 8-11　澳大利亚针对规划许可证申请决定的详细流程 ……… 155
图 8-12　日本工程认可程序示意图 ……………………………… 159

表格目录

表 1-1	新加坡重建局官网上的招标信息	23
表 3-1	土地开发控制中的交易成本	46
表 6-1	开发控制的法定形式	77
表 6-2	英国《布莱克布鲁克谷地方发展规划》合规性申请表中对于土地利用用途的限制	87
表 6-3	新加坡阿尔卡夫码头地块出让信息	99
表 8-1	香港《卖地条款》内容	137
表 8-2	新加坡政府卖地计划确认名单	142
表 8-3	新加坡政府卖地计划预留名单	143
表 8-4	新加坡重建局出让地块信息	144
表 8-5	新加坡希尔维尤地块批租过程	146
表 8-6	澳大利亚维多利亚州标准规划许可证申请流程	158
表 9-1	规划许可的普遍程序	163
表 9-2	不同国家和地区公共机构规划许可咨询对比	165
表 9-3	不同国家规划许可申请细节要求对比	167
表 9-4	不同国家规划许可部门协调对比	168
表 9-5	不同国家和地区公示程序对比	169
表 9-6	英国与美国规划许可变更对比	171
表 9-7	不同国家和地区规划许可申诉内容对比	172
表 9-8	不同国家和地区强制执行对比	175
表 9-9	城市规划委员会的形式	180
表 9-10	不同国家抽审权对比	181
表 9-11	分权形式优劣性对比	187
表 9-12	许可决策考虑因素	190
表 9-13	德国生态措施及其开发许可审查要求	191

注释目录

注释 1-1　近代闽南围江新民村村民共同制订的盖屋规则 …………… 2
注释 1-2　妨害法的两种类型 ……………………………………………… 3
注释 1-3　关于英国法律中高度自由裁量权及对案例依赖的描述 …… 3
注释 1-4　英国考文特花园的布局与设计 ………………………………… 4
注释 1-5　里坊的形制与管理制度 ………………………………………… 6
注释 1-6　中国古代建筑构造等级制度相关论述 ………………………… 6
注释 1-7　英国伊丽莎白一世对城镇扩张的控制实践 …………………… 7
注释 1-8　唐代后期里坊的侵街现象 ……………………………………… 8
注释 1-9　英国《1947 城乡规划法》主要内容 ………………………… 11
注释 1-10　巴黎改造概况 …………………………………………………… 12
注释 1-11　美国激励性区划和开发权转移概述 …………………………… 13
注释 1-12　上海英法美租界租地契事 ……………………………………… 17
注释 1-13　上海租界建筑高度控制相关描述 ……………………………… 17
注释 1-14　香港土地租用制度和土地政策 ………………………………… 18
注释 1-15　英国建筑用途更改相关规定 …………………………………… 20
注释 1-16　荷兰政府关于开发额外费用的规定 …………………………… 20
注释 1-17　香港特区政府的长期房屋策略 ………………………………… 21
注释 1-18　美国规划协会对于广告牌的管控规定 ………………………… 22
注释 1-19　欧盟空间规划相关描述 ………………………………………… 24
注释 4-1　英国《1947 城乡规划法》对"开发"的定义及规划许可相关
　　　　　内容 …………………………………………………………… 54
注释 4-2　澳大利亚昆士兰州《1997 整合规划法》中对"开发"的定义
　　　　　………………………………………………………………… 56
注释 4-3　1998 年《新加坡规划法》对"开发"的定义 ………………… 57
注释 6-1　澳大利亚"州重大开发项目"包含的开发类型及基础设施
　　　　　收费相关规定 ………………………………………………… 79
注释 6-2　英国《一般开发规则》目录 …………………………………… 79
注释 6-3　日本市町村城市计划相关规定 ………………………………… 81
注释 6-4　公众参与相关法律规定 ………………………………………… 82

注释 6-5　日本建筑确认相关规定 …………………………… 83
注释 6-6　英国企业区相关资料 ……………………………… 85
注释 6-7　英国简化规划区相关资料 ………………………… 87
注释 6-8　英国规划义务相关资料 …………………………… 95
注释 8-1　香港勾地表制度下的卖地程序 …………………… 137
注释 8-2　香港土地契约完成证明书相关说明 ……………… 139
注释 8-3　新加坡卖地计划相关说明 ………………………… 142
注释 8-4　新加坡申请购买地块的程序 ……………………… 143
注释 8-5　新加坡重建局发布的投标流程 …………………… 145
注释 8-6　美国规划许可相关说明 …………………………… 148
注释 8-7　美国统一土地用途审核程序前的环境影响评估 ……… 149
注释 8-8　美国建筑许可相关说明 …………………………… 150

专家推荐

　　开发控制作为治理制度是空间/物质性规划体系的基本功能，规划体系中的法律与规制功能、规划编制与设计功能最终都是通过开发控制得以实现。因此开发控制一定程度上就是政府、公众、开发者、使用者的权力分配与利益平衡，并对城市的社会、经济、生态环境、人居环境品质，乃至物质性文化产生广泛而深刻的影响，其重要性不言而喻。改革开放40年以来，我国从计划经济向市场经济转型过程中，开发活动的动机与类型越来越多样化，涉及的利益主体与形态越来越复杂化。然而，学界、业界和行政部门对开发控制的研究见之甚少。开发控制制度研究的滞后导致一系列城市问题。面对中国城市日益多元的价值诉求、日益复杂的利益冲突，需要重新审视开发控制的制度安排。该书为我们翔实展示了开发控制体系及其制度形态，展示了作者对我国开发控制的深入思考，是介绍开发控制这一复杂事物的专业著作。在当前城乡规划体系向国土空间规划体系转型的过程中，本书为我国规划专业的学科学理认识、规划机构的职能优化与空间治理方式的改革提供了有益启示。

全国工程勘察设计大师
中国城市规划设计研究院教授级高级城市规划师、原院长

丛书前言

城市是人类最伟大的发明，这个基本的共识具有三重意义：第一，城市作为物质实体不是先于人存在的客观事物，而是人类意志的产物，是历史性的积淀；换而言之，城市作为人类主观意志的产物，其物质形态反映人类的生存目的与生活诉求。第二，城市这个创造和发明建基于自然场地上，城市建设使用自然的材料或经过加工的自然材料，建筑形式还需要符合自然规律，城市形态受到自然规定性、基础性的制约。第三，对于人类个体而言，城市又是一个预先给定的客观存在，无法逃避地生存其中并接受其规训。城市的历史性和自然的规定性与个体诉求之间的冲突是城市发展演化的基本矛盾。对于人类而言，城市是主观意志的产物；对于人类个体而言，城市又是一个独立于个体意识的自然存在和历史存在。因此，城市这个发明与其他工具性的发明不同，人与城市的关系不是纯粹的创造与被创造的关系，而是相互形塑的关系，犹如一个硬币的两面是一种共生的存在性关系。作为人类的发明，城市发展可以视为一个观念显形的过程，城市的思想观念与物质形态之间存在反身性关联，"所谓反身性就是互相决定性，它表示参与者的思想和他们所参与的事态因为人类获得的知识的局限性和认识上的偏差都不具有完全的独立性，二者之间不但相互作用，而且互相决定，不存在任何对称和对应"（百度百科）。在城市物质形态上，城市是设计与管理的产物，而规划设计与管理的思想又源自历史存在的物质形态，并且任何新的改变和叠加都无法超越自然的规定性和历史的局限性，这使得愿望图景和现实图景之间永远是不对称的，个体的诉求与自然存在和历史存在的紧张状态将持续地存在，规划与管理是缓解这种紧张关系的一种工具。

既然城市作为发明是意识的显形，那么规划就是关于城市的观念形式。城市的观念不同，规划形态就存在本质的差异。将城市视为建筑或建筑的组合，建筑设计的特征就是"工程＋艺术"，那么城市规划就是扩大的建筑设计，"二战"之前主流的规划观念大体都是"设计"。战后重建和大规模现代主义的城市规划实践暴露出一系列严重的社会问题，其中许多问题并不是物质空间规划所能解决的，并且理论研究也深刻地揭示出城市观念的误区——这就是机械论的城市观念。然而，城市这个发明并不是机械,没有所谓的终极蓝图可以全面地描述和规定城市的目标、功能及其形态。城乡类似有机体,有机体存在自身的发展规律,影响有机体发展的主要手段是改变有机体成长的环境条件,基于城市有机体的观念,城市规划就演变为"干预",也就是调节影响城市发展的社会、经济、文化和环境因素,规划的主要形式是法规和政策。设计是直接安排城市的构成要素,诸如道路、市政、建筑、绿地等物质性设施,法规和政策调节人的行为和资本的流动,其共同目标都是更快、更好地改善人居环境——这种诉求与现代工程技术的结合使得城市这个发明物在全球急速扩张与发展,严重影响生态环境的可持续发展,也威胁到人类生存本身。由此,当代规划的理念由城市发展转化为环境保护,规划的对象从城市扩展到环境。环境变化因素往往超出城市与地方政策的范围,比如气候变化就是属于全球治理的议题,相应的,地方性的城市规划就演变成针对变化因素的管理。

管理的特征是决策,也就是可选择方案的比较、评价与采纳。我国城市规划管理的内涵比较狭窄,主要包括城乡规划的组织编制与审批、规划许可证的发放、规划监督与检查、违法行为的处罚等规划行政事务。其中,法定规划的制定应属于立法范畴,而不是行政管理的范畴;规划许可证的发放和违法建设的处罚属于依法行政范畴,而不是管理范畴;立法、行政与管理属于不同的权力范畴。规划管理的对象为何?如果是开发行为,那么规划本身就是针对开发行为的管理;如果是规划制定行为,那么规划制定属于立法而不是管理。规划行为跨越立法、行政和管理三个范畴,可持续背景下的规划就是管理"变化",立法、行政和管理都是管制城市变化的手段,因此,规划的内涵就实质上转变为管理。

理论是指人们关于事物知识的理解和论述,这是用概念组织建构的话语,它用来解释客观世界的现象与规律,也可以描述客观事物并预言一个事实,理论可以帮助人们进行决策。城乡规划管理基础理论研究侧重规划概念和规划行为的逻辑研究,试图分析和阐明规划行为的主体与客体、规划行为的动因与目的、规划行为的程序与逻辑以及特定社会政治环境中的具体规划形态,包括法规体系、管理制度和技术规范等;理论研究的目的是厘清规划的概念和整理规划的知识,给具体的规划实践提供方法论的指导。

本丛书计划出版两个平行的系列,第一个是基于语言学方法和现象学观念的规划理论研究。语言具有描述、评价/表达、规定三种模式与功能,规划行为与语言极其类似——规划调查就是客观地描述城市现状;规划研究与分析、规划草案属于现状评价与愿望的表达;规划成果文件就是开发行为的规定,并且规划的主要呈现形式就是语言,而且大多数情况下使用生活语言,借助语言学的研究方法可以厘清规划行为的实质。现象学的研究方法是"还原"和"直观",城乡规划是一个复杂的现象,只有通过现象学还原的方法,才能将规划概念还原到可以直观的状态,使得规划概念能够客观地显现其实质,并以此建立共识和消除分歧,从而奠定理论研究的基石。第二个是规划行为的具体形态研究,包括按照国别和地区分类的规划体系研究,以及按照行为目的和特征分类的专题研究,诸如规划的制定、开发控制、监测与评估、强制执行等规划行为的具体形态。

第一批计划出版五本,分别是土地利用分类的理论研究、乡村规划研究、开发控制体系、景观作为可持续发展的管理工具和景观特征评估实践等,这些著作的基础是近几年指导的博士论文。土地分类研究主要探讨了土地利用分类的历史,土地利用规划在诸国中存在的形态、分类的目的及其实质;乡村规划研究廓清了乡村规划的对象、乡村规划的目的及其特征,提出乡村规划是区域规划、保护规划等观点;开发控制研究聚焦于我国规划许可制度存在的问题,分析规划制定与规划实施的关系,论证了开发控制体系的相对独立性,提出开发控制体系是实施可持续发展的有效工具等建议;景观作为可持续发展的管理工具的研究以欧洲景观公约为起点,重点阐明作为"公约"的景观概念与作为科学"知识"的景观概念的本质区别,欧洲景观公约将知识转化为管治工具,并且景观作为管治工具具有跨尺度的、科学的、精确的特征,为可持续发展的规划管理拓展了新的研究方向。受制于知识、资源的不足,以及合作研究机缘等因素的影响,目前的工作比较碎片化,预计第二批著作会有所改进。

非常感谢东南大学出版社支持我们结集出版"城乡规划管理基础研究系列",感谢姜来编辑和出版社的诸位同仁的辛勤付出,预祝本系列丛书实现既定的目标。

2018 年 1 月 31 日于广州

序　一

收到这份书稿时，思绪一下回到了 1987 年，当时我刚开始师从吴良镛院士攻读博士研究生学位。那是一个伴随着土地有偿使用制度讨论，刚刚开始探索在城市规划工作中引入土地利用规划的年代，同时也是中国的房地产开发刚刚开始市场化运作尝试的年代。计划经济下的土地功能性管制第一次有了真实的与土地权益相关的经济学价值，而开发控制（Development Control）随着区划制度的引入，也刚刚开始探讨有中国特色的控制性详细规划的研究。

带有前瞻性、预测性的规划和具备多元利益博弈背景的开发控制如何融入一个计划经济色彩犹存的中国城市规划体系，实现发展引领（目标导向）和开发控制（问题导向）的结合成为探索的重点，所以"城市规划工作中的土地利用规划"成了我的博士论文选题。而按照当时的设想我的师兄杨志中会重点研究开发控制问题，可惜 1989 年由于多种原因杨志中师兄选择了出国发展，这第二个选题便无疾而终。当然他出国后仍在此领域开展研究工作并最终有所成就，但已与中国的实践无关，成为记忆至今的憾事一桩。

确如作者所归纳，开发控制的目标经历了比较长期的演化过程，甚至比现代城市规划学科的成型更早。在现代城市规划立法之前，开发控制就已存在。如追溯古代城乡建设的历史，这种"管制"行为则更为久远，从乡规民约到帝王追求的"秩序""等级"，到协调公私权益、私权纠纷；从美学诉求到公共安全规则，到社会调控强化公共利益。它既有与规划结合提升确定性的融合，也可以以通则的方式守住底线，或是"目标留白"，通过程序正义实现更大的灵活性，以应对不确定性更多的未来。

这本书比较充分地为读者提供了一个完整的理解开发控制理念、理论和实践的蓝本，并充分展示了土地利用中开发权管制手段、程序的多样性；解读了开发控制制度政治、经济、技术以及地方事务特质的多元、多维度属性，而这一切正是当下中国以空间资源管控为中心的"多规合一"规划体系建构中应十分关注的理论基础。开发控制也是当代城市治理的重要组成部分，其制度设计的目标和意义远远超越了土地利用规划和用途管制。谈及管制的技术含义，既涉及以人为本的空间正义，也涉及复杂的权益在公与私之间、私与私之间的让渡、交易、鼓励和禁止，其结果也关系到终极的人与自然关系可持续平衡，以及人与人之间行为冲突的减少和和谐关系的建立。这里有国家强制权力的边界探索，有权益交易的公平公正，有和谐的人与人关系的建立，也有人对自然资源的利用和应有的敬畏。

  这本书是作者植根深耕该领域的成果，祝愿在未来不断有所发现、有所突破并取得更大的成就。

2021 年 11 月于清华园
清华大学建筑学院教授，博士生导师
清华大学中国新型城镇化研究院执行副院长
清华大学城市治理与可持续发展研究院执行院长
清华大学国家治理与全球治理研究院首席专家
中国城市规划学会副理事长

序 二

我很高兴能够为《开发控制体系及其制度形态研究》一书写序。因为这部书的出版弥补了我国国土空间规划学术研究在该领域的不足,而开发控制作为城乡发展的一种治理模式,对推动可持续发展,建立低碳、生态、宜居的人类住区,实现人民对美好生活的向往和追求发挥着重要的作用。

1960年代以前,西方传统规划教育与研究侧重物质性空间规划,英国规划专业的毕业生进入地方政府工作难以适应"政治丛林"(Jungle of Organisational Politics),实践中开发控制的复杂性远远超越了物质空间规划的技术性。随着社会经济的发展和变革,从1960年代起,西方对开发控制核心问题的探讨越来越多。学者开始关注开发控制的哲学理念、地方规划与开发控制的关系、开发控制的过程、规划延误以及不确定性、规划许可时的条件、强制执行等等。开发控制理论研究的转变同样也反映在规划教育中,英国规划院校纷纷开始增设开发控制的相关课程,并延续至今。以英国卡迪夫大学为例,其开设的相关课程包括规划法规和规划控制(Planning Policy and Control)、环境政策与规划(Environment Policies and Planning)、地方政府事务(Issues in Local Government)、规划法律(Planning Law)。通过这些课程提升和完善学生的知识储备,为他们进入规划行业,特别是地方政府规划部门做好必要的准备;即使是进入规划设计机构,这些知识也为设计人员在做具体规划设计时,能够思考其与开发控制的有效衔接。

在西方,开发控制的研究已较为成熟,其融合了政治经济学、制度经济学、法学、哲学、城乡规划与设计等学科的研究成果,与开发控制相关的大学课程设置也相对完整。相比之下,我国对开发控制的认知、研究与学科课程设置都比较薄弱。从计划经济转型为市场经济的过程中,我国通过城市规划制度移植建立了现代开发控制制度。随着国土空间规划体系在我国的建立,有必要通过其他国家开发控制体系的表层经验而认识制度的内在逻辑,理解开发控制体系作为顶层设计对社会治理的作用,从而促进开发控制的制度变迁。

该书整合国内外学术界多领域分散的研究成果,厘清了开发控制体系的一些核心概念和基本原则。通过对城市发展历史进程以及开发控制目标的研究揭示了开发控制具有广泛的制度目标而成为城市治理的工具；追溯开发控制两种模式的制度渊源，对比混合式开发控制国家和地区的差异性；在可持续发展成为全球共识，然而可持续发展理念所包含的经济、社会、环境不同目标间存在潜在的矛盾，作者研究认为开发活动本身根植于经济、社会、空间的多样性，而开发控制则是发挥创造力、解决和协调不同利益的重要手段；作者在书中还辨析了"开发"这一法律术语背后的制度内涵；解析开发控制体系的政治性、经济性、技术性和地方性的特征；建立开发活动物权特征、利益主体、外部性以及开发控制方式之间的联系，将不同国家和地区具有相同逻辑的开发控制制度进行抽象，归纳出六种开发控制方式；并以典型国家和地区为例，概括了不同开发控制方式的程序特征。

  该书理论体系构建完整，资料完备而实用性强，学术性与工具性兼顾。无论是专业技术人员还是在校学生，通过本书的阅读，相信都会有各自不同的收获。

2021 年 11 月于卡迪夫
英国卡迪夫大学规划与地理学院硕士生导师，博士生导师
英国卡迪夫大学规划中英生态城市与可持续发展研究中心主任

1 开发控制的制度目标

针对城市土地开发、建设工程及建筑使用而实施公共干预,即"开发控制",是大多数国家通行的管理方式。开发控制通过各种法定形式确定开发项目的合法性,一个开发活动获得"许可",就意味着新的开发项目替换并嵌入原有的社区,也就意味着现状物质空间的改变,由此引起邻里或城市区域的经济、社会关系的改变。开发建设管理塑造着城市物质形态及文化美学环境,土地和建筑用途管制深刻影响着城市安全运行和社会秩序,因此,开发控制制度是城市治理的重要组成部分,其制度设计触及城市可持续发展的核心问题。

改革开放40多年以来,我国从计划经济向市场经济转型过程中,由于开发活动的多样性、复杂性与开发控制制度变革的滞后性而导致一系列城市问题的出现。目前,城镇化和城市发展也进入转型发展新时期,城乡规划从单一的落实物质空间建设目标转变为落实新时期的"可持续发展目标"。面对复杂的现实问题,面临经济、环境、社会更为复杂多元的冲突以及可持续发展的挑战,需要重新思考开发控制的制度安排。

我国国家层面的规划体系源自苏联的计划经济管理模式。1980年代学习借鉴英国规划体系的特点,在1990年颁布的第一部城市规划法中就建立了规划许可证制度。为适应市场经济转型中法治化的管理要求,又参照美国的区划法规和香港法定图则建立并完善了控制性详细规划(以下简称"控规"),同时在土地出让中借鉴了我国香港地区的土地契约管理。制度学习可以较好地应对其他国家和地区经历过的问题,在国家现代化的进程中起到积极的推动作用;然而,当城市发展处于当代的前沿而面临全新的问题时,就需要对自身制度进行改革创新以解决新的问题。

由于城市发展阶段、历史背景与文化习惯、法律制度和政治体制,甚至是行政运作的方式等诸多因素的影响而使得开发控制作为公共干预的形式呈现出非常复杂多样的形态。然而,究其干预的实质和目的却又十分相似,显示出典型的历史阶段性特征。开发控制制度的优化需要以历史的眼光审视其目标及其控制方式,借鉴行之有效的实践经验,改进开发控制的效能。本章从历史演变的维度归纳开发控制的目标与城市发展的关系,剖析开发控制制度的基本特征,概述在可持续发展目标下不同国家和地区开发控制的制度形态,分析开发控制的目标及其与制度形态的关系。

1.1 城市发展的历史进程与开发控制目标

人类历史的发展是经验和知识不断累积、不断提升的过程。王权、商业和工业是城市产生和发展史上的三大参变因素,相应构筑了城市发展的三个台阶(芒福德,2005)。从城市发展历史进程的维度考查开发控制的目标,可以发现城市发展阶段与开发控制目标具有关联性,这可能是城市发展阶段与城市问题的相似性所致,尽管不同国家和地区存在制度差异,但这些差异只是表现为管制形式的不同,建立制度目标则是基本一致的。随着城市化率的提高,城市面临的问题越来越复杂,开发控制的目标也越来越多元,只有将开发控制的目标放在城市发展进程中,才能完整剖析开发控制的核心问题。

1.1.1 自然聚居时期的乡村和小镇:协调相邻利益

在以乡村聚落和市集小镇为主的年代,社会生产力较为低下,开发项目的规模较小,开发影响范围有限,开发的冲突主要是邻里利益。

我国古代的村落,通过乡规民约等非正式制度协调邻里矛盾(见注释1-1),如在同一处聚居的各家邻里,都能独自处理房屋而不受干预以保持平衡。中国至今保留下许多朴实无华、建筑和谐的古村落,如宏村、西递、婺源等,这种非正式制度的开发控制功不可没。

注释1-1 近代闽南围江新民村村民共同制订的盖屋规则

《围江盖屋碑记》源于晋江金井围头村,由本村旅外华侨于1927年发起制订,详细地制订了围江新民村盖屋规则,相关碑文如下:

第一条、凡在围江居住者,均有应得盖屋的权力。

第二条、盖屋统遵规则,乡中强弱房、大小姓不得妄加干预。

第三条、凡在本乡建筑房屋,除遵守盖房规则外,地基须向地主接洽妥当方可兴工。

第四条、地主的地如有与人发生龃龉,应于未下基前交涉清楚,否则不生效力。

第五条、新盖房屋或旧厝新翻,厝后地平线须有距离邻居三丈,厝身方可挺高。其量法由建筑之地基线量至背后邻厝下照埕为止。量具以鲁班尺为准。

第六条、新盖洋楼除遵守第五条外,其前方左右如有祖祠、家庙、祖厅及邻居屋宇,不得干预。

第七条、新盖古屋或旧厝新翻,地基如接洽妥当,兴工时四周如有宗祠、祖庙、宫庙以及他人屋宇,均不得干涉。

第八条、新屋高低、层数、款式、窗牖方向,建筑者得有独裁独行之权力,他人不得干预。

第九条、新盖古屋或洋楼四周,如有公坟冢墓,自公路界线量起,若在四丈以内,墓主若要迁移他处,建筑者对于公家应津贴大银五十元,草鞋塚贴大银贰拾元。

第十条、旧厝新翻可依照地基界线建筑,不得侵占公地,其余高低、层数、款式、窗牖方向均照新厝房规则采行,不许旁人异言。

第十一条、旧地四周自己如有余地,听其自由扩充。
第十二条、建筑新屋,其外面四周须各留三尺充作公路,以鲁班尺为准。
第十三条、新建房屋或旧厝新翻,对于沟水及烟筒排泄,须引导适当,不得泻落邻居屋宇。倘不遵守,照第十八条处分。
来源:钱嘉军,2018.民间史料视角下的闽南近代侨乡村落建设研究[D].厦门:华侨大学.

西方国家注重保护私人财产权利,通常在私法领域采取妨害法(Nuisance)的形式调节个人之间的关系(注释1-2),英国的普通法(Common law)①与欧洲大陆的罗马法(Roman law)②明显不同,由于法律制度传统的差异,英国形成了以案例式控制(case by case)高度自由裁量的开发控制制度(注释1-3),而德国则形成了以区划为主的通则式开发制度③。开发控制制度的渊源与个体权利的保护、法律传统具有内在的联系。

从早期的开发控制可以看出,开发控制以协调利益纠纷为基本特点,通过调节利益主体之间的关系,进而协调开发活动产生的外部性。

注释1-2 妨害法的两种类型

普通妨害法有两种类型:
- 公共妨害是危及公众生命、健康、财产、道德和公众舒适度,或是妨碍公众行使或享有共有权力的行为。妨害公众是侵权行为并可能是刑事犯罪。
- 私人妨害通常是发生在私人场地的、法律上为合法但行为后果涉及邻居的个人行为,例如造成身体伤害。私人妨害是侵权行为。

来源:https://uk.practicallaw.thomsonreuters.com/8-107-6896? transitionType=Default&contextData=(sc.Default)&firstPage=true(作者翻译)

注释1-3 关于英国法律中高度自由裁量权及对案例依赖的描述

"通过自由裁量程度的研究论证,我们不得不反思自由裁量权和自由裁量权的性质,并研究围绕该主题的一些理论。事实证明,这是十分复杂的。

……

在英美普通法传统中,自由裁量权是不可缺少的。

……

---

① 来自英文维基百科:英国土地法。普通法法系的土地权利制度源于中世纪的英国。当初在建构其土地权利制度时,英国普通法并没有遵从任何先验的财产理论,而是采用经验主义的方法将当事人在土地上享有的权益在法律上确认下来,将人们在现实生活中的具体权益上升到法律的层面,形成具体的土地保有权。

② 来自 *A historical introduction to the study of Roman law* (Jolowicz H F, 2009)。在公地的四种利用类型中,无论是用于公共事务,还是用于公共放牧,抑或用于分配给私人,都仅占公地总量的一小部分,大部分公地都被让与私人自由占据与利用,即私人对公地的"占有"(possessio),这种公地被称为"占据地"(ager occupatorius),占据者被称为"占有人"(possessor)。

③ 参考"To zone or not to zone? Comparing European and American land-use regulation" (Hirt S, 2010),文中通过对德国斯图加特市的专家访谈,得出德国的土地利用监管方法是以主要原则为主导地位,即每个土地使用区都适合多种活动,而大多数地区最终都是混合使用。

英国拥有相当古老的法律传统,其特征是实用主义和对判例法和先例的依赖。同样,在这种传统中,法官在决策方面显然得到了很大的自由裁量权,尽管这种对先例的依赖严重制约了自由裁量权。"

来源:Booth P,2007. The control of discretion: Planning and the Common-Law tradition [J]. Planning Theory,6(2).

1.1.2 王权统治时期的城市:美学与社会控制

城市和村庄是人类生存的两种基本聚落形式,农业社会之前是王权城市与村庄聚落并存的时期,并以村庄聚落为主,进入工商时代后城市化进程加快。村落过去所有的功能和要素基本被城市所承继,但以王权要素为主的城市同以往的村落有了本质的差异。

关注理想的城市形态如同城市一般古老,世界上绝大多数地区早期城市的典型模式都是为了展示王权至高无上的地位和震慑的力量。统治者认为美好的城市形态可以表达王权的威严以及巩固其社会秩序,这一点在隋唐长安城中体现得淋漓尽致,朝廷不仅通过严谨的里坊布局体现城市的恢宏气派,而且通过"不得造楼阁,临视人家"等敕令①限制建筑高度。

伦敦在文艺复兴时期开始进行城市美化运动,并为此制订建造规范以及成立了建筑委员会,比较知名的案例就是对考文特花园(Covent Garden)的布局及设计成功地进行了控制(Booth P,2003)(注释1-4,图1-1,图1-2)。

注释1-4 英国考文特花园的布局与设计

考文特花园(Covent Garden)是伦敦第一个现代广场,在1630年进行设计和布局,它最初是一个平坦、开放的空间或用低矮栏杆围起的广场。广场的侧面是在不同的时间进行建造的。P. Cunningham先生认为,它们甚至可能从未进行过"整体设计"。花园的西侧是圣保罗教堂,它的南侧多年来是由一面空白的墙围成的,这面墙围绕着贝德福德房子的花园。由考文特花园市场的原始建筑立面图可以看到围墙是碎石铺成的,用一排排低矮的柱子和链条围起来。它的中央是一个凹槽状的科林斯柱式柱,顶部有一个日晷,看上去像是在1668年竖立的碑文。桑顿(Thornton)在他的《伦敦和威斯敏斯特调查》(*Survey of London and Westminster*)(1786年)中提到柱子被四个太阳刻度盘包围,并告知我们当时广场的内部是被轻木轨道包围起来的。我们从另一个地方可以得知,柱子立在一个基座上,基座是用黑色大理石砌成的六级台阶。

来源:https://www.british-history.ac.uk/old-new-london/vol3/pp238-255(作者翻译)

---

① 《唐会要》五十九:"诸坊市邸店楼屋,皆不得起楼阁,临市人家,勒百日内毁拆。"(https://guoxue.httpcn.com/html/book/PWAZTBKO/MEKOILUYPW.shtml)

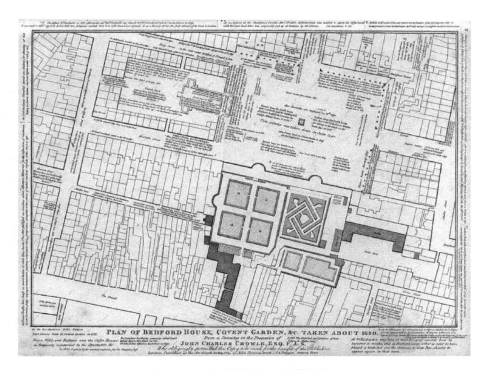

图 1-1　1690 年英国考文特花园计划

来源：http://mapco.net/london/1690coventgarden.htm

图 1-2　英国考文特花园市场的原始建筑立面

来源：https://www.coventgarden.london/cg-edit/history-of-the-market-building/

美学控制的另一面是社会控制。考文特花园之所以被接受，因为它是为富裕阶层而规划设计的，控制建筑形式是一种用以排外的手段。

中国古代的开发控制，独树一帜地成为礼制的一个分支或曰工具。

里坊制度的精髓在于通过对城市居住布局的安排而控制居民日常活动的时间和空间，以取得稳定的社会秩序（注释1-5）；从周代到清朝，通过建筑规模和形制而实行的社会等级①控制延续2000余年（注释1-6），因建筑逾制而致祸的代不乏人。

注释1-5　里坊的形制与管理制度

里坊的四周筑有围墙，每边各开一门，以十字形街道与城市干道相连，坊门昼启夜闭。一般居民的日常出入只有经过里门。为加强管理，封建统治者还设置专门管理里门的官吏，汉代称之为监门吏，隋代称里司。

（早期）里坊的聚居主要有两项原则，其一为阶级原则，其二为职业原则。如西汉长安城，封建贵族的府第多在长安城中部和北部靠近宫廷的地段，而一般的居民则居住在城市的东北隅。北魏洛阳，封建贵族官僚的府第多分布在内城，外廓城则主要是一般市民的居住区。

来源：郑卫，杨建军，2005.也论唐长安的里坊制度和城市形态：与梁江、孙晖两位先生商榷[J].城市规划（10）：83-88.

《唐律疏议》卷第二十六"杂律"规定"闭门鼓后、开门鼓前禁行，明禁出坊外者"，但"若坊内行者，不拘此律"。

来源：朱耀华，2013.唐代长安宵禁制度与都市文学[D].长沙：长沙理工大学.

《河南志》引韦述《两京新记》记载，"每坊东西南北各广三百步，开十字街，四出趋门"。

《大业杂记》记载，洛水"大堤南有民坊，各周四里，开四门临大街。门普为重楼，饰以丹粉"。

《旧唐书》卷三十八"地理一"载"都城南北十五里二百八十步，东西十五里七十步，周围六十九里三百二十步。都内纵横各十街，街分一百三坊、二市。每坊纵横三百步，开东西二门"。根据《大业杂记》记载，里坊与市场从东、南两面拱围紫微垣宫城和皇城的格局，形成了宫城和皇城居高临下、引领全城的形制布局。

文献记载，里坊有严格的管理制度，每天定时关启坊门，一年之中，只有元宵节前后三天坊门彻夜敞开；里坊区内严禁临街开门，严禁侵街现象。都城内里坊的管理严格而且制度完备。

来源：石自社，2020.隋唐东都城的里坊空间试析[J].南方文物（3）：215-223.

注释1-6　中国古代建筑构造等级制度相关论述

天子之堂九尺，诸侯七尺，大夫五尺，士三尺。

来源：戴圣，2017.礼记[M].胡平生，张萌，译注.北京：中华书局.

王公以下，屋舍不得施重栱藻井。三品以上堂舍不得过五间九架，厅厦两头门屋，不得过五间五架。五品以上堂舍，不得过五间七架，厅厦两头门屋，不得过三间两架，仍通作乌头大门。勋官各依本品。六品、七品以下堂舍，不得过三间五架，门屋不得过一间两架。非常参官不得造轴心舍及施悬鱼、对凤、瓦兽、通袱、乳梁装饰。……士庶公私宅第皆不得造楼阁临视人

---

① 傅熹年，钟晓青.中国古代建筑工程管理和建筑等级制度研究[J].建设科技，2014(Z1)：26-28.中国古代源于礼制的建筑等级制度是古代等级制度的一个重要部分，以建筑的差异反映不同人间的等级差异。

家。……又庶人造所堂舍,不得过三间四架,门屋一间两架,仍不得辄施装饰。

来源:李隆基,1991.大唐六典[M].北京:三秦出版社.

官员营造房屋,不许歇山转角,重檐重栱,及绘藻井,惟楼居重檐不禁。公侯,前厅七间,两厦,九架。中堂七间,九架。后堂七间,七架。门三间,五架,用金漆及兽面锡环……廊、庑、庖、库从屋,不得过五间,七架。一品、二品,厅堂五间,九架,屋脊用瓦兽、梁栋、斗栱、檐桷青碧绘饰。门三间,五架,绿油,兽面锡环。三品至五品,厅堂五间,七架,屋脊用瓦兽、梁、栋、檐桷青碧绘饰。门三间,三架,黑油,锡环。六品至九品,厅堂三间,七架,梁、栋饰以土黄。门一间,三架,黑门,铁环。品官房舍,门窗、户牖不得用丹漆。……庶民庐舍……不过三间,五架,不许用斗栱,饰彩色……

来源:张廷玉,1974.明史[M].北京:中华书局.

正门、殿、寝均绿色琉璃瓦,后楼、翼楼、旁庑均本色筒瓦。正殿上安螭吻、压脊仙人,以次,凡七种;余庑,用五种。凡有正屋、正楼门柱,均红青油饰。每门,金钉六十有三。梁栋贴金,绘画五爪云龙及各色花草……世子府制。基高八尺。正门一重,正屋四重。正楼一重。其间数、修广及正门金钉、正屋压脊,均减亲王七分之二。梁栋贴金,绘画四爪云蟒,各色花卉。正屋不设座,余与亲王同……又定公侯以下官民房屋,台阶高一尺,梁栋许画五彩杂花,柱为素油,门用黑饰。官员住屋,中梁贴金,二品以上官,正房得立望兽,余不得擅用。

来源:清会典事例:卷八六九,2013[M].北京:中华书局.

随着城市化的进行,基于美学和礼制建筑原则的城市社会控制效力下降。在16世纪后期,圈地运动导致大量农民涌入伦敦,伊丽莎白一世限制新建房屋来控制移民浪潮(注释1-7)。通过运用强制力量进行开发控制,可以对社会关系进行调整,这是王权时期开发控制的实践与经验。

注释1-7 英国伊丽莎白一世对城镇扩张的控制实践

在伊丽莎白统治期间,城镇规模不断扩大,农业的变化导致人们离开农村。在她上台前的几年里,圈地运动改变了农村的景观。圈地意味着传统的农民可以耕种自己土地的开放式田地制度被终结,取而代之的是建立更大、更有利可图的耕作单位,它所需要的农民会更少。随着羊毛贸易日益普及,这些单位多数致力于饲养绵羊。这导致许多在农村生活和工作了一辈子的人失去生活支撑,被迫离开家园。大批人涌向城镇,希望过上更好的生活。

来源:http://www.bbc.co.uk/history/british/tudors/poverty_01.shtml

1580年,伊丽莎白一世被迫发表声明,指出"人民大众……聚集在一起",并要求控制扩张。房价上涨得如此之快,以至于没有人愿意拆除任何东西——甚至连沟渠都被填满、覆盖,然后人们在上面盖房子。

来源:http://www.bbc.co.uk/history/british/civil_war_revolution/brighter_lights_01.shtml(作者翻译)

因王权统治而衍生出美学控制以及社会控制的目标,开发控制开始进行制度的构建，其权力来源于国家机器，实质上是一种警察权（Police power）①，并通过行政、法律等方式落实制度的实施细节，因此具有强制执行的法律基础以及行政基础。制度一旦确定，便具有强制执行的特征，保持制度的权威性。

1.1.3 商品经济主导时期的城市：从土地开发中获取收益

进入工商时代，城市土地的属性发生根本性改变，随之建立了资本主义的城市空间的生产方式；土地从封建财产转化为可以交易的商品，进而又从生产的要素转化为以土地为载体的空间商品，简而言之，就是从在土地场所上制造转化为制造场所空间。

城市从政治中心转变为商业中心，城市土地的布局以及街道形态须满足日益扩大的商业活动的需要。16世纪伦敦宣布禁止新房屋建设时，在利益驱使下，仍然有贵族不断突破禁令，而王室在收取罚金后即给予开发许可，最终导致伦敦的城市蔓延。与英国类似，我国古代里坊制度下对"侵街"均进行严厉的控制（注释1-8），但随着宋朝商业经济的崛起，法令未能阻止"侵街"的浪潮，宋徽宗崇宁年间开始征收"侵街房廊钱"（马端临，2003），延续千年的市制与坊制全面崩溃。由于商业经济发展的不可阻挡，而罚款却能够为濒临枯竭的王室或朝廷补充有用的收入来源，让统治者看到开发控制在商业经济中所扮演的角色。

注释1-8 唐代后期里坊的侵街现象

《唐会要》卷八十六"街巷"记载"大历二年五月敕，诸坊市街曲，有侵街打墙，接簷造舍等，先处分一切不许，并令毁拆。宜委李勉常加勾当，如有犯者，科违敕罪，兼须重罚，其种树栽植，如闻并已滋茂，亦委李勉勾当处置，不得使有斫伐，致令死损，并诸桥道亦须勾当"。

《五代会要》卷二十六"街巷"记载后唐明宗时期整顿洛阳城街道，其诸坊巷道两边，当须通得车牛，如有小街巷，亦须通得车马来往，此外并不得辄有侵占。应诸街坊通车牛外，即或有越众迥然出头，牵盖舍屋棚阁等，并须尽时毁拆，……

北宋时期也多次整饬街道，《续资治通鉴长编》卷一七记载"（开宝九年四月）乙巳，（太祖）宴从臣于会节园，还经通利坊，以道狭，撤侵街民舍益之"。但此时的城市街道已逐渐呈现出张择端《清明上河图》中描绘的车水马龙景象。

来源：石自社，2020. 隋唐东都城的里坊空间试析[J]. 南方文物（3）：215-223.

城市发展的积聚效应导致土地划分和街道形式逐渐强调土地以及空间的利用率，道路、排水、污水等基础设施成为城市公共财政的主要组成

---

① 警察权一般是指用以维护政权安全和社会治安秩序的强制力量，属于国家政治权力的范畴。参考 The Historical Background of The Police Power 中的"Ⅵ. The Police Power, Broad And Narrow"。"警察权"这个词不是用来指代立法机关的一个特殊部门或领域，而是用于将权力的范围与一般政府权力区分开来。

部分。德国从中世纪开始就出现了警察机关制定的道路网规划图,普鲁士在1875年颁布了著名的《道路红线法》,将道路规划的决定权给予了地方政府,使得地方政府可以根据财政状况来进行道路网的规划(殷成志,佩世,2005)。18世纪,随着伦敦城市不断蔓延,优美的建筑形式以及区位会带来更多的经济收益,由于封建制度下土地所有者不能转让土地,为尽可能地发挥土地的经济价值,土地供给以及建筑形式上的控制成为租赁协议的一部分,于是出现同一块土地上有多个并行不悖的权利主体的现象,土地的开发权(development right)从土地所有权中分离,推动了欧洲商品经济下的城市化。

在欧洲封建土地制度以及商品经济中创建的土地开发权,是经济(Economic)意义的财产权,而非法定(Legal)意义的财产权。开发权对于城市发展中的权利界定具有重要意义。开发权将土地开发的权力从土地所有权中独立出来,即使是土地私有制的国家和地区,仍然可以通过行使开发控制的权力对开发活动进行管制,从而实质性影响土地的物质空间形态和社会经济关系。正是由于开发权的确立,开发控制制度超越了国家政治的制度和社会差异,超越了经济发展水平和城乡发展阶段的差距,而成为引导发展与管制开发的共同工具。

1.1.4 工业革命后的城市快速发展时期:干预开发与调节人居环境

工业生产方式导致人口大规模聚集,土地开发收益又加剧城市建筑的拥挤程度,出现大量的、环境极其恶劣的城市贫民窟。英国工业城市中贫民窟住房的典型形式是背对背(back-to-back)的房屋①(图1-3,图1-4)。

图1-3 英国背靠背住宅平面

来源:https://www.tandfonline.com/doi/full/10.1080/03090728.2017.1398902

---

① Joanne Harrison, 2017. The Origin, Development and Decline of Back-to-Back Houses in Leeds: 1787—1937[J]. Industrial Archaeology Review, 39:2, 101-116. "背靠背住宅"就是两排房子靠在一起,合用一道后墙,而且往往是间隔10英尺或15英尺,建造同样的背靠背住宅。这种住宅模式源于英国巴斯皇家新月和圆形广场的联排别墅。

图 1-4　英国利兹哈罗德街头的背靠背房屋
来源：https://en.wikipedia.org/wiki/Back-to-back_house

　　这种住区因为卫生设施匮乏和极其糟糕的物质环境而成为疾病的温床。贫困和疾病以及由此引发的社会动乱，同时亦唤起社会良知并形成社会共识，通过法律和公共机构对城市开发实施干预，法律与机构的目标是建设卫生与健康的城市，这也是近代城市规划的起源。

　　1948年英国颁布第一部公众健康法案——《1848公众健康法案》（Public Health Act 1848），从环境卫生和健康环境角度规定建筑及街道的形式，规定城市污水排放和垃圾转运要求等。1909年，英国颁布《1909住房与城镇规划诸法》（Housing，Town Planning，Etc. Act 1909），从提供住房及住房建设角度规定城镇土地利用及住宅开发要求，为实现法律规定的目标而授权地方当局成立专门的规划机构全面负责本地区的土地开发与住房建设。至此，规划法律、规划机构、城市规划（planning scheme）三项要素同时具备，初步建立起规划体系。

　　19世纪人们就认识到功能混杂和建筑空间拥挤是诸多城市问题的根源，解决的方法就是实行建筑功能的分区管制及建筑开发管制。德国是最早探索城市分区规划及分区管制的国家。纽约《1916建设分区规例》（Building Zone Resolution 1916）是第一部城市分区管治的法律，其目的是将对人居环境有威胁的土地用途分隔，保护良好的现状居住环境不被破坏,成为分区(Zoning)管制开发的制度范型。

1933年《雅典宪章》确立了城市居住、工作、游憩与交通四大功能分区的原则,开发控制成为落实城市分区管制的工具。出于预防和克服城市物质环境问题的目标,早期的规划主要表现为城市分区,并且规划本身作为法律,只要开发项目符合规划的分区要求就自动获得授权而进行开发;然而,由于规划的滞后性、法律规定的疏漏,以及开发时间和开发过程对邻里社区的影响等,规划实施问题成为城市规划发展的主要矛盾。

英国《1947城乡规划法》(Town and Country Planning Act 1947)是近代城市规划立法体系中最重要的一部法律(注释1-9)。对英国城市规划体系而言,1947年规划法建立的规划许可制度标志着城乡规划与开发控制的正式分离。而在我国,城市规划理念至今仍然是规划与开发控制混为一谈。对于土地私有制国家而言可以参照英国立法将土地所有权与开发权分离,并且私有土地开发权收归国有;这就为国家全面干预私人土地开发奠定法律基础。规划与开发控制的分离,意味着城市规划只是开发项目决策的因素之一,开发管理机构有权依据更广泛的法律和政策来许可开发项目,从而使得开发决策具有高度的自由裁量权,规划许可的自由裁量权实质上可以修正和调整土地与建筑开发的规划条件,也就在制度层面增加了城乡规划的灵活性和适应性。

注释1-9　英国《1947城乡规划法》主要内容
(1) 授权地方当局编制所在地区的发展规划并依据发展规划作出规划许可。
(2) 土地开发权收归国有,土地所有者无权开发土地,无权改变土地的用途。
(3) 对违反规划的行为,规划当局有权采取强制措施。
(4) 为规划目的,地方政府拥有对土地的强制征用权。
(5) 具有控制户外广告、保护森林和历史建筑的权力。其中对违反规划的强制权在1971和1990年的规划法中得到进一步的加强。
来源:https://www.legislation.gov.uk/(作者翻译)

二战之前许多国家开发控制的一个重要的特点在于它的事后性,在开发建设之前不需要申请许可,只有由政府进行强制拆除才能够终止开发活动。早期的开发控制没有连贯性,这种事后"补救"制度意味着对公共卫生以及人居环境的威胁,增加了维护城市环境的制度成本。

城市是一个复杂的巨型系统,为了科学引导城市布局以及土地用途、建筑形态,开发控制通过城市规划设计创立了严密的技术体系,由专业技术人员审查规划设计方案的合理性(Thomas K,1997),例如楼宇间距对消防通道、建筑通风与采光标准的符合性审查,比较公共设施的分布与规划人口的对应关系,判定建筑密度以及绿地率对人居环境的影响等等,由此奠定了开发控制的技术性。开发控制在自身发展的过程中不断完善而被视为一种技术管理,有别于其他行政管理,规划部门的主管被视为"技术官僚"。技术性是开发控制不可逾越的门槛,技术专业人员是开发控制中不可或缺的相关行动者。

1.1.5 二战之后的城市发展时期:多元目标的探索

20世纪以来,随着产业革命的进一步分工以及战争、火灾等对城市空间环境的摧毁,西方城市进行了大规模建设,城市规划成为开发控制的指导与依据,规划理论与开发控制实践均得到蓬勃发展。

现代规划理论以霍华德社会改良的"田园城市"(图1-5),柯布西耶物质规划的"光明城市"为代表。城市美化运动(City Beautiful Movement)可追溯到欧洲16—19世纪的巴洛克设计,经典例子包括巴黎重建(注释1-10,图1-6),并逐渐演化为"城市设计"(urban design)。

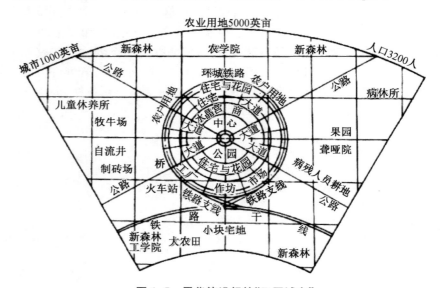

图1-5 霍华德设想的"田园城市"

来源:http://urbanplanning.library.cornell.edu/DOCS/howard.htm(作者改绘)

注释1-10 巴黎改造概况

塞纳省行政长官乔治-欧仁·奥斯曼在1853年至1870年间实施了巴黎改造计划,这是一项庞大的公共工程。其内容包括拆除当时拥挤不堪的中世纪居民区;修建宽阔的街道;建造新的城市公园和广场;吞并巴黎周围的郊区;修建新的下水道、喷泉和水渠等。奥斯曼的工作在当时遭到了激烈的反对,他在1870年被拿破仑三世解雇,但这一项目一直持续到1927年。今天巴黎市的街道平面和独特形态,很大程度上是奥斯曼改造的结果。

来源:https://en.wikipedia.org/wiki/Haussmann%27s_renovation_of_Par(作者翻译)

图 1-6　法国巴黎圣日耳曼大道上的钻探工作

来源：https://www.construction21.org/france/member/13450/c21-france-la-redaction.html

二战后，西方将企业的管理与决策风格引入政府决策，倡导综合理性规划。然而，并非所有的经济、环境冲突都有空间或建筑问题的根源，其结果是，物质空间规划表面上的解决方案，可能仅仅是生态和经济平衡的符号，而没有解决实际冲突。规划理论与规划实施（开发控制）的鸿沟越来越大。

与此同时，不同的开发控制制度也逐渐显现其弊端。以高度自由裁量权著称的开发控制，难免会存在不透明和不确定的问题。分区式开发控制缺乏灵活性和适应性也被广为诟病。英国参考了美国的区划手段，引入简化规划区和企业区计划等区划类型。美国的区划也进行了改良，区划变通（Zoning Variance）、激励性区划（Incentive Zoning）和开发权转移（Transfer Development Right，TDR）等为美国传统的僵化的区划体系提供了灵活性（注释 1-11，图 1-7）。

随着城市问题的复杂化以及目标的多元化，不同的开发控制制度相互学习，试图找到融合与贯通的途径。

注释 1-11　美国激励性区划和开发权转移概述

由于社区致力于在规划和开发过程中遵循精明增长的原则，激励分区制度受到了新的关注。激励分区制度涉及社区与开发商之间的权衡。开发商可以建造一个现行规划条例不允许的项目，条件是需要提供一些符合社区利益的东西……这些东西是城市不会要求开发商提供的

(Meshenberg，1976）。常见情况是开发商要建造一个更大、更高密度的项目，而这往往通过增加一个项目的允许建筑面积（超过区域法令允许的面积）或通过增加允许建设的居住单位数量来实现。此外，通常还会修改建筑后退距离、建筑高度和体积标准，以适当增加密度，或者在建造社会福利住房的情况下，减少开发成本。豁免特定的规定要求或费用如停车标准或影响费也包括在内，以鼓励开发商提供各种设施。

来源：MORRIS M，2020. Incentive zoning: Meeting urban design and affordable housing objectives[R]. Washington DC: American Planning Association Report-Planning Advisor: 2000.1（作者翻译）

开发权转让（TDR）是一种分区技术，用以永久保护具有保育价值的土地（例如农地、社区开放空间或其他自然或文化资源），将原本会在该土地（转出地区）进行的开发转移至计划容纳增长和发展的地区（接收地区）。

TDR项目会为选择不开发部分或全部土地的土地所有者提供财政补偿。这些土地所有者可以根据市政分区，选择从法律上放弃其土地的开发权，并将这些权利出售给另一个土地所有者或房地产开发商，以便在其他的土地上使用。被转移了开发权的土地，会通过保育地役权或限制性契约，永久受到保护。为了提高已转让开发权的土地的发展价值，可容许土地作新用途或特别用途；增加密度或开发强度；或提供其他没有应用TDR的土地所没有的管控弹性。

实施步骤：

1. 在市政分区条例内建立TDR选项和行政规定。使用TDR必须是自愿的。
2. 确定转出地区。这应该是具有高保护价值的区域，如农田或社区开放空间。
3. 确定转出地区内每个土地所有者分配到的土地转让权数量。这通常是基于一个简单的数学公式，比如每5英亩就有一个TDR。大多数市政当局还规定能够参加TDR计划的最小单元面积。
4. 建立分开TDR的程序。通常，此程序是作为分区法令条款的一部分编写的，并且需要可转让的开发权契约。
5. 建立永久保护转让了开发权的土地的程序。
6. 确定接收地区。这应该是一个计划开发的地区，最好是存在或规划了公共设施如供水、排水的地区。潜在的接收地区可以是住宅区、商业区、工业区或行政区，也可以是这些区域的组合。
7. 为TDR接收地区的开发制定计划提交的要求。

来源：https://conservationtools.org/guides/12-transfer-of-development-rights（作者翻译）

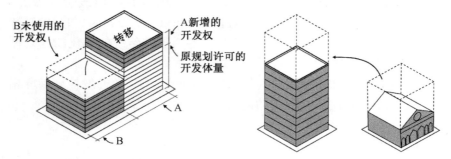

图1-7　美国土地开发权转移示意图

来源：作者改绘

1.1.6 面向21世纪：可持续发展

1980年代，随着全球化、城镇化的深入发展，单纯的地理学或物质空间规划设计理论具有局限性，已无法解释由于资本、权力、市场等各种因素的共同作用，导致社会公平与空间问题相互交织的复杂性问题。可持续发展理念的提出，为城市社会、经济、环境三个系统的平衡制定长远发展目标，把不同的关注点统一起来，形成贯穿始终的价值观(Campbell S, 1996)。

从系统论的角度而言，人类与其赖以生存和发展的地球系统，共同构成复杂的人地巨系统，即所谓的"社会经济—自然复合生态系统"，其中的各子系统是相互联系、相互作用和相互制约的。

可持续城市发展是继19世纪的城市公共环境卫生改良、20世纪的城市大规模基础建设之后，现代城市史上的第三次重大转型(Brugman J, 1992)。城市化发展所依托的物质空间在本质上是经济和环境两个维度的有限资源，由于物质空间互联互通的要求，因此很难在两个维度内实现环境、经济的要求，城市的发展必须重视社会因素，以避免土地开发利用的不均衡带来空间利益分配的不协调、社会阶层的分化等(Campbell S, 1996)。环境、经济、社会等目标都被认为是城市发展中极为重要的组成部分，这些目标之间的冲突不是简单的因个人喜好而产生，也不是生态、经济和政治等抽象逻辑中一个单一的概念，发展目标之间的冲突一直存在于人类发展史中。

可持续发展由于其包含目标的广泛性成为不同国家和地区的共同追求。开发控制的根本目的是提前干预开发活动的外部性，确保新的开发能符合城市地区经济、环境、社会综合目标，实现可持续发展。

1.2 基于可持续发展要求的开发控制制度目标

"可持续发展"暗示了经济、社会、环境不同利益间潜在的"渗透性"，而这种渗透性正是开发控制发挥创造力的领域(Roelofs J, 2000)。开发控制体系通过融合不同的开发控制方式，发挥法律、技术、行政等各种机制，从而联系环境、经济与社会的三者利益，因而可以在难以沟通的问题之间建立联系。匹配可持续发展目标的不是革命性的替代制度设计，而是包容性的制度安排，试图容纳历史所有开发控制的目标，是一种整合性的制度改良模式。

1.2.1 建立"妨碍制度"，保障基本权利

从乡村聚落扩展为城市，相邻者利益的冲突始终是开发活动最基本

的矛盾。协调邻里利益的"妨碍制度"作为一项保障基本权利的制度,得以在许多国家的法律中保留至今天。"妨碍制度"的基本理念是承认私人土地的基本权利,包括开发和使用两个层面的现状权利及其风俗习惯,这就意味着在不影响公共利益的前提下,邻里协议的合法性普遍被承认,例如社区内部的住房微小的扩建和改建,共有社区设施的改善等自发更新行为。

基于妨碍制度的理念,当今许多国家和地区的开发控制制度将邻里意见征集作为重要的许可前提或依据,将开发外部性影响评估的责任交给开发者,对于重大影响项目还会召开听证会议听取利益相关者的意见。由于任何开发活动都会不同程度地产生外部性并影响邻里利益,因此有效的开发控制制度必须基于"妨碍理念"建立完善的物权法以及开发规则,并完善邻里告知、公示、听证等规划许可程序,将开发活动的干预从事后诉讼转变为事前许可申请。

我国对于相邻利益的协调主要是通过风俗习惯、乡规民约等非正式规则进行约束(庞晓媚,周剑云,戚冬瑾,2010),主要是遵循"礼法"而非法律制度,在处理个体利益纠纷方面缺乏正式规则的制度渊源。在改革开放初期,由于计划经济的影响,开发活动尚未反映个体产权的利益,矛盾还没有显现;而在向市场经济转型之后,特别是1998年我国住房改革政策实施以后,由于开发项目涉及邻里利益及物业价值,开发活动的个体利益与城市公共利益的矛盾开始凸显出来。随着我国市场经济的深入以及城市建成环境的维护,大量涉及个体利益的小型开发活动例如旧楼加装电梯、建筑物功能转换等引发大量的利益纠纷,须占用大量的行政资源进行调节。目前许多城市均在探索通过简化审批流程对小型开发活动进行协调和控制,这也是我国建设工程项目审批制度改革的趋势。

1.2.2 将开发收益还原为公共利益

城市土地价值的增加是由于公共财政对于基础市政设施以及公共服务设施的投入,而并非个人投资的结果(Pearce B,1981)。为防止囤积土地而获得不当利益和促进财富正义,以及为了获得城市发展的可持续投入,许多国家都延续了王权时代建立的开发收费制度。在规划制定阶段只是赋予了土地开发的权益,只有在开发阶段才能明确开发收益人及实际计算开发收益,因此,开发收费是规划实施阶段开发控制机构的任务之一。由于现代城市的开发收费目的之一是促进城市发展,出于城市发展目标的开发收费就转变为各种形式的公共还原,比如在开发项目中配套公共服务设施、附带城市道路和市政设施建设、保护场地内的历史文化遗产等;开发收益的计量和转换是一项专业性工作,这是规划制定过程无法包含,也不能替代的工作。

1860年代,上海租界采用西方当时通行的规划建设方式,包括划分土地、铺装道路和建设城市给排水设施等市政与公共设施。租界采用"受益者负担"的建设原则,由于城市道路、市政、公共设施建设的主要得益者是道路沿线居民或使用设施的居民,因此建设费用与日常维护的费用往往是由临近道路或使用设施地块的业主来承担。这就反映出开发控制不仅仅是对建筑进行规范,同时也对城市的开发活动征收开发费,承担起实现公共财政目标的任务,上海租界建设制度是西方现代城市建设与管理的缩影(贾彩彦,2004)(注释1-12,注释1-13)。

注释1-12　上海英法美租界租地契事

江南海关道为给出租地契事照得接准＿＿＿＿国领事官＿＿＿＿照会内今据＿＿＿＿国人＿＿＿＿禀请在上海按和约所定界内租业户＿＿＿＿地一段永远租＿＿＿＿亩＿＿＿＿分＿＿＿＿厘＿＿＿＿毫＿＿＿＿

　　　　　　　　　　　　　　　　　　　　　　　北　　南　　东　　西

每亩给价＿＿＿＿文其年租每亩一千五百文每年预付银号等因前来本道已饬业户＿＿＿＿将该地租给该商收用务照后开各条遵行查核外国人按和约在界内租定地亩却不由己便亦不得转与别国未曾准住中国之人必须中国官宪与领事官查视其租地赁房无足妨碍方准租住又查向议章程虽外国人有通融得益之处,但无准租地赁房与华民辗转货卖若华民欲在界内租地赁房须由领事官与中国官宪给盖印凭据始可准行上列各条倘该商嗣后代管业之人将来以其地转与不禀明本国领事官并道宪批准登籍将其地整段分段或己或人另造房屋转租华民居住若未领两国官宪允准凭据并每年不将每亩年租钱一千五百文预付银号违犯斯章着则此契作为废纸地即归官须至租地契者

　　　　　　　　　　　　　　　　　　　　　　　　　　　　　　　租地

　　　　　　　　　　　　　　　　　　　　　年＿＿＿＿月＿＿＿＿日给

　　　　　　　　　　　　　　　　　　——上海英法美租界租地章程(一八五四年)

　　来源:《上海公共租界史稿》,上海人民出版社1980年版

注释1-13　上海租界建筑高度控制相关描述

(1)几种获取高度突破的折衷方式

1903年的条款还非常不完善,只笼统对各种建筑进行了一个统一85英尺的高度规定,没有更详细的具体规定,所以20世纪初至1910年代中期基本属于无法可依的时期。而1920和1930年代外滩、南京路等地区大量建筑翻造,且大都申请突破1919年建筑规则中的限高。那么工部局在审核过程中又是如何执行这一高度限制条款的呢?在批准突破限高的同时,又是如何进行公众利益和私人利益的平衡控制呢?

综合起来,工部局主要通过三种方式来解决和平衡这一问题:

1)用土地置换高度;
2)用体积平衡置换高度;
3)用建造车库来置换高度。

这三种方法中以第一种使用最广泛、开始运用最早、操作也最简易和成熟。因此留存的实例也最多。

来源：唐方，2006. 都市建筑控制[D]. 上海：同济大学.

根据古典经济学的"庇古税"理论（罗斯巴德，2012），税收体系可以在一定程度上实现公共投资的外部效益，实现开发利益的公共还原。在该理论的影响下，西方发达国家从20世纪中期纷纷开始建立土地增值税、房地产税等现代土地税收制度。随着经济学领域研究的进展，新制度经济学认为公共干预的税收方法不一定能达到庇古所设想的资源分配的最优化（弗鲁博顿，芮切特，2006）。英国的实践证明受益者负担的税费往往难以实施；而美国的实践证明即使实施也难以避免产生新的社会不公正。从1980年代开始，开发活动公共还原的制度手段逐渐从受益者负担为原则的税费、开发费形式发展为开发项目许可条件的执行。英国等国家通过地方规划部门与开发商协商谈判而形成规划协议（Planning agreement），在给予规划许可时附加开发建设的条件，使开发者在获得开发权时负担城市基础设施建设，成为"地方性的开发税"（local taxes on development）（Healey P，Purdue M，Ennis F，1995）。

较为特殊的是土地出让金的形式，根据学者对土地契约（出让合同/租赁协议）制度下土地的投入（Cost）与收益（Benefits）的研究，由土地契约制度而产生的土地出让金给了政府更大的财政自由（Archer R W，1977），通过签订土地契约而附带土地开发条件，直接限定开发权，体现"一地一约"的灵活性，是政府实现公共财政目标中制度成本较低的控制方式（Lai L W C，1998）。然而，土地契约必须依托于特殊的土地制度（注释1-14）。

注释1-14　香港土地租用制度和土地政策

香港的土地差不多全部由香港特别行政区政府（下称"特区政府"）租出或以其他方式批出。早年，本港土地契约的年期计有75年、99年或999年三种。其后，港岛及九龙市区的土地契约年期划一为75年，并容许该等契约续期，惟承租人每年须根据旧有的《官契条例》缴付重新评估的地税。至于新界及新九龙的土地契约，年期一般为99年减三天，由一八九八年七月一日起计。

在一九八五年五月二十七日（《联合声明》生效之日）至一九九七年六月三十日期间，当局按照《联合声明》附件三的规定，制定有关批出或出租土地的政策。本港一般的批租土地的契约年期，不得超逾二〇四七年六月三十日，契约的承租人须缴付地价和名义租金至一九九七年六月三十日，该日以后则须每年缴纳租金，款额相当于相关土地应课差饷租值的百分之三。至于在一九九七年六月三十日前期满的契约，亦可根据《联合声明》的规定续期至二〇四七年，惟短期租约和特殊用途契约则除外。

来源：https://www.landsd.gov.hk/tc/service/landpolicy.htm

目前世界上仅有少数国家和地区能够采取土地契约这种方式,我国的土地出让制度也类似于土地契约。但是,土地契约能够成功实现最优效率的控制,也有赖于特定的城市发展背景,例如稳定的经济、人口增长预期(谭峥,2017)。

中国改革开放后40年的高速城市化,有赖于以土地出让制度为基础的"城市经营"。改革开放初期,我国对开发活动获取的经济收益转化为公共还原缺乏深入的理论研究以及制度设计,在开发控制的过程中,通过调整容积率等经济性指标获取额外开发利益,通过建筑物转功能获取土地级差地租,通过简单的规划设计条件逃避市政及公共服务配套设施的建设获得土地开发权等并不鲜见,影响了开发控制目标的实现并有违社会公正。随着我国对开发控制认识的深入,规划设计条件逐渐丰富,租赁性住房、配套设施等规划条件与土地出让条件被捆绑在一起,发挥了土地出让制度在开发控制中的优越性。

1.2.3 创新开发控制机制,提升人居环境

19世纪末到20世纪初一系列城市规划体系的建立,虽然也包含着社会控制以及美学控制的目标,但其以公共卫生为基础对人居环境的干预,是现代开发控制的制度基础(蔡小波,庞晓娟,邱泉,等,2022)。

随着对人居环境内涵的深入认识,人居环境的底线控制从公共卫生向生态环境、历史文化等方面拓展。规划部门针对历史文化遗产保护区、国家公园等各类自然保护地也做出各种限制。保护作为开发控制的手段涉及复杂的利益关系,为了达到保护的目的,许多国家和地区的开发控制制度都创新机制,采取开发权转移(容积率转移)、建筑物功能转换审查、专项基金等不同的方式。开发权转移机制可以将历史建筑、生态保护区周边开发活动的开发权转移到非保护区,降低开发活动的不良影响,在美国、中国"台湾"等地区得到较多应用。建筑物功能转换(旧建筑的新用途)在开发活动中是一种很特殊的类别,在许多国家和地区被认为是开发行为,需要得到规划许可,例如英国、新加坡均制定了严格的建筑物用途分类规则(注释1-15)。

典型的用途分类规则如:

英国《2020英格兰城乡规划用途规则修订条例》[The Town and Country Planning (Use Classes) (Amendment) (England) Regulations 2020]

新加坡《规划用途使用规则修订》[Revisions to Planning (Use Classes) Rules]

注释1-15 英国建筑用途更改相关规定

通常，从一个用途更改为另一个用途需要获得规划许可。大多数与改变用途有关的外部建筑工程也可能需要规划许可。其中也有一些例外，在下面会有更详细的介绍。

如果你需要更改建筑物或土地的用途，我们会建议你向当地规划当局征询意见，以确定是否需要取得规划许可或事先批准。

此外，在你为你的业务租赁或购买物业前，你应该检查你是否需要取得规划许可或预先的批准以及获批的概率。

一般而言，当现有用途和拟议用途属于同一用途类别时，便无须取得规划许可。这包括2020年9月引入的use classes e、f1和f2，它们允许在每个类中进行更广泛的使用更改。例如，一个蔬菜水果店可以改成一个鞋店，而不需要规划许可。不过，如建筑工程与拟议的改变用途有关，则有关工程可能须取得规划许可。

来源：https://www.planningportal.co.uk/info/200130/common_projects/9/change_of_use/（作者翻译）

为了应对历史、生态保护对地方财政增加的压力，荷兰等国家或地区设立专项基金，在颁发规划许可中实施对开发项目的强制收费（Exaction）并纳入专项基金，将环境与社会、经济问题相联系，用市场化的经济机制保护人居环境及历史文化（注释1-16）。但是，这些创新的开发控制方式都建立在开发活动的空间合理性基础之上。

注释1-16 荷兰政府关于开发额外费用的规定

（荷兰）政府对土地开发过程收取一定的影响费和额外费用，以支付为特定项目服务所需的公共设施，例如街道和道路。如果费用超过土地开发商在设施成本中所占的比例，则该征费是对物业的违宪夺取。法院会仔细审查政府征收此类费用的计算，特别是如果这些费用是"临时性的"。因此，如果没有必要，政府可以通过适当的地方法规来"规范"土地开发的过程。

来源：http://landuselaw.wustl.edu/STREXAC.htm（作者翻译）

我国在开发控制中的项目决策以规划设计条件为法律依据，时常会放大规划制定过程中的缺陷，比如在具体开发项目中发现开发与文化遗产冲突的时候就没有容积率转移等协调工具，只能在虚位的公共利益与实体的开发收益之间艰难选择，部分开发活动以牺牲公共卫生、历史文化以及生态环境为代价。对于部分官员私自售卖容积率的行为只是针对个人进行制裁，没有正视容积率调整诉求的社会基础，并缺乏对开发控制制度的深入思考。我国部分城市已经意识到开发控制是解决复杂的空间问题的途径之一，因此开展了对容积率转移、建筑物转功能、附加规划许可条件等开发控制机制的研究与探索。

1.2.4 将社会控制转为促进社会公正与阶层的融合

工业革命不但提高了人类社会的生产力，也引起社会结构的重大变革,推动了社会理论的产生。开发控制的对象虽然是具体的开发建设活动,但这些问题都来源于社会问题。"社会秩序塑造空间秩序,空间秩序又反作用于社会秩序"(包亚明,2003),这种空间上的互动折射出利益关系的变化。

分区管制建立了良好的物质空间质量,甚至是城市活动秩序,这种纯粹的物质空间管制方式在自由市场经济条件下变相地确认了社会分层现象并制造了空间隔离,有时借助"城市美化运动"而导致社会负面效应普遍存在,例如通过"城市更新"重塑城市形象的过程也由于原社区居民的搬迁而导致"绅士化"(Bereitschaft B,2020)。

随着西方学术界对城市空间以及社会问题的认识,城市中心衰落、中产阶级化、郊区蔓延等空间问题在社会学领域研究的深入,从1960年代开始,西方国家对开发活动的注意力逐渐从物质空间转向了社会发展领域,维护社会公正和促进社会融合成为城市开发控制的目标。

由于开发活动的法定许可直接影响开发活动的进行,开发控制制度被视为管理社会问题的有效方式。英国在设施优良的区域,在规划许可的条件中通过附建社会住宅和公共设施而促进阶层的融合(卡林沃思,纳丁,2011),通过规划许可对社会分化和贫富加剧的现象进行控制。美国对分区制度进行了调整,增加土地混合使用,调节社会阶层的空间聚集。香港特区政府通过放松或收紧土地契约的条件来控制住房面积和套数,从而保证出让地块可以提供面向特定阶层的住房(Hu E C M,2001)(注释1-17)。

注释1-17 香港特区政府的长期房屋策略
- 公寓的分配以年度配额为准。
- 申请者的优先顺序是由积分制度决定的。
- 平均约三年提供首套公寓,并不适用于QPS(Quota and Points System,配额及计分制度)申请人。我们已采取以下措施,确保公屋单位能匹配给真正有需要的人士。

LTHS(Long Term House Strategy,长期房屋策略)有三个主要方向:……(3)透过稳定的土地供应和适当的需求管理措施,稳定住宅物业市场,并推广良好的私人住宅物业销售和租赁手法。

来源:https://www.hb.gov.hk/eng/publications/housing/hongkongthefacts/index.html(作者整理)

我国从计划经济时期沿袭下来的规划管理,注重物质空间形态的落实。在快速城市化过程中,土地经济收益成为主要目标,社会公正以及社会阶层的融合则被漠视。近年来,一些城市在土地出让中将社会性住宅作为出让条件,而将商业住宅与公租房布置在同一个居住地块中,引发了许多问题。

1.2.5 拓展美学控制的要素，营造理想的城市公共空间

建筑形式的公共艺术属性使其成为最早控制的要素之一。中国古代通过礼制、法律和乡规民约的方式管理建筑形式；欧洲中世纪则通过颁布专门的街道法令来限制沿街建筑，这些美学控制的目的是维持社会风俗或共同的价值观。

随着现代国家对于公共利益的深刻认识，法律上基于美学以及城市空间形态进行开发控制已经得到许多国家的认可，并且不断扩展涉及美学控制的对象，例如广告(注释1-18)、招牌、视线遮蔽、屋顶花园、阳台形式，甚至对于树木的砍伐和修剪的管理等都被纳入开发控制的规定中（唐子来，程蓉，2003）。

注释1-18　美国规划协会对于广告牌的管控规定
政策指导

政策1. APA国家规划协会和分会支持在符合当地综合和土地使用计划的情况下对广告牌进行地方监管。

政策2. APA国家规划协会和分会促进联邦立法，恢复地方政府通过摊销和其他符合特定州的法律和宪法的方式要求拆除广告牌和其他标志的权力。

政策3. APA国家规划协会和分会支持地方政府的权力，要求沿联邦高速公路的不合格标志须符合尺寸和高度要求，无需现金支付。

政策4. APA分会促进在必要时采用州立法，明确授权地方政府提供摊销作为补偿，以补偿在地方政府管辖范围内拆除不合格广告牌和其他标志的要求。

政策5. APA分会促进州立法和地方法令的通过，停止建造新的广告牌，直到联邦政府拨出足够的资金来拆除不合格的广告牌或恢复地方政府通过摊销无现金支付拆除广告牌的权力。

政策6. APA国家规划协会和分会促进乡村州际公路、美国公路和州际公路上出口标志的使用，从而提供带有企业或特许经营标志和名称的服务信息，此类标志的使用与同一区域内广告牌的数量、高度和大小限制相关联。

政策7. APA国家规划协会和分会支持继续加强联邦和州立法，允许地方政府控制新广告牌的放置。

政策8. APA国家规划协会和分会支持将《公路美化法》和ISTEA（Intermodal Surface Transportation Act,《多式联运地面运输法案》）相关规定中的后退豁免增加到一英里或其他足够的距离，以确保广告牌公司不会通过简单地在后退距离外安装更大的标志来颠覆后退的意图。

政策9. APA国家规划协会和分会支持实施和执行限制植被移除或修剪，以提高广告牌的可见性。

政策10. APA国家规划协会和分会支持授权立法对广告牌征收使用费或税，这反映了广告牌所有者从公共道路公共投资中获得的私人利益，并建议将这些收入用于支持公路美化工作。

来源：https://www.planning.org/policy/guides/adopted/billboards.htm（作者翻译）

除了扩展开发控制的对象，许多国家逐渐采取城市设计的形式对城市进行公共空间以及建筑形态的引导。传统的城市规划着重于功能的

(functional)和物质的(physical)方面,城市设计使之增添了美学(aesthetic)方面的考虑(Punter J,1987),"设计控制"逐渐成为一些国家和地区主导开发控制的方式,例如美国区划条例正逐步被形态条例所取代(戚冬瑾,周剑云,2013)。

设计控制与刚性的法定规划不一样,编制城市设计导则以后,还需要通过开发控制的程序进行设计审查(design review),对有分歧的美学及形态控制标准达成共识。新加坡在土地批租时主要采取投标方式,投标项目规划设计方案的美学效果在土地批租竞标中占有很大的比例(表1-1)。

表1-1 新加坡重建局官网上的招标信息

Tai Seng 街区 Multi-User Chinese Temple Hub 地块开发计划

土地面积(m²)	最大建筑面积(m²)	招标起始日期	投标截止日期
5177.7	10 000	2019年12月12日	2020年3月12日

Multi-User Church Hub 地块开发计划

土地面积(m²)	最大建筑面积(m²)	招标起始日期	投标截止日期
5100.3	10 200	2019年11月8日	2020年2月13日

来源:https://www.ura.gov.sg/Corporate/Land-Sales/Sites-For-Tender/(作者翻译)

美学控制在我国具有深厚的历史渊源,对于改善城市形象的立面整治、城中村更新改造等城市美化运动具有强大的推动力。对于城市美学以及公共环境品质的开发控制则呈现出较大的地方差异性。一些小型开发活动,例如广告设置、地形地貌改变、修建屋顶花园、增加地块出入口、修建围墙、立面改造、雕塑小品等,尚未纳入城乡规划法的规划许可范畴,均是通过地方性规划法规进行引导。对于引导城市公共空间的城市设计,虽然其法定地位在2018年得以确立,但是设计审查在许多中小城市由于缺乏专业人员而在实践中难以普遍实现。

1.2.6 促进开发活动与城市发展战略的融合

随着全球化经济的到来,经济衰退成为部分国家和城市面临的严峻形势,单纯的否决或准许开发活动阻碍了城市经济发展的积极性,开发控制被赋予了实现城市发展与战略的目标(Booth P,1996)。

为了促进城市的开发与战略结合,规划体系做出了改革。在过去的20多年,欧盟的"空间规划"(Spatial planning)得到重视与应用。"空间规划"被广泛视作协调部门政策的机制(霍尔,2008),"横向"上在不同的部门之间协调,"纵向"上在不同的立法层面而非行政层面协调,"区域"上跨越不同的行政界线,逐渐从跨国、跨区域协调应用到地方层面。空间规划所制定的规划政策是对具体大型开发活动的指引,将开发策略以及土地的使用进行整合,从而实现政府的战略目标,超越了传统物质空间的土地利用总体规划(注释1-19,图1-8)。

注释1-19 欧盟空间规划相关描述

"空间规划是指公共部门用于影响未来空间活动分布的方式。推行这项计划的目的,是要建立一个更合理的土地用途组织,并加强它们之间的联系,以平衡发展需求与保护环境的需要,以及达到社会经济目标……空间规划的能力取决于国家甚至地方一级的能力,欧盟本身在这个领域没有一般权限(但有一定影响力)……欧盟对成员国空间规划的主要影响来自现有的部门权力和活动,这些包括欧盟法规的部分内容,激励措施如欧盟资金以及欧洲机构的议程和会话。"

来源:Spatial planning and governance within EU policies and legislation and their relevance to the New Urban Agenda(《欧盟政策和立法中的空间规划和治理及其与新城市议程的相关性》)

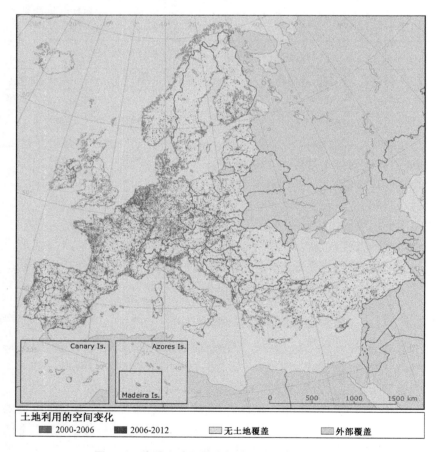

图1-8 欧盟土地利用空间变化(2000—2012年)

来源:https://images.app.goo.gl/oP2kz5VsqKJ5Kz1i7

为了吸引投资以及增加市场灵活性，英国创新了开发控制制度，包括在特定地区简化甚至是取消规划许可。澳大利亚、日本对于公共设施项目实行内部程序，推动城市开发与战略的结合。美国城市政府与开发商签订开发协定（Development agreement）的案例日益增多，它对规模大、时间跨度长的分期开发项目给予一次性的开发许可，但附加了一些条件，促进了城市战略项目的落实。德国很多城市采用城市建筑合同（Construction contract）的形式实施开发控制与具体项目的建设，合同包含具体建筑的设计以及投资开发方式，使战略性项目实施的同时减轻了财政负担。土地契约在城市发展战略方面也具有重要作用，政府可以主动掌握出让地块的时机与开发条件等。

1.2.7 通过"程序正义"平衡可持续发展的冲突

可持续发展理念本质上是一个"限制模型"，它仅仅指出发展和需求之间的矛盾。对于具有社会、经济、环境等多种效应的开发项目，不同的社会群体出于自己的利益选择性地理解可持续发展理念，导致判断共识的缺乏。基于正当程序策略，当缺乏客观标准评判纠纷时，就需要一个公认的"程序"来处理这些分歧和矛盾；而开发控制能够通过发挥行政规制实现程序正义。

由于开发活动的影响难以预估，且存在不同的评价标准，因此即使制定了完整的《妨碍法》或者《物权法》《民法典》，部分开发活动涉及的邻里纠纷依然需要邻里告知、公示与听证等程序进行协调；即使编制了完备的城市设计导则，部分开发活动依然需要设计审查的程序以达成美学共识；即使编制了从总规到控规等不同层次的法定规划，部分开发活动依然也需要根据变化的社会经济情况附加不同的许可条件；即使规划许可已经颁发，也可能由于公共利益撤回原有规划许可；即使规划许可已经附加条件，也依然有可能被申请者进行申诉而修改原有规划条件；即使开发活动已经实质发生，开发控制也赋予了规划管理部门对违法开发强制执行的权利，以维护开发控制的制度权威等等。开发控制的重点不仅在于实现规划目标，也包括在不断变化的条件下通过开发控制的行政程序调整并完善原有的目标。

制度泛指规则和运作模式，是用以规范个体行为的社会结构，可持续发展理念促成当代社会结构的深刻变化，社会治理的模式从政府主导的公共管理范式转型为全民参与的管治范式。作为规范开发和管理行为的规则，在可持续发展的背景下，开发控制制度也从政府部门的行为准则扩展为特定领域内社会关系的准则。

1.3 本章结语

在现代城市规划诞生以前，乡规民约、建筑条例、公共政策、民法公约等非规划手段规范着城市建设活动，并随着城市发展而渐渐形成较为正式的制度。早期的城市规划本身就构成规划许可，规划就是开发控制的工具；直到1947年英国城乡规划法正式建立现代开发控制制度，从而首次将规划与许可颁发结合起来。尽管英国的开发控制制度传播到世界许多国家，但是，各个国家历史沿袭下来的法律与规章、规划等开发控制方式还是被保留下来，并结合历史文化特点以及城市发展的特征形成了不同的制度特色。

开发控制的典型形式是作为行政许可特殊类型的规划许可或开发许可。我国的规划许可不但是实施规划确定的目标和要求，落实国家和省市有关建设管理的政策以及可持续发展的原则和要求，也是决定开发项目能否实施的最终的法律凭证，在实施规划目标过程中用于处理具体的、形形色色的利益冲突。开发项目决策不是简单的规划条件的符合性审查，而是在现实而又具体的权力和利益冲突中的决策，规划许可涉及经济发展与环境保护的矛盾，涉及公共利益与私人利益以及私人之间的利益冲突，涉及城市美学环境的评价等一系列纠缠不清的问题。规划许可的目标与开发控制制度的目标是两个层次的问题。

开发控制制度包括广泛的目标和议题，并且开发控制制度的目标随社会经济转型而变化。在可持续发展背景下，不同的开发控制制度开始互相融合与学习。由于我国的开发控制制度是直接借鉴或移植而来，在制度安排方面比较注重外在形式的借鉴，而忽视了制度的历史渊源，只有在历史宏观背景下才能剖析开发控制制度的核心问题。本章系统地梳理出开发控制的目标及开发控制实现可持续发展的制度细节。在当前城乡规划体系向国土空间规划体系的转型过程中，回顾规划的历史，需要提醒的是规划不可能替代开发控制，开发控制体系是规划体系发挥作用的关键，充分理解开发控制的制度目标将有助于规划机构的功能调整与管治方式改革。

2 开发管制*的权力渊源与开发管制模式

规划行为本身不会直接改变生存环境的物质形态,只有实现规划目标的行动才真实地、物质性地改变生存环境。规划作为意愿和诉求的表达应该是自由的、开放的,为实现规划目标而进行"开发"行为则需受到某种程度的规制,需要在开发行为的实际后果产生之前判断开发行为是否符合规划目标,以及是否能够接受开发项目带来的负面影响,这是由于开发行为所导致的环境物质性转变可能是不可逆转的,比如遭受化学污染或辐射的土地很难回复到原先的状态,同时土地上的动植物也会出现不可逆转的变化。可见,规划体系中改变物质环境的"开发"行为是规划管制的核心。

在土地上的开发建设行为有两个基本的构成要素:活动与活动的场地。与之相应的有两种基本的管制对象:人的开发行为与开发行为所处的场地。并以此建立起规划管制的两个原型:针对开发行为的"开发许可制"和针对开发场地的"区划"管制,后者是基于开发后果的空间管制。针对开发行为设立审批制度是对"人的权力"的规定,针对开发场地及其开发后果的标准要求是对"物(土地)的权力"的规定,"人的权力"与"物的权力"的规定存在联系而又拥有各不相同的历史渊源。针对开发行为的"许可管制"和针对开发场地的"空间管制"是两种管制模式的原型,分别以英美两个国家的制度为代表;澳大利亚、新加坡、我国香港地区等都是结合了这两种模式的混合体。我国的开发管制制度也是混合模式,由于土地权利的渊源不同,混合管制的成分也就不同,混合管制的模式呈现出不同的特点。

---

* "开发控制"一词源自英国规划体系中的"Development Control",我国作"规划管理""规划管控""规划控制"等。关于"开发控制"与"规划管理""规划控制"等的辨析,作者在论文《论开发控制体系的相对独立性》(刊载于《城市规划》,2010年第7期)中有阐述。在英国正式城乡规划体系存在的70年里,通过颁发许可对开发活动进行控制的这个过程被称为"开发控制",英国现在的术语"开发管理"(Development Management)一词正在取代"开发控制"。在《英国城乡规划》(*Town and Country Planning*)15版中,对"开发控制"到"开发管理"的转变作了阐述。英国《2004规划与强制购买法》(Planning Compulsory Purchase Act 2004)中"土地利用规划"向"空间规划"的转变,就是对从"开发控制"到"开发管理"转变的认可,但这种转变的实质是价值观与理念改变,在规划许可程序上并没有调整,因此英国学术界也大多沿用原有"开发控制"(Development Control)一词。为了保持本书叙述的一致性,沿用"开发控制"一词。在第2章出现"开发管制"一词,是与国内术语相互呼应,并顺应英国从"开发控制"到"开发管理"理念的转变。

2.1 英国的规划许可管制模式

在英国《1909住房与城镇规划诸法》(Housing, Town Plang, Etc. ACT 1909)颁发之前,土地所有人可以自由使用自己的土地,任意进行各类开发活动,其活动不触犯普通法(common law)即可。1909年的规划法要求地方机构编制城市规画(Planning scheme),城市规划的范围主要包括现状城镇及周边地区,政府有权征收规划范围内的土地,并且处于城市规划范围的开发活动必须符合城市规划的要求;但是没有针对开发活动设立行政许可程序。这个时期的城市规画与开发的关系类似区划(Zoning),只要开发项目符合规划要求就可以直接开发,换一种说法就是"规划本身就构成规划许可"。1919年规划法提出"过渡性开发控制",主要是解决规划编制滞后和不能满足开发需要的问题,在没有编制规划的地区或正在编制规划还没有获得批准的地区放行开发活动的权力,起先是允许地方规划主管部门与开发商签订提前开发的协议(consent),并支付地方规划主管部门相应的补偿金(compensation),只要提前开发的项目不违背城市规划的要求,支付的补偿金就可以退回。1922年的城市规划过渡性开发规则正式确立了"规划申请与规划许可证"制度,地方规划主管机构批准或拒绝规划申请都必须有法律依据,而且可以附加开发条件,只要附加的条件是适当的,开发申请人就必须接受。规划许可主要是弥补规划范围不足的缺陷,或针对尚未获得批准的城市规划范围内的开发项目建立管理制度。直到《1947城乡规划法》之前,开发控制仅限于有规划的地区,比如到1933年英格兰和威尔士只有24%的土地完成规划。这个时期规划许可即可以视为是实施城市规划发展目标要求的工具。目前我国城乡规划的规划许可的角色和作用大体与这个时期的英国开发控制作用相似。

《1947城乡规划法》之后,英国的规划许可制度不是建立在批准的城镇规划基础上,而是建立在土地开发权国有化的基础上,许可开发活动可以依赖广泛的法律和政策要求,规划只是其中的一个参考因素。规划法将所有的"开发"都纳入许可的范畴,这就扩大了开发管制的空间范围,而另一方面又放宽许可的条件,规划要求仅仅是参考因素之一。换言之,没有规划的地区也可以许可开发活动,只要开发活动符合法律、政策等因素即可。因此很多地区开发控制似乎回到"普通法"控制开发的状态,但此时规划许可所参照的法律、政策以及各层次的规划,远远比普通法的内容丰富很多,这就克服了规划供给不足而导致妨碍开发的问题。英国许多地方的规划许可决定权是在地方议会,而不是规划主管机构,规划机构类似议会的专门机构和秘书部门,主要是拟备提交议会决定的材料,这种决策方式可以参考我国城市规划委员会的决策模式来理解,规划部门相当于规划委员会的办公室。决策方式的转变导致规划许可决策性质的转变,从类似行政审批的规划许可转向议会的讨论和决定,尤其是规划许可的争议解决行政程序采取了类似司法的程序,通过法定程序实现实质性的公平正义,从而构成极具英国特色的自由裁量权的许可模式。

开发权国有化之后依照法律定义的开发都必须获得规划许可,这给开发控制带来繁重的、不可能完成的任务。在"开发"概念的范围内,现实中的某些量大、面广且影响有限的微小开发活动根本就没必要进行开发控制。为此,从1950年代开始,就通过《一般开发规则》(General Development Order)、《用途分类规则》(Use Classes Order)、《特别开发规则》(Special Development Order)、《地方开发规则》(Local Development Order)等专项条例直接豁免规划许可,在某些特别地区直接授权规划许可;为避免豁免许可和授权许可可能出现的意外情况,在《一般开发规则》中设立了一个撤回条款(第4条)确保规划许可的权力。针对开发行为建立开发控制体系,为引导和规范开发活动而建立开发规划体系,开发控制是英国规划体系的基础。由于规划许可所管制的行为不限于规划范围,况且"规划"仅仅是规划许可的参照,没有规划的地区照样可以参照一般的法律和规则作出规划许可,只要许可程序符合法律规则即可。所以,英国规划体系的特征是以开发控制为核心。

2.2 美国的区划管制模式

三权分立理论是美国政体系统的一个重要特征,简而言之(为此而忽略了偏离正常规则的情况),分区条例由立法实体(如自治市)通过;申请再区划或变通是由一个独立的委员会(规划委员会或分区委员会/理事会)审查;申诉则向调解委员会(或申诉委员会)提出,有时也向立法机构提出,最后可以法律或宪法为由提交给普通法院。此外,自由裁量权的作用受到严重限制(至少在理论上)。事实上,分区最初被认为几乎是"自我执行"的:分区条例(书面法规)和分区图将清楚地、详细地列出允许的土地用途,使人们几乎没有任何怀疑或自由裁量的余地。

所谓"自我执行"简单理解就是法律没有设立第三方实施机构,尽管存在城市规划委员会或分区委员会等区划机构,但是这些机构属于救济性机构,而不是常态的执行机构,其作用是辅助立法机构解释和变通使用区划条例。分区的实施主要依靠土地业主自身的判断,如果自认开发项目符合区划就可以直接申请建筑许可,但是同时需要承担开发后果的责任。为规避开发风险,先是在某些地区,后来形成惯例和规则,即将开发项目与区划的符合性问题交给专业人士判断,比如符合资格的建筑师、规划师和律师等。专业人士提供的是服务而不是管理,这项服务可以向业主收取服务费用,由此,识别开发项目的风险责任就从业主转移到专业人士。开发项目的符合性审查既不是公共服务(免费),也不是为了实施而管理。

在美国,分区基本上是一种地方性事务。通常情况是"分区就是本地社区的居民对提议的土地利用规划的审查过程,并决定是否允许这样使用"。立法实体批准的分区就成为地方性的法律,具有法治的强制力。当然这种强制力是一种事后追究的权力,类似警察惩处犯罪行为,是一种被动的行为。

2.3 混合管制模式

澳大利亚、新加坡和我国香港地区的开发控制制度是英美两种开发控制原型的混合体,都采用了"法定规划+开发许可"的双重管制模式;但是混合管制的成分不同,权力的侧重点也不一样。这些国家和地区在历史上都曾被英国殖民统治,承袭英国本土的法律与管制制度,同时考虑到管辖区域的自然条件、城市发展要素、社会群体与人文环境的不同,以及其本身与英国本土治理的差异等等因素,即便是抽离出"开发许可"或"区划"进行单独的分析,其内核都与英美的权力结构不同。并且,这些地区独立或回归以后,基本政治权力结构发生转变,土地的私有权力与公共干预的权力都作出某种适应性调整,从而使得混合管制模式的差异更大。

2.3.1 香港的混合管制模式

清政府在1842年的《南京条约》中割让香港。1843年,为了给英国政府对香港的管制提供指引,当时的英国女王维多利亚以皇家特权立法的形式颁发了《英王制诰》(Hong Kong Letters Patent,1843—1997)和《王室训令》(Hong Kong Royal Instructions)。《英王制诰》通称"香港授命状"或"香港宪章",是香港英治时期的重要法律文件,为王室制诰的一种。制诰的第21条授予香港总督权力掌控行政、立法及司法机关,且这些机关并无任何制衡港督的权力,而王室对香港总督和政府有绝对的控制权,确立了香港所有权力集中在总督,使总督能高效率施政。《王室训令》是香港在英治时期的重要法律文件,又名《王室法令》。该法令的第37条提供了英治香港行政局及立法局运作的具体细则安排,订明立法程序,并进一步明确指出及规范香港总督的权力,包括任免议员和官员,赦免死因，处置土地等，作为《英王制诰》的补充规定。其中第 31 条是授权香港总督以英王的名义管理香港地区的土地，管理的主要方式是一种特殊形式的土地赠予(Grants land)，这种土地赠予不是免费的、土地所有权力的整体移交，而是象征性地收取金钱或实物，或定额或以年度租金的方式缴纳一定费用；这是当时分配土地的一种方式。但是，该条文同时对总督赠予土地提出了具体的要求，主要包括：必须是赠予个人、组织和机构自己拥有和使用，也就是赠予的土地不能转移土地所有权，而且必须以公开拍卖的方式批租土地。第 32 条要求总督必须保留公共使用的土地，且不得批租公共土地："吾指示你确定在上述地区保留哪些特定的土地，作为公共道路和其他内部联系，或作为城镇、村落、教堂、学校、教区或教堂房屋，或作为安葬死者的地方；或作为任何现有城镇或村落未来扩展的地方，或作为任何城镇或村落居民的休闲和娱乐场所，或作为未来任何时候在海上、海岸建立或设立的码头或登岸地点。或为公共便利、公用事业、健康或享受的任何其他目的而保留的土地，而您应使上述地区的公共地图或以其他真实的方式，标示出最适合满足和促进上述几个公共目的的土地或地块。吾等的意愿及欢迎，且吾等严令及要求阁下不得以任何理由或以任何假象向任何人士批予、转让或描述任何上述指明的适合保留的土地，亦不得向任何私人提供或容许任何私人人士占用该等土地作任何私人用途"。

由此可见总督批租土地是指定用途并规定开发和使用条件的。尽管后来香港土地的批租程序变得愈加复杂和规范化，与城市规划的关系也愈加紧密，但是香港土地权力的基本结构关系没有实质性的转变。香港回归之后，总督的权力移交给行政长官和特区政府，英王的权力被《中华人民共和国香港特别行政区基本法》所取代。但在香港被殖民统治后期总督的权力被分散和削弱，权力移交之后就使得行政长官的权力有所变化，但是行政长官在土地批租与城市规划干预方面的权力基本没有调整，香港城市规划条例继承并确认行政长官具有与香港总督同样的权力，包括：指示编制城市规划、批准城市规划、订立土地开发与使用的规则、批租土地等。

与土地赠予有着历史渊源关系的香港土地"批租"制度，实际隐含了包括香港被殖民统治早期土地赠予的两重关系，第一是两者的地位不平等，表现为赠予与被赠予的关系，而且通过租金或象征性缴纳在形式上维持这种不平等关系；第二是保留了收回土地和控制土地的权力。这种权力结构表现在香港的土地批租方面实际存在两重管制，第一是在土地批租过程中通过土地契约规定土地的用途；第二是批租后的土地赠予人仍然保留了进一步控制的权力。后一项权利为城市规划干预奠定了权力基础，这两项权力实质上是延续了《王室训令》31条的权力习惯。

作为国际商贸金融城市,香港的土地价值在于城市用途。然而,由于自然条件的限制,香港适于城市发展的土地非常有限,大量的城市发展需要填海造地,况且城市土地需要完善的道路、给排水、电力电讯等基础设施,这些前期工程建设就构成香港土地批租的前提条件。为了城市能够持续发展,前期的土地开发工程需要合理规划与预期的回报,因此土地发展合理规模、资金能力与融资方式和预期的市场回报成为规划的主题,"规划发展—基础设施建设—批租土地"成为香港城市发展的核心特征。

与新加坡国家和公共机构主导的城市建设的模式不同,香港特区政府出于批租土地的目的而主要进行土地基础设施开发,鼓励私人和企业适应市场在政府供给的土地上发展。因此,除了必备的基础设施和公共服务之外,政府并不积极参与商业与住宅等市场竞争的发展项目,批租土地在分区发展目标与分区用途管制上的条件以经济回报为主要目标,这就导致能够满足法规最低要求的各种低劣的建筑大量出现。但是随着社会发展与规划目标的多样化,为弥补批租条件管制与建筑条例管制不足的缺陷,于1974年修订《城市规划条例》,正式建立"规划许可"制度。现行《城市规划条例》第十六条规定必须"就图则而申请许可"。分区计划大纲图、开发审批地区图、市区重建发展图等法定图则具有高度的灵活性和弹性,给规划许可预留了很大的裁量空间。就土地开发利用的管制结构而言,香港采用"法定图则+规划许可"的双重管制模式;就管制权力而言,权力的重心在规划许可。

香港的土地批租制度深刻影响内地的土地管制制度,土地所有权与使用权的分离、有偿使用土地制度的建立,以及公开出让土地使用权,甚至城市规划保留对出让后的土地使用权的管理权等诸多方面都与香港的土地管理制度非常相似,尽管土地权力的源头不同,但是土地权力的结构关系是相似的。

2.3.2　新加坡的混合管制模式

曾为英国殖民地的新加坡,其土地管制制度与我国香港比较相似。新加坡、马六甲和槟城位于马来半岛,于1826年成为海峡殖民地,受到英属印度当局的管辖。1832年,新加坡成为海峡殖民地的政府所在地。1867年海峡殖民地正式成为英国的直辖殖民地,由位于伦敦的殖民地办公室直接管辖。依据1868年《最高法院条例(海峡殖民地)》的规定,总督及议会议员亦不再出任庭内法官。1946年,《海峡殖民地(废止)法令》[Straits Settlements (Repeal) Act]解散了海峡殖民地;又依据《英国殖民地法令》(British Settlements Acts)，新加坡独立成为一个新的殖民地，而新成立的立法议会有权为新加坡的和平有序的管制进行立法。1958年，新加坡获得内部自治的权力，国名也随之改成"新加坡国"(State of Singapore)。1965年新加坡与马来西亚签署《新加坡独立协定》(Independence of Singapore Agreement)和《1965新加坡共和国独立法案》(Republic of Singapore Independence Act 1965)，法案规定新加坡总统及议会将行使新加坡的立法权。此外，除根据新加坡独立后的实际需求进行相应修订、改动和废除的情况以外，当时所有的法律将继续有效。从新加坡的立法历史及其权力分配而言，一直没有类似香港总督那样非常集中的权力，而是通过立法的方式来管制城市与社会。

1887年，新加坡第一次颁布有关城市建设的《市政法令》，1927年颁布《新加坡改善法令》，1955年颁布《土地征用法令暂行条例》，1958年新加坡获得内部自治地位后，于1959年制定了第一部《规划法令》(The Planning Ordinance)，在土地开发与使用的方面与英国1947年《城乡规划法》采用了相同的方式，就是只承认1958年法令正式实施之前(1960年)的土地用途权力，此后的土地开发与使用的转变必须服从城市规划。不仅如此，为有效实施城市规划，与英国的土地开发权国有化的方式不同，新加坡加强政府土地征收的权力，通过土地所有权的国有化来整体实施国家发展与城市规划，截至目前新加坡90%的土地属于国家。

征收后的土地大部分用于国家发展和国家控股企业的开发，开发后的建筑等设施提供给私人或企业使用，只有部分土地提供给私人和企业来开发，在符合城市规划要求的地区也允许私人土地的开发。新加坡这种国家主导的开发方式与香港市场主导的开发方式呈现不同的管制特征。依据《规划法令》，总平面规划图(Master plan)是法定城市规划，确定了整个新加坡岛的土地用途。1958年的总平面规划图包括分区用途管制与地块用途管制两个层面，针对整个新加坡岛的土地开发使用管控实行"中心区、城镇区域和乡村区域"三种用途分区，并制定相应的分区管制规则，在城镇区域采用功能分区的管制模式，而对于中心区则规定每一个地块的土地使用用途及开发强度。《1964年规划(修正)案》[The Planning (Amendment) Ordinance 1964]正式确立"规划许可制度"，由此正式确立"法定规划管控＋规划许可"的双重开发控制管制工具。

新加坡土地面积狭小，仅有约700平方公里的土地，发展空间有限。高效集约的土地利用以适应城市发展需求成为规划的持久主题，通过主动的规划引导和控制而不是通过被动的开发项目审批(规划许可)来促进土地集约利用。在城市规划的发展实践中建立了以总平面规划图为核心的多层级、多类型、详细深入的规划体系。新加坡概念规划提供长期的土地利用意图和目标，开发指导规划（Development planning guide）和城市设计、历史保护区规划等提供土地利用具体要求，这些要求都不断地通过每5年一次的总平面规划图修订，以及依据开发项目情况和社会经济需求不定期的修订总平面规划图。并且作为法定规划的总平面规划图的内容与形式也不断地演化，总体趋势是将"1958中心区的用途管制方式"扩展到全岛范围，几乎给每一块土地都提供具体的用途规定和详细的开发指引。

特别需要注意的是总平面规划图不是纽约区划的土地开发权的明晰与确认，也不是授予土地开发权，而仅仅是土地利用的指引和土地利用的底线。某些地区的开发控制指标如容积率等可以协商谈判，提高容积率可以收取一定的费用。目前，新加坡的授予规划许可主要依据"开发控制图"，这是一个整合了总平面规划图、开发指导规划、城市设计、历史保护区以及各专项规划要求的综合图，以电子土地的方式呈现。无论是法定的总平面规划图，还是规划许可必须依据的"开发控制图"，二者都是成文的规划文件，开发许可属于行政审查，主要是检查开发项目是否符合规划文件要求，以及其他与开发条件无关但与土地权属有关的要求。尽管新加坡的土地开发与用途管制同样使用"法定规划＋规划许可"的双重管制模式，但是其权力重心在"规划"，体现出典型的"规划主导"的开发控制体系。

2.3.3 昆士兰州的混合管制模式

1990年代以前，澳大利亚昆士兰州地方政府依据《1934地方政府法》（Local Government Act of 1934）管理城市规划事务；1991年后实施《1990地方政府法（规划与环境）》[Local Government (Planning and Environment) Act 1990]，该法成为城市专项管理的法律基础，规划和开发许可成为土地开发与用途管制的主要工具。1980年末的检讨发现，"当时大约60多部不同的法律要求开发项目必须经过400个独立的、互不关联而又低效的审批过程，既增加了商务成本又延误实践"。为此于1997年颁布《1997整合规划法》（Integrated Planning Act 1997），该法律通过整合相关部门审批程序而提高行政效率，整合的方法是从开发项目批准的角度对审批形式进行分类，建立以《整合开发评估系统》（Integrated Development Approval System）为核心的规划体系。该法律将"开发审批"制度转型为"开发评估"制度，将传统的规划审批项目按照评估方式分为"评估开发、自我评估开发和豁免开发"三种类型，其中评估开发又细分为法规评估开发与影响评估开发；自我评估开发类似区划的"自我执行"，只要合资格的专业人士认证即可；豁免开发类似英国的《一般开发规则》

等法令，属于直接授予许可的开发项目。针对评估开发规定了明确的评估标准和简化了评估程序，从而大大提高"规划许可"的审批效率。

21世纪初为适应可持续发展的要求，于2009年实施《2009可持续规划法》(Sustainable Planning Act 2009)，随后又简化内容颁布《2016规划法》(Planning Act 2016)。尽管法律的主题和名称在变化，但是以开发评估为核心的规划体系没有结构性变化，只是开发评估的分类有所调整。为保护环境，最新的规划法增加了"禁止开发"规定等，其实质上都是使得规划许可更具针对性和更有效率。与开发评估的详细规定对比，州规划法对"规划"的规定要简单许多，仅仅确定了法定规划类型、法律地位及其制定的程序要求，对其规划的内容和形式没有具体的规定要求，这就给地方城市利用"法定规划"创设地方性的管理工具创造了条件。

以布里斯班为例，昆士兰州规划法指定的法定城市规划就是《2014布里斯班城市规划》(Brisbane City Plan 2014)，这个规划文件具有英国1947年的"综合发展规划"以及"地方单一规划"的特点。从中国城市规划体系的角度去认识，《2014布里斯班城市规划》类似区域协调规划、城市总体规划、详细规划、社区规划、城市设计、遗产保护规划和市政基础设施等专项规划的综合文件夹，其中还包括开发评估分类、开发规则和用途规则等规划和管理标准和规范。《2014布里斯班城市规划》是城市发展管理的依据，就土地开发利用的管理而言，这个文件夹混合了英国的规划许可、美国的区划管制以及新加坡和我国香港"规划+开发许可"叠加管制，具有综合工具箱的特质。布里斯班的管制特点是针对不同的开发活动、开发活动出现的地点、规划开发活动的条件及其具体影响的程度来选择适当的控制工具，管制手段多样而不混乱。

2.4 管制模式的比较与评价

就开发所概括的现象及其评价而言，开发一词多数是正面的、积极的，但是开发控制关注的是开发的负面影响，针对开发过程及其产品的负外部性，开发管制的方式存在三种模式。

第一是针对开发行为进行管制，主要以英国为代表。主要措施就是针对开发行为实施"许可"制度，许可以禁止为前提，为了防止开发行为的负外部性，通过法律对所有开发行为进行禁止，只对符合条件的行为予以解禁。这种方式是针对行为本身的限定，具有全面与普遍管制的特点。由于开发行为的复杂性与多样性，许可的标准只能是原则性的，这就赋予许可机构较大的裁量空间，管制的弹性与灵活性是根本性特点。

第二是针对发生开发行为的空间进行管制，管理开发项目的空间效果,以美国区划为代表,实质是通过分区建立相应的空间标准,确立开发项目的空间准入规则。分区管制的特点是管辖的空间边界清晰,针对具体分区的开发规则具体而明确,具有较大的管制刚性和确定性。

第三是上述两种管制方式的叠加与混合,表现为"空间管制"与"行为许可"结合使用。目前大多数国家和地区都采用这种混合的方式,但是混合成分、混合的方式,以及管制权力的重心不同,也呈现较大的制度差异。我国香港的管理模式是"法定图则+规划许可",其中法定图则只是开发控制的原则性的规定,具体的开发建设要求需要在"建筑条例"和"规划许可"中落实,而且在法定图则区域对开发项目进行全面的审查,管制权力的重心是"规划许可"。新加坡也采用"法定规划+规划许可"的叠加管理模式,但是管制开发行为的规划形式非常多样,所谓"开发控制图"是各种规划中管制要素的综合,许可只是检查开发项目与规划符合性的程序,因此,管制权力的重心在法定规划。如前文所述,澳大利亚昆士兰州的开发控制模式几乎是所有管制工具的集合,包括单独使用的开发许可和区划管制,以及叠加使用"区划+开发许可"。

总体而言,理论上的开发控制只有两种基本的类型:开发行为控制与发生开发行为的空间管制;而现实的管制模式却比较多样,包括行为管制模式与空间管制模式及各种各样的混合模式等。

2.5　本章结语

"开发许可制"与"区划管制"各有其制度固有的优点与缺陷,互相学习是发展的趋势;混合模式也没有统一的范型,实践中的混合模式可能综合两种原型制度的优点,也可能汇集了两种制度的缺陷。我国城乡规划的开发管制制度实现了规划管制制度的一般功能,然而其特有的混合模式却更多地呈现出两种原型制度的缺陷。从1990年《中华人民共和国城市规划法》的"规划—许可"较弹性的羁束关系,发展到2008年《中华人民共和国城乡规划法》"控规—许可"的硬羁束关系,规划所隐含的"空间管制"与许可所针对的"开发行为管制"的内在逻辑关系发生根本性改变,这种转变的后果带来矛盾的现象,强化控规的法律刚性而导致更多的、更频繁的控规调整,频繁的控规调整既损害了控规的严肃性,又延误了行政审批并增加了管理的成本。国土空间规划体系将规划管制的范围从城乡扩展为整个国土空间,从城乡建设用地的开发建设管理扩展到整个国土空间的用途管制,也将延续"规划/许可"的混合管制模式。从城乡规划体系向国土空间规划体系的转型进程中,需要回顾历史经验,重新站在"开发许可制"与"区划空间管制"两种制度的基点,建构能够综合两种制度优点的混合管制模式。

发达国家具有创新的发展动力和优势的发展环境,纯粹的控制开发以保护既有的良好环境建设成果成为控制的目标与主题。而发展中国家,由于缺乏发展的良好环境和优势地位,为改变竞争的地位而采取规划发展的策略,通过规划实现整合发展与协调发展,开发控制是促进城市规划实施的工具,规划发展的目标成为开发控制的标准和准则,规划主导开发成为土地开发与利用的主要模式。

经过近40年高速的经济发展和城镇化,我国的土地利用现状呈现非常不均衡的格局,京津冀地区、长三角地区和珠三角都市群基本建成比肩世界大都市区的物质环境,在防止过度开发给现有环境带来破坏方面与发达国家开发控制的制度目标有相似之处。中部一些地区仍然处于追赶和快速变化时期,需要通过"规划主导的方式"引领发展和管制发展,使之尽快减少与东部区域的差异。西部生态脆弱而贫穷落后的地区,强化保护本已脆弱的自然生态环境与放松管制释放市场的活力之间的矛盾非常突出,分区放松管制与分区加强保护可能是并举的两项措施。我国不平衡的空间发展格局,以及区域发展与管制目标的差异都要求多样化的管制工具。

3 开发控制制度的多维属性

开发控制通过区划法、土地契约、规划许可、开发协议等方式明确开发活动的开发权,确认开发活动实现物质空间转变的合法性。开发控制作为治理制度涉及政府、开发者、利益相关者、公众的权利分配,对城市社会、经济以及环境产生重大影响。因此,开发控制超越了国家政治和社会差异,超越了经济发展水平和城乡发展阶段的差距,而成为引导发展与管制开发的共同工具。

由于不同国家和地区具有不同的土地制度、法律制度以及行政体系,规划许可的类型和程序存在差异。然而,开发控制作为一项普遍的制度,存在着共同的属性。只有了解制度构建的共同性与差异性,才能真正了解制度设计的核心所在。

我国开发控制制度的建立过程参考了发达国家和地区的先进制度经验;但是,制度的学习不应该被视为一种"照搬"或模仿,而是一个通过不断的社会交往和学习逐步"内化"的过程,理论研究是促进制度"内化"的途径。

开发控制的制度优化必须与理论研究紧密结合。西方对开发控制的理论研究并不局限于实践经验或者案例分析,而是融入经过深思熟虑的人文哲学,探寻它对实践的影响;同时将其他领域产生的理论和知识,例如经济学、社会学、政治学等学术观点转化到开发控制领域,推动开发控制的实践发展。

3.1 开发控制制度的实践及理论发展

3.1.1 城市早期的开发控制实践

在城市的早期,开发活动的外部性直接反映在相邻的土地开发与使用过程中,我国以及西方的开发控制的早期实践均显示了制度的多维属性。

我国古代对建筑的规制以及建设的控制,作为"礼制"的分支延绵长达两千年,主要通过朝廷颁布的法律条令或民间乡规民约得以贯彻,例如唐代的《营缮令》规定衙署和宅第等建筑的面积、结构形式、建筑类型、外装修制式、色彩等诸多内容,显示了开发控制较强的政治性;在乡村,地方性的乡规民约形成了开发控制的非正式规则,如安徽地区同一处聚居的各家邻里,建房的高度大体一致以保持平衡,形成了西递、宏村等建筑和谐的古村落。

欧洲国家对于早期的建设,主要采取妨碍法的形式。在20世纪以前,英国①、德国②、法国③等欧洲国家均颁布了不同形式的妨碍法,例如英国妨碍法令包括墙、屋檐、窗、人行道以及隐私权,对于分户墙(Party walls)④的管制尤其详细,体现了西方通过法规协调纠纷的制度成本意识。

在公共领域,开发活动也仅仅是在建筑形式或美学风格方面具有一定的公共影响,对于重要的街道或商贸地段,通过简明的建筑规章基本维持城市的秩序,并随着城市发展而渐渐形成较为正式的技术性建筑规范。例如我国宋代的《营造法式》,英国17世纪针对伦敦大火重建颁布的"建筑手册"(Building manuals),这些建筑规范显示了房屋细节设计的恰当形式,体现了开发控制的技术性。

3.1.2 工业革命后规划理论的发展

工业革命引起快速的城市化发展,生产的集中导致人口的聚集,从而加剧城市土地的竞争性使用,自由开发带来的城市发展导致一系列恶果的出现,这包括高度密集的建筑容易扩大城市火灾的危险,同时由于建筑密集形成恶劣环境状况对公众健康形成威胁等。因此,立法规制开发建设活动是社会发展的选择,英国的《1875公共卫生法》(Public Health Act 1875)对城市与建筑进行管制,开创了现代开发控制制度;随着现代城市规划体系的建立,开发控制与城市规划过程结合在一起,逐步转型为落实规划目标的主要工具,并在规划理论的发展和演变中不断地完善与充实。

20世纪初期,盖迪斯(Patrick Geddes)提出"调查—分析—规划"的理论,建立了规划编制的技术性框架雏形。1920年代以后,在《雅典宪章》主导下的现代主义城市规划,延续了欧洲"妨碍法"的基本理念,以城市功能和功能分区为主要手段,形成了相对普适化的规划内容和思想方

---

① 英国14世纪之前已经有几个自治市通过"妨碍法令"(Assize of nuisance)对建筑物进行控制以解决私人纷争。

② 19世纪德国的民法中已经出现"不可量物侵害",现代德国民法中的不可量物主要指煤气、蒸汽、臭气、烟雾、煤烟、热、噪声、震动、光、无线电波等无形体之物,而不能是砂石、石块等具有具体体积的物质。

③ 19世纪法国民法中对相邻关系和近邻妨害已经进行规定,是通过判例的形式专门以侵权行为责任加以构成的。

④ 例如"自由保有土地者让出1 1/2英尺的土地以及分摊3英尺宽、15英尺高的一堵墙的建造费用。深入墙的减重拱最多只能1英尺深,这样的话留有至少1英尺的石墙在相邻的物业之间。如果邻居不愿意或者不能支付,法令也使自由保有土地者得以在他/她邻居的土地上建造一堵墙"。

法,并构建了功能分区的规划技术体系以及区划法。美国最早期的区划也是依据妨害用途的理念,以纽约区划为例,三类分区用途分别是居住、商业、非限制用途,依据外部性的大小形成金字塔形的管理规则,在用途、建筑高度中发展出具体的区划条例。城市规划的技术性在一定程度上缓和了城市化带来的物质空间混乱的问题。

城市规划的产生使开发控制建立起地块审查的技术性框架,二战后西方规划理论界提倡"科学"应用于决策,形成了"综合理性规划"。综合理性规划倡导技术理性,认为通过全面的分析可以选择最优规划方案。综合理性方法强调价值目标评价的技术过程,但对决策的社会政治环境缺乏深入的考虑,使规划在社会政治中显得苍白无力,在实践中遭遇挫折。

城市规划的目标与开发控制的目标是存在差异的。城市规划更多是未来愿景的构想,而开发控制面对着实际的开发项目和具体的利益相关者,因此从城市规划到具体的开发控制是一个充满变数的过程,需要精密的制度设计。

第二次世界大战后,许多国家的规划体系发生了变革。1947年,英国城乡规划法将规划制定与开发控制相独立,采取案例式的规划许可制度,规划不是开发控制的唯一依据;在规划许可的过程中,地方规划部门可以根据其他因素进行自由裁量的决策考虑。与此相应的是,1960年代,英国的规划理论与地方层次上的实践之间形成了鸿沟,限于研究视野的局限,早期开发控制的研究仅仅是对地方层面的战略决策进行关注,对于开发控制的组织、程序以及地方规划局的行为等关键因素并没有涉及太多,理论难以指导具体的许可颁发。

3.1.3 开发控制研究的转折

开发控制研究一个重要转折点是(Harrison M L,1972)年的一篇学术论文,Harrison是西方最早探讨开发控制与政治、法律的逻辑关系的学者,他初步论证了开发控制的多维属性,将开发控制决策的影响因素归纳为:中央政府与地方政府的关系(政治性);中央政府对城乡规划的理解(政治性);规划法规对开发控制的影响(经济性);地方当局的政权结构(地方性);城乡规划的理想以及规划对开发活动的专业解读(技术性)。

自此之后,西方开发控制的研究进入实质层面,对开发控制核心问题的探讨越来越多(Haney P,1977)。学者开始关注地方规划与开发控制的关系(Davies H W E,1980),开发控制的过程与决策(Purdue M,1977;Allmendinger P,1996),规划延误以及不确定性(Blowers A,1980),对于开发费进行质疑(Gyford J,1978),对开发控制的结果不满进行规划诉讼（Burchell R W et al.,1978；Buitelaar E et al.,2013；2004；Willey S,2005），并对强制执行进行了法学、哲学、伦理学的思考（Cross M,1978；McKay S et al.,2003；Heyes A,1998；Prior A,2000；Harris N,2011）等等，显示了西方对于开发控制的规划许可程序研究已经非常成熟。

3.1.4 新马克思主义学派的渗透

1980 年代，随着全球化、城镇化的深入发展，单纯的地理学或物质空间规划设计理论具有局限性，已无法解释由于资本、权力、市场等各种因素的共同作用，导致社会公平与空间问题相互交织的复杂性问题。

以 Lefebvre、Castells 和 Harvey 等为代表的新马克思主义者对城市空间、资本以及权力进行了深入的解读。列斐伏尔（Lefebvre）认为，空间常常是政治权力的有机组成部分，充满着政治与意识形态、矛盾与斗争，空间是被带有意图和目的地生产出来的，它主要是政治经济的产物。大卫·哈维的资本循环模型指出空间的开发活动正是资本利益通过国家机制实现对公众控制的一种手段（Harvey D,1985），城市建成环境的研究需从土地开发及其所处社会背景入手。

规划理论界开始进入针对这些城市空间缺乏多样性、缺乏活力等表象之下的社会、经济和政治制度本质的分析和批判。Forester(1989)认为规划的制定以及规划的实施（开发控制）都必须直面政治权力，才能适应现实开发活动多样性产生的根本逻辑，忽视开发活动中的权力阶级内涵和利益主体，无助于实现普遍的公共价值和社会公正。

随着理论界摒弃综合理性规划中规划师价值中立的观点，开发控制的空间利益博弈是一种政治活动逐渐成为学者的共识，行动者相关利益（Interest）的冲突、协商被视为规划及开发控制过程的一部分，通过协商谈判可以实现博弈最优化。在此行政理念下，英国的规划协议、美国的开发协议等开发控制方式从 1980 年代开始得到广泛应用。

3.1.5 城市政体理论的推动

受新马克思主义的影响，1980 年代开始，学者从政治经济学的角度研究城市决策和地方政治的关系，发展成著名的"城市政体理论"（Urban regime theory）。

在西方的选举制度下，政府必须表现出它代表了全体选民的利益[①]。

---

① 西方政体理论的产生基于两个基本认识，或称为两大社会条件：1. 在市场经济下，主要的社会资源基本上是在私人控制之下；2. 在西方发达国家，政府经由选举产生。

斯东(Stone)提出的"政体理论"进一步完善为:城市发展的方向受"政体"即具有相似政策取向的社会组织同盟的影响,也就是说,握着权力的政府的"权"和不同利益阶层结成的同盟,称为城市"政体"(Regime)。

由于开发控制决策过程涉及政治、技术、行政等各方面因素,学者认为开发控制决策是"针对性行为"(Valid activity),对决策过程进行过多的理论分析是无谓的(Time consuming)。城市政体理论的提出推动了开发控制决策过程的研究,Preece R(1990),Sellgren J(1990)通过定量分析开发控制决策因素的案例数据,验证了政府与资本结盟的城市"政体"影响着开发控制的许可。Fainstein(1994)对比了伦敦和纽约三个开发项目的进展,揭示了开发商在与公共政策制定者和房地产市场的互动中所发挥的作用。

由于不同的城市政体联盟的关注点不一样,不同的社会群体都可以从自身的利益角度,来选择性地理解开发活动对城市发展可持续性的贡献,西方对开发控制的研究逐渐转为"程序正义",通过"程序正义"制衡不同的利益群体。

3.1.6 制度经济学理论的影响

西方经济学最近的一次重大范式转变,是由古典经济学向新制度经济学的转变。经济学研究范式的改变,也带来了开发控制研究的转变。Alexander(2001)提出市场并没有本质上需要规划,规划不是一种必然的公共干预,而是一种对市场行为的协调(coordinative)和治理(goverance),应该关注城市规划实施(开发控制)的制度设计(Institution design),而新制度经济学的交易成本(Transaction cost)概念是衡量较好的制度的重要标准。

在制度经济学的影响下,学者将其运用于开发控制的制度分析。例如 Asadoorian M O(1998),Banerjee T(1993)等学者对美国区划的制度成本进行了不同角度的论证,阐述了确定性非常强的法定规划的正面及负面作用;Archer R W(1977)剖析了土地契约对城市发展的积极意义;Buitelaar E(2004)总结了土地开发中有四个不同的阶段都存在潜在的交易成本。

通过制度经济学在开发控制研究领域的拓展,对区划、土地契约、规划许可等不同形式的开发控制在城市治理中的制度成本有了清晰的剖析,脱离了以往的感性认识。

3.1.7 后现代城市研究理论的思潮

2000年起,政治学、哲学、经济学、社会学领域大量的理论填补了

Huge 所描述的"缺乏坚实的理论内核与宏大的理论基础"。

2000 年前后,多元化理论被运用在开发控制的理论研究中,这使得规划师得以在新右派、新左派(Gutmann A et al.,2004)、自由政治经济学(Fung A et al.,2003)、制度分析、女性主义(Friedmann J et al.,1996)与建筑传统等理论流派中"挑选与混合",形成了"老"(技术理性)与"新"(协商)观点的争论(Techno-rational vs consultative)。

"新"式学派以 1980 年代开始的沟通规划为核心,对利益协调等核心问题进行了深刻的反思。早期的沟通规划本质上是一种程序性规划,它并没有超越综合理性规划的技术理性,在实践中很难发挥协调性的作用,没有为开发控制提供积极有效的工作方法(Murdoch J,1997)。以 Healey(1992)为首的学者逐渐将沟通规划转向制度主义的方法(Institutionalist approach)或"新制度"(New institutionalism),制度主义实质是以开发控制为核心,包括"法"(规划立法、分区法)、"治理"(开发控制相关法规)、"合同安排"(规划协议)、"形式协调"(规划条件)等等,用分析工具在特定情况下识别国家机构(政府)和代理(人民)的动态关系,分析权力关系和物质成果的变化(Healey P,1999),考虑制度设计如何生产"零加解决方案"(Zero-plus resolution)[①]。

尽管政治、社会以及经济等各种因素综合影响着城市,但最终投射在城市空间的形态中,技术性是开发控制对开发活动价值判断中不可回避的基本属性之一,"老式"学派将城市物质空间的研究形成"专业主义"(Professionalism),重新发现了物质空间规划和城市设计的重要性,对城市物质空间本体的研究进入了复杂和综合的研究阶段,与经济、文化、生态等方面的研究充分结合,出现了新城市主义、生态城市、智慧城市等新的理论。

"新""老"理论的争论,激发了学者的研究热情,并拓宽了思考的维度,有些研究并不直接以开发控制为目的,但其研究成果直接或间接地对城市空间的治理产生影响。面对现实中的需求,如果缺乏对以往理论的系统性认识,过多的理论关注反而形成一堆"浆糊"(Bewildering)。

3.2 开发控制制度的多维属性

开发控制在早期的实践中已经体现出政治性、经济性、技术性以及地方性;随着城市规划与规划许可的结合,开发控制的制度属性与规划编制

---

① "零加解决方案"(Zero-plus resolution)与"零和博弈"(Zero-sum game)对应,指最终的解决方案并不是以损害对方利益为基础,而是多方获益。

体系、规划法规体系、规划许可行政、技术专家人员支撑体系等要素相互联系。

3.2.1 政治性

随着城市规模的不断扩大和城市人群的日趋多元化,城市空间生产出政治制度和意识形态,并引导社会空间形态改变,更多的城市问题被理解成为政治问题(Forester J,1989)。城市开发作为一种社会活动,其实质是以空间的开发权控制为核心,进行权力博弈。

开发控制不是想象中开发者的守护系统,而是有各种政治因素影响,受到中央政府、地方官员以及个体利益的综合干涉。政治制度和权力结构对开发控制的过程具有深刻的作用。在从低等级向高等级调动资源中,不同的国家建立了不同的权力网络。规划机构职能领域的权力,是通过政治程序进行立法确定的,地方规划部门能否调动资源以及运用税收、征收开发费、收取土地出让金等经济手段在开发控制过程中重新分配剩余,取决于政治权力的设置。

城市的发展其实是社会各个阶层利益基本平衡的产物,不是规划技术最优化的结果。无论是参与制定规划的规划师,还是参与许可决策的规划管理者,都必须敏锐地关注权力以及权力可能带来的影响(Flyvbjerg B,1998)。忽视开发控制的权力阶级内涵和利益主体,无助于实现普遍的公共价值和社会公正。

随着可持续发展目标的提出,多目标的最优化成为开发控制决策的考量因素,许多国家的开发控制都体现了自由裁量权在扩大的趋势。例如美国区划的设计控制、容积率奖励、区划激励等,都需要规划部门的自由裁量权进行决策;英国通过协商谈判形成的规划协议,依赖规划部门的自由裁量权实现公共还原;荷兰对于某些特殊的和必要的开发项目,虽与法定规划相矛盾,但仍可通过"偏离土地利用规划"批准建设项目的申请,从而处理一些不可预见的和不确定的因素。

在现代法治制度之下,自由裁量权并不意味着权力的滥用,通过"程序正义"增加自由裁量的透明度,并进行有效的监督,可以发挥自由裁量的行政优势并实现多元目标的优化。

3.2.2 经济性

城市经济中有两类成本——生产成本(Production cost)和交易成本(Transction cost)。科学技术旨在降低生产成本,而制度着重于降低交易成本。经济学意义上的开发控制制度,需要通过高效的交易方式来实现空间资源配置效率的最大化,不仅要运用最优的制度框架,而且需要有效的程序以及支撑体系提高行政效率。

在制度经济学理论之前,识别开发控制过程中的交易成本是很困难的,不同的开发控制方式,由于法定规划采取的方式不同,开发许可过程的程序不同,产生的制度交易成本也会有很大差别。Buitelaar E.将制度经济学的理论应用在土地开发中,为识别开发控制的制度成本建立了清晰的分析框架(表3-1)。

表3-1 土地开发控制中的交易成本

开发控制的过程	可能产生交易成本的因素
土地交易	交易或者不交易
	参与的相关主体的数量
	参与的相关主体的利益冲突
	未来多种可能性的信息
	产权的界定或者安排
	产权界定的手段,如政府的强制购买和优先购买
编制土地使用规划或者区划建筑管理条例等	制定或者不制定
	利益相关者参与
	申诉
	参与的相关主体的数量
	参与的相关主体的利益冲突
	规划编制模式是强制性还是指导性
	规划编制审批是行政还是政治
达成一致意见(如在开发商与地方政府之间)	达成或者不能达成
	参与的相关的主体的数量
	参与的相关主体的利益冲突
	一致意见的(合同)是具体还是灵活
规划许可过程	许可、不许可或者有条件许可
	相关参与主体的数量
	相关主体的利益冲突
	协调的可能性,规划得益
	申诉的可能性以及实际申诉的情况
	许可程序是行政还是政治
	许可的结构是有条件还是无条件

来源:Buitelaar E, 2004. A transaction-cost analysis of the land development process[J]. Urban Studies, 41(13): 2539-2553(作者翻译)

在土地交易环节,交易成本和产权界定的手段有很大的相关性,采取土地契约开发控制方式的地区,由于政府垄断了土地所有权,降低了与产权业主逐一谈判的成本,整体的制度成本较低。

在编制土地利用规划环节,不制定规划虽然会降低规划编制引起的制度成本,但是由于缺乏未来的整体预期从而产生不确定性,反而会大幅度增加整体制度成本。采取指导型规划,由于规划仅仅是政策而不是具体的开发控制,需要协调的利益主体较少,在规划编制阶段制度成本较低。采取控制性模式的法定法规或者区划法,在编制阶段经过大量的协商讨论,规划编制制度成本较高。

在规划许可之前,是否达成一致意见也是制度成本的重要组成部分。许多国家将规划许可申请前的咨询、谈判磋商、协调作为重要程序。协商谈判是一种非零和博弈,因为附加条件而获得开发利益的公共还原(比如通过规划得益的方式),从而促进整体的公共利益。

在规划许可阶段,规划许可的申诉将有可能改变利益结构,因此,规划许可的颁发必须考虑是否会引起申诉。征询参与主体的意见虽然会由于利益冲突增加协商的制度成本,但也可能降低申请者因为诉讼而带来的额外成本,因此应注重公示、听证等程序的设置。

理论上,区划等确定性很强的法定规划可以降低规划许可阶段的制度成本。但是,开发控制的整体制度成本由四个部分组成,如果因为城市发展的变化或者个别产权业主申请修改法定规划,将会带来繁琐的修改流程,制度成本也将随之大幅度上升。

3.2.3 技术性

当工业革命推动城市规划诞生后,开发控制中的建筑控制以及城市规划编制技术框架的完善,促进了开发控制技术思想与方法的互馈交融。开发控制的目标转化为城市规划技术规范、开发规则或法定规划文件,作为开发控制的技术依据。

开发控制将开发活动的许可证颁发与城市规划建立联系,对建筑场址的规划设计进行审查,例如楼宇间距对消防通道、建筑通风与采光标准的符合性审查,比较公共设施的分布与规划人口的对应关系,判定建筑密度以及绿地率对人居环境的影响等等,由此奠定了开发控制的技术性,具有专业知识的技术性人员才能审查规划设计方案的合理性(Thomas K,1997)。

申请者向开发控制的规划部门递交申请文件时,其依据除国家和地方颁布的法律法规外,还包括根据当地实际发展需要和实际情况批准实施的法定规划以及技术规范,这些规划与规范一般以技术文件和图纸的形式加以表述,一般公众难以了解具体的开发控制要求,需要技术人员根据专业知识进行解读以及准备规划许可申请材料。英国、新加坡和我国香港等国家和地区构建了成熟的规划咨询机构与人员服务体系,为规划许可提供专业的咨询建议以及代理规划许可申请。

在城市规划的编制以及规划立法过程中,由于从业人员掌握信息的不完全性以及认知的局限性,在现有信息与知识结构的基础上,对土地开发、基础设施配置、公共资源安排、物质空间环境的塑造等方面都不可避免存在局限,规划编制和规划法规无法预见所有的开发活动;而在许可过程中,相关决策人员必须对规划编制和规划法规的这种局限性进行纠正,通过专业素质作出综合判断。

由于开发控制具有很强的技术性,因此开发控制中的决策以及许可条件等技术性问题难以由法庭进行审决。澳大利亚以及美国均设有专业的规划法庭,处理与开发控制相关的案例纠纷。

开发控制在自身发展的过程中不断完善,其被视为一种技术管理,有别于其他行政管理,技术性是开发控制不可逾越的门槛,规划设计技术专业人员是开发控制中不可或缺的相关行动者。

3.2.4　地方性

对开发活动的控制属于城市治理的范畴,无论是中央集权国家还是联邦制国家,开发活动的许可均由地方政府作出,权力中心制定的法规政策等正式规则通常由地方政府来具体执行,但由于政策难以预料所有的情况,地方政府经常需要根据地方的具体情况不断对政策进行再界定和调整。事实上,政策的制定与实施是交织在一起的,地方性的非正式规则是影响政策或制度运行的重要因素。

西方政体理论梳理了影响城市决策的利益主体,城市发展受"政体"即具有相似政策取向的社会组织同盟的影响。不同行动者之间的合作,对于实现政府施政目标是必不可少的,政府公共部门、私人和民间行动者(利益相关者)之间形成正式合作伙伴关系。在开发控制的过程中,各种驱动力量间的复杂斗争决定了规划许可的沟通、协商等环节,其间还有地方机构创造力量的互动,而非单一主导力量作用的结果。

城市政体类型分四类(Ward K,1996),分别是维持或看管型(Maintenance or caretaker regimes)、发展型(Development regimes)、中产阶层进步型(Middle-class progressive regimes)、低收入阶层机会扩展型(Lower-class opportunity expansion regimes)。在城市范围内,地方政府期望通过城市的发展来扩大就业机会、增加财税收入和提高城市竞争力,发展型政体往往拥有较大决策权;中产阶层进步型政体则希望用自身的阶层影响力参与决策，因此需要在制度设计中使中产阶级精英能够在某种程度上参与城市重要决策；维持型或看管型政体希望自身利益得到保障，关注规划许可中的公示与听证环节；低收入阶层机会扩展型政体向政府诉求机会和利益，地方规划部门通过设置规划许可的附加条件，例如社会性住房、就业机会或者向社区提供特别服务，从而维护低收入阶层在城市中的参与地位。

3.3 本章结语

开发控制是一项复杂的制度，涉及规划法规体系、规划编制体系、规划行政程序以及行政技术人员的支撑体系，这些体系犹如人的手、脚、头等而容易被认知，但是这些要素是如何有效组织并高效运作的，在我国一直缺乏清晰的梳理。对于制度的借鉴，如果机械沿用表层的制度架构而不是深入制度的核心，就难以发挥先进制度的优势。对开发控制制度多维属性的深入剖析，犹如解剖人体看其内部如何构成，而不仅仅是认识人的手、脚、头等身体部位。开发控制作为一项普遍的制度，存在着共同的属性，只有了解制度构建的共同属性，才能真正了解制度设计的核心所在。

开发控制是规划实施的重要组成部分，而我国的规划管理强调"控规-许可"的硬羁束作用，试图用规划替代开发控制，忽视了许可过程具有多方利益博弈和协调过程的特征；并且在可持续发展的理念下，开发控制过程需要考虑生态环境、历史文化保护等因素，而不是依赖"政府"这个假定的公共利益代理人；况且，分税制下的地方政府更符合"经济人"的假设，在此背景下开发控制研究需要新的理论解释框架（庞晓媚，周剑云，蔡小波，等，2021）。

4 开发术语的法律定义

交流的言语具有"表达、评价和指令"三种形式,法律、政策、文件的言语功能是"指令"。作为"指令"的言语需要清晰、明确,从而保证意图的准确传达。国际上一些主要国家和地区的城市规划法以及法定规划文本对其使用的核心词或关键词都以法律的方式进行详细解释与定义,重要的规划术语采用法律正文条款的方式予以规定,普通专业词汇在法律前言或附录予以解释和说明。我国的规划法律和政策文件缺少这种解释和说明核心词语的习惯。

"开发"不是一个简单的指称词语,而是一个"概念"。无论是中文词语"开发",还是与之对应的英文词语"development"都是规划法规的核心术语。1999年起施行的《城市规划基本术语标准》(GB/T 50280—98)对城市规划的专业术语进行了定义和解释,但是其中没有"开发"一词。

"开发"作为动词是一个概念,作为名词就可以作为"土地开发与利用"的专业术语。开发作为法律术语实际"规定了行为的权利和土地的权利",这是开发控制的权力基础。开发是人类的一种创造性活动,它能够不断地改进我们的物质环境并满足不断增长和变化的需求。

4.1 专业术语与概念的关系

所谓"名不正则言不顺",正名就是术语的规范化。术语规范化的目的,首先在于分清专业界限和概念层次,从而正确指导各项标准的制定和修订工作。为说明定义"开发"术语的重要性,以下简要介绍概念和术语的基本关系。

概念是人类对一个复杂的过程或事物的理解,并随着认识深入而不断扩大概念的内涵和外延。概念在外延中忽略事物的差异,所以概念是抽象的。概念适用于概念外延中的所有事物,所以概念是普遍的。概念本身的定义也略有差异,比如中华人民共和国国家标准《术语工作 词汇 第1部分:理论与应用》(GB/T 15237.1—2000)对"概念"的定义是"对特征的独特组合而形成的知识单元"。德国工业标准2342将"概念"定义为一个"通过使用抽象化的方式从一群事物中提取出来的反映其共同特性的思维单位"。"知识单元"和"思维单位"既是前人认识世界的结果,也是后人认识世界的工具;但是这种认识论上的知识还不能成为规范社会行为的工具。

术语又称技术名词、科学术语、科技术语或技术术语，是在特定专业领域中一般概念的词语指称，一个术语表示一个概念。术语分为4种类型，简单术语、复合术语、借用术语和新术语。其中借用术语是指取自另一语种或另一专业的术语；新术语则是为某个概念而创立的新的术语。术语是科学文化发展的产物。新事物新概念不断地涌现，人们在自己的语言中利用各种手段创制适当的词语来标记它们，这是术语的最初来源。随着文化交流的发展，术语连同它们标记的新事物新概念传播，一个民族通过不同的方式（自造或借用）把它们移植过来，这是术语的移植过程。科技术语一般产生于科学技术发达的国家。同一术语或概念也可能同时在不同的国家出现，因而会产生许多内容相同而形式不同的术语。术语可以是词，也可以是词组，用来正确标记生产技术、科学、艺术、社会生活等各个专门领域的事物、现象、特性、关系和过程。因此，术语具有专业性、科学性、单义性、系统性和本地性的特征。其中本地性强调术语使用本民族的文字语言符号。术语符号转换有多种方式，有些针对专名采用音译的方式，比如瓦特（watt）；有些采用意译的方式，比如"软件"；有些是半音译半意译的方式，比如"加农炮"。

城市发展存在客观的规律，先进城市发展的经验和教训值得借鉴。英国是世界上率先工业化和城市化的国家，近代城乡规划科学也是源于英国，城市规划的英语术语具有一定的普遍性和较显著的移植特征，值得比较研究。

目前，中文"开发"还是普通词语而非术语名词。在现有中文语境里，"开发"不是专名和特指，而是指代一类事物及其事物关系的普遍看法，矗立建筑、道路桥梁建设、修筑水库和堤岸等均被视为开发现象，现有中文词语"开发"的外延忽略了开发对象的差异。与此同时，我国城乡规划实践与管理面临的新现象和新问题不断地被纳入"开发"范畴，也使得"开发"具有新的内涵。

"开发"一词与英文"develop"和"development"均能对应。英文动词"develop"的本义基本可以涵盖"开发"的本义；英文名词"development"对应的中文涵义在中文词典中则少有详细解释，但是在城市规划的学术研究和对外交流中，习惯性将城市规划的英语术语"development"译为"开发"，如《城市规划基本术语标准》（GB/T 50280—98）中术语"开发区"的英文对应词为"development area"。英文术语"development"与中文"开发"相对应，属于一种"意译"，也就是建立一种含义对应关系。因此，"开发"具有借用外来术语的含义。

出于规范开发行为和管制开发效果的需要，许多国家采用法律的形式定义和解释"开发"术语，将一个普通概念词语转化为具有规范性作用的法律术语,为"开发管制"奠定坚实的基础。概念和术语的区别既反映了认识的不同阶段,也反映在不同的应用领域。在城乡规划领域,"开发"关注开发这种行为所具有的某种共同特征,从开发活动的角度概括某种"类实体",且具有普遍性,针对这种普遍性的"类实体"可以给出普遍性的"规则/制度"。《中共中央国务院关于建立国土空间规划体系并监督实施的若干意见》(中发〔2019〕18号)中,"国土空间规划开发保护"的结合语句含义,以及上下文的语境,这里的"开发"包括动词和名词两种含义,由于动词与名词的所指对象不同,辨析开发的动词对象与名词对象有助于全面准确地理解文件传达的工作目标和要求。法律、政策、规划等具有规范性作用的文本使用"开发"一词时,都对其作术语定义和解释,以避免将其作为普通词语解释可能带来的模糊与争端。

4.2　中文"开发"概念的词典含义

《现代汉语词典》对"开发"的解释为:① 以荒地、矿山、森林、水力等自然资源为对象进行劳动,以达到利用的目的,如开发荒山;② 发现或发掘人才、技术等供利用,如开发高新技术;以上两个解释均为动词。百度百科词条[①]关于开发的基本解释是:① 通过研究或努力,开拓、发现、利用新的资源或新的领域,分别对应英文的"development""open up""exploit",诸如开发新能源、开发山区、开发油田、开发自然资源等;② 对新资源、新领域的开拓和利用,对应英文"development",作为名词使用。

在城乡规划领域使用普通词汇"开发"是指以荒地、矿山、森林、水力等自然资源为对象进行劳动,以达到利用的目的,主要为动词;偶尔涉及"开发"的名词所指,即对新资源、新领域的"利用"。

迄今为止,"开发"还不是我国规划领域的核心概念,在规划法律、政策和规划文本中出现的开发仅仅是作为普通"动词"使用;而与之意义接近的"建设"一直都是我国城乡规划领域的核心概念,并且以"建设"为中心进行"规划和管理"。比如实施性规划是"近期建设规划",规划管理的法律凭证是"建设用地规划许可证"与"建设工程规划许可证"等;而且在规划政策层面也是长期坚持以"经济建设为中心"。"建设"一词的英文是"build",属于"development"所包含的诸多行为中的一种特殊类型,指代的事项比较狭隘,使用这个概念很难适用于多目标的规划和多维度的管理。

---

① 本文引用的百度百科、维基百科等词条和术语,并非认为其是权威解释,而是将其作为参考。

4.3 "开发"作为专业术语在不同国家和地区的定义

英文"develop"和"development"是两个普通词汇,含义非常宽泛[①]。城乡规划领域使用"development"的概念含义相对比较狭窄,且所指称的范围也清晰许多。以下引述几个主要国家和地区城市规划法律中的"开发"术语(词语)的定义和解释。

4.3.1 英国《1947 城乡规划法》中"开发"的概念与定义

"从一般意义而言,英国城市规划的开发活动包含双重管制内容。第一是通过一定的途径和手段改变土地特征或自然结构特征;第二是通过一定的方式改变建筑物的用途。"这个解释构成了城乡规划领域"开发"概念的基本内核,开发术语的法律定义多数是基于此概念而明确其所指称的对象与范围。

英国《1947 城乡规划法》(Town and Country Planning Act 1947)第二章"开发控制"的第 12 条详细规定了规划许可的规则和要求,其中严格定义了"开发"的含义,且规定了开发管理的范围。根据其规定,在指定日期之后进行的土地开发需要许可。"开发"一词系指在土地表面、地上、上空或地下开展建设、工程、采矿或其他作业,或任何建筑或土地的用途物质性改变。由于"开发"的对象过于宽泛,为了减少因为定义为"开发"而需要申请许可的案例,法律同时也通过条款对于微小型开发活动或者公共部门的开发活动进行免于许可,例如只影响到建筑物内部或不对建筑物外观造成重大影响的建筑物的维修,由地方公路当局进行维修或改善道路所需的工程,下水道维修等(注释 4-1)。

注释 4-1 英国《1947 城乡规划法》对"开发"的定义及规划许可相关内容

12-(1)根据本条及本法后面的条款,在指定日期之后进行的土地开发需要许可。

(2)在本法中,除文义另有规定外,"开发"一词系指在土地表面、地上、上空或地下开展建设、工程、采矿或其他作业,或任何建筑或土地的用途物质性改变;但是为了本法的目的,以下土

---

① 动词"develop"基本含义:1. 以增长或导致成长或改变成更高级的形式;2. 带来存在或进入存在,从开始到发生或存在;3. 成长或改变成更先进、更大或更强的形式,或使某事物做到这一点;4. 发明东西,或带来一些诸如一个产品或服务使之存在。其在经济学中的含义是:如果一个国家发展,它就会从事更多的工业和经济活动,变得更加富裕;在财产角度的含义是:要学习和提高一个技能、能力、素质等;在自然资源方面的含义是:从一片区域土地上采掘天然资源,或使其能做到这一点。名词"development"基本含义:指一个行为的"过程",在这个过程中促使某物或某事发生变化,从而使得自身变得更加强大,包括:1. 最近的一些事件,一系列相关事件中最新的事件;2. 新事物的过程;3. (建筑)正在建设或已经建好的一片新的区域;4. 人或组织的能力、技巧的提升。

地的作业或使用不得被视为涉及开发土地,也就是说:
(a) 进行建筑物的维修、改善或其他改动工程,只影响到建筑物内部或不对建筑物外观造成重大影响;
(b) 由地方公路当局进行维修或改善道路所需的工程,即在道路边界内的土地上进行的工程;
(c) 任何地方当局或法定承办人为检查、修理或更新任何下水道、总管道、管道、电缆或其他设备而进行的工程,包括为此目的开掘任何街道或其他土地;
(d) 在住宅内的庭院,为临时性的娱乐目的使用任何建筑物或其他土地;
(e) 为农业或林业(包括造林)的目的使用任何土地,以及为此目的使用该土地上的任何建筑;
(f) 建筑或土地的使用是用于本事务大臣根据本条制定的规则中所指定的任何类别。
(3) 为免生疑问,现声明基于本款的目的——
(a) 以前用作单户住宅的任何建筑物现在被用于两个或更多户的住宅使用,属于建筑物及其每一部分的用途物质性转变;
(b) 在土地堆放垃圾或废料属于用途的物质性转变,虽然土地是已经用于该目的的场地,如果是表面积或存放高度因而扩大;
但如本款(b)段所述的高度不超过相邻场地的土地高度,堆放的表面积也没有因此扩大,则本款(b)项中的任何内容均不需要获得许可。
(4) 在不损害根据本法有关广告控制的规定的情况下,在通常不用于此目的的建筑物外部进行广告展示的使用,建筑物的该部分使用应被视为用途的物质性转变。
(5) 尽管本条有任何规定,根据本法本部分以下情况不需要许可——
(a) 在指定日期内,土地用于与常规不一样的临时用途,并出于后述所提及的原因恢复了土地的用途;
(b) 在指定日期内,土地通常用于某一目的,并不时定期用于任何其他用途,就使用该土地而言在指定日之后的类似场合用于其他目的;
(c) 如该土地在指定日期未被占用,就该土地上次使用的目的而言,
只要——
(i) 基于本款(a)段的目的而作出裁定,土地通常是为本款(c)段的目的而使用,最后使用土地的目的不得视为违反在本法第 75 条中所指的之前的规划控制;
(ii) 本款(c)项不适用于 1937 年 1 月 7 日以后未占用的土地。

来源:英国《1947 城乡规划法》(作者翻译)

4.3.2 《1961 纽约区划规例》中"开发"的定义

美国《1961 纽约区划规例》(The 1961 Zoning Resolution)[①]中第二章"语言解释和定义"中对"development"(开发项目)和"to develop"(开发)两个术语作了定义。

"development"(开发项目)包括在区划地块上建设新的房屋或其他构筑物,现有的房屋搬迁到另一个区划地块,或使土地有新的用途。

---

① 《1961 纽约区划规例》引注:https://www.nyc.gov/assets/planning/download/pdf/about/city-planning-history/zoning_maps and resolution_1961.pdf, 1961.

"to develop"(开发)是创造开发项目(development)。

特别值得注意的是"development"(开发项目)可以表现为"新的土地用途"。参照区划法的要求，变更现状建筑用途属于开发，如果变更的用途属于分区地块所适用的用途组则不需要申请批准。

4.3.3　昆士兰州《1997整合规划法》中"开发"术语的定义与解释

"整合开发评估系统"是昆士兰州《1997整合规划法》(Integrated Planning Act 1997)的本质特征，"开发评估"是整部规划的核心，其中"开发"是术语之一。其正文1.3.2条定义了开发术语。该法对于"建设工程、给排水工程、工程运行、宗地重划、用途的实质性改变"的具体内涵在1.3.5条中有详细规定(注释4-2)。

注释4-2　澳大利亚昆士兰州《1997整合规划法》中对"开发"的定义

"开发"是下列任何一项的解释：

开展建设工程；

开展给排水工程；

工程的运转(运行、启用)；

宗地重划；

房产用途的实质性改变。

本条使用的词语"建设工程、给排水工程、工程运行、宗地重划、用途的实质性改变"的具体内涵在1.3.5条中有详细规定，参见下文：

1.3.5　在本法中——

"建设工程"意指——

(a) 建造、维修、更替、支承(无论是垂直的还是水平的支承)、移动或拆除一座建筑或其他构筑物；或

(b) 用于以下方面的挖坑或填埋——

(i) 条款(a)所提及的活动所产生或其附带产生的挖坑填埋；

或

(ii) 这种挖坑或填埋对建筑或构筑物的稳定产生不利的影响，

无论是在建设用地之上或者其他构筑物位于或者临近的土地上；或

(c) 支持条款(a)所提及活动的土地(不论是垂直的还是水平的)。

"给排水工程"意指安装、维修、更换或移除——

(a) 使用中的或计划使用的排水沟，把污水从公厕管道排至下水道，或场地污水系统；或

(b) 物业的下水道；或

(c) 场地上的污水处理系统，包括位于房产上共同溢流排水管；或

(d) 房产物业上的雨水装置。

"宗地"意指——

(a)《1994年地契法》的一块地；或

(b) 单独的、不同形式的土地，其土地利益是依据《1994年土地法》

以注册方式登记;或

(c) 依据《1997年法人团体和社区管理法》以社区名义的共同财产;或

(d)《1980年建筑单元和团体名目法》继续适用条款4的单独宗地或共同财产;或

(e) 依据《1993年混合用途开发法》的社区或辖区通道;或

(f) 依据《1987年综合度假地开发法》或《1985年保护湾区休闲度假法》的主要和次要通路。

房产"用途的实质性改变"的含义是——

(a) 房产启用新的许可用途的;或

(b) 重建已废弃用途的房产;或

(c) 房产用途的强度或尺度上的实质性改变。

"管道工程"意指安装、维修、更换或移除任何系统或系统的组件,适用于以下项目——

(a) 从连接点到物业服务的房产供水系统;或

(b) 房产到排水管的污水系统;或

(c) 房产内的防火设施。

"宗地重划"意指——

(a) 以划分其他宗地的方式创造一个宗地;或

(b) 合并两个、或两个以上的宗地;或

(c) 以登记细分平面的方式创造一个宗地的边界;或

(d) 以合同的方式将土地划分成几个部分(除非合同不是定期租赁,包括不超过十年的续期选项),该合同可以租赁宗地的不同部分,被切分的土地可立即分开处理或分别占有。

创造一个地役权以提供从已建成道路到宗地的通道。

来源:Queensland Integrated Planning Act 1997, reprinted as in force on 21 September 2007.(作者翻译)

4.3.4　1998年《新加坡规划法》中"开发"的定义

1998年《新加坡规划法》(The Statute of the Republic of Singapore Planing Act)中"开发"的含义和英国规划法的"开发"定义基本一致,包括语言描述的方式,都是采用三款条文来定义"开发"。第一款是概念性描述,基本上可以看作是英语"开发"的专业概念直接转化为术语的定义;为了适应规划许可的要求,第二款以列举的方式排除某类开发活动;第三款是在第一款术语解释的基础上以列举的方式明确开发的具体范围(注释4-3)。

注释4-3　1998年《新加坡规划法》对"开发"的定义

第3条:

除第(2)和(3)款的规定外,在本法中,除文意另有所指外,"开发"是指在地上、地面、地上空或地下进行任何建筑、工程、采矿、土方工程或其他作业,或对任何建筑或土地的用途进行任何重大改变，"开发"(develop)和"开发"(developing)应作相应解释。

(2) 就本法而言，下列土地经营或土地用途不应视为涉及土地开发：

(a) 为建筑物的维修、改善或其他改建而进行的工程，而该等工程不会对建筑物的外观或楼面面积造成重大影响；及

(b) 进行主管当局为本款的目的而宣布的小型或初步工程及土地的临时用途；

(c) 任何法定主管当局在街道范围内的土地上进行任何工程，而该等工程是为维修或改善街道而必需的；

(d) 任何法定当局为铺设、检查、修理或更新任何污水渠、水管、管道、电缆或其他器具的目的而进行的任何工程，包括为此目的破开任何街道或其他土地；

(e) 实施1998年《病媒和杀虫剂管制法》(1998年第24号法)授权或要求的任何行为；

(f) 将住宅内的任何现有建筑物或土地用于附属于享有该住宅的任何目的；

(g) 将任何土地用于农业或林业目的（包括植树造林），以及为上述任何目的而将任何建筑物连同所使用的土地一起使用；

(h) 在建筑物或土地用于根据第61条制定的任何规则所指明的任何类别的目的的情况下，将该建筑物或土地或其任何部分用于同一类别内的任何其他目的。

(3) 为避免疑问，特此宣布，就本条而言，——

(a) 将任何建筑物作为2栋或2栋以上的独立房屋使用，而该建筑物以前是作为单一房屋使用的，这涉及该建筑物及其各部分的用途发生重大改变；

(b) 将原本不是为人类居住而建造的任何建筑物作为住宅使用，涉及建筑物用途的实质性改变；

(c) 将某建筑物或某建筑物的一部分原为住宅而建造的建筑物作其他用途，涉及该建筑物的用途发生重大改变；

(ca) 为附表4所指明的目的而对建筑物或建筑物的一部分原作为住宅建造的建筑物的使用构成开发，无论该用途是在2017年《规划法(修正案)》第3(a)条生效之日前、生效之日或之后开始的；[2017年第7号法案 wef 15/05/2017]

(d) 拆除、重建或增建建筑物构成开发；

(e) 将建筑物的任何外部部分用于展示广告，而该建筑物的任何外部部分通常不作该用途，涉及该建筑物的用途发生重大改变；

(f) 在土地上存放垃圾或废料涉及对其用途的重大改变，尽管该土地是由已用作该用途的场地组成，但在以下情况下——

(i) 沉积物的表层面积扩大；或

(ii) 沉积物的高度延伸，并超过了相邻土地的水平面；

除第(2)(h)款另有规定外，将任何建筑物或其部分用于原先建造该建筑物的目的以外的任何目的，涉及该建筑物的用途的实质性改变。

来源：新加坡《规划法案》(232章)(原始颁布：1998年第3号法案)[Planning Act (Chapter 232)(Original Enactment: Act 3 of 1998)]，非正式合并，2017年6月30日起生效的版本。（作者翻译）

4.3.5 《香港城市规划条例》中"开发"的定义与解释

《香港城市规划条例》对"开发"的释义为：开发(Development)指在任何土地之内、其上、其上空或其下进行建筑、工程、采矿或其他作业，或作

出土地或建筑物用途的实质改变。其中,建筑物(Building)包括任何构筑物或构筑物部分。接着解释了"开发"词语解释中的词组"土地或建筑的实质性改变"(material change in the use of land or building)包括在任何土地上放置物料,而不论该土地的全部或部分是否已经放置物料,只要放置物的部分在面积、高度或数量上有所增加。

《香港城市规划条例》作为管理工具的一个部分,只是通过立法简要地将"开发"的概念转化为管理的"开发权力",也就相当于英国城乡规划法和新加坡规划法关于开发的第一款解释,而省略了第二、第三款的解释与说明。

4.4 "开发"术语含义的比较与讨论

上述法律定义都是围绕着"开发"专业概念的两个层面,即:改变地面、地下、地上现状物质环境,以及土地或建筑用途的实质性转变这两个方面进行定义和规定的。具体规定的内容与表述的方式存在较大的差异。按照定义表述的方式大体可以分为三种类型:

4.4.1 英国、中国香港和新加坡将"开发"的专业概念直接转化为法律术语

在所有"开发"术语的表述形式中,除了《1961纽约区划规例》的表述之外,可以说香港的表述形式最为简单,就是直接将开发的专业概念表述转化为术语的定义;由于词语解释中"用途的实质性转变"概念比较陌生,而另外采用"用途的实质性转变"词条解释予以补充。可以认为香港的城市规划条例是用"开发"和"用途的实质性转变"两个术语解释定义了开发范围,这与香港的立法规则及其历史习惯有关。殖民统治下的香港,依据1842年《英王制诰》赋予香港总督制定"规章"的权力,制定规章是为了更有效地施政和管理,而不是通过立法来解释和定义土地开发的权力,更不是为了限制自身的行政权力。《香港城市规划条例》、香港城市规划委员会以及发展蓝图都是根据总督的指令来制定,专业词语解释的目的是明确传达各项指令的意图,没有必要从限制管制权力本身来解释"开发"的含义。

《新加坡规划法》中"开发"定义的模式与英国规划法的定义内容及其形式近乎一致,这自然与新加坡作为英国殖民地存在历史渊源关系,但为何与香港的定义方式不同呢?首先,历史上新加坡总督就没有香港总督那么集中的权力;其次,新加坡独立后将权力核心从"总督"转移到代表国家权力的"法律",法律约束所有的人,包括实施开发管理的组织与官员。

香港城市规划的最高权力在总督及作为其职能机构的"城市规划委员会",尽管这个机构拥有相当多的非官守成员,委员会的决策也考虑公共意见,但是总督拥有最后的决定权;也就是说总督有权作出与法律及规划委员会决策不同的决定。香港回归之后,以基本法的方式延续了这种权力结构,只是将权力主体从总督转移到行政长官和城市规划委员会,在基本法下,行政长官和城市规划委员会拥有城乡规划事务的最高权力。

既然法律约束所有的人,借用英国规划法的定义模式成为便捷的立法方法。《新加坡规划法》的"开发"定义采取三个条款的叙述结构:第一款,实际就是将开发的概念直接转化为术语定义;第二款是开发概念的范围,根据社会情况以及与其他法律的关系将某些具体行为类型排除在开发概念的范围之外,也就是不纳入许可管理的范畴;第三款是开发这一术语的解释与重申,厘清一些概念和词语的模糊地带,比如土地上堆积物料的扩大都属于用途的实质性转变,对于如何理解这个"扩大"进行了充分的规定。

英国定义开发的实质因素是由于立法带来开发权的国有化,这是一场深刻的土地权力变革,英国《1947城乡规划法》确定所有土地业主只有1947年现状的土地用途权力,以后任何改变土地现状和现状使用的行为都必须获得"规划许可",这是仅次于土地所有权国有化的土地公有化改造。在这个意义上,《1947城乡规划法》就是重新定义和分配土地权力的法案,这就需要特别严谨和缜密的法律语言来规定和解释土地开发与变更土地用途的权力。新加坡独立后同样面临土地权力关系的重新调整,而英国《1947城乡规划法》提供了良好的示范。新加坡规划法几乎全文照录英国《1947城乡规划法》中"开发"的定义,二者区别仅在于第二款规划许可排除事项与第三款开发控制的重申事项和列举事项不同,而且许多列举条款是通过修订规划法而增补的条款。

法律定义和规范的目的是明确规划许可的范围,然而面对纷繁复杂的现实情况,对所有概念的开发行为进行许可是不现实的。因此,在英国《1947城乡规划法》的原则下不断完善几个专项法律对某些开发行为予以授权和豁免,比如持续修订的《一般开发规则》与《用途规则》,还有《特别开发规则》和《地方开发规则》,实际就是定义开发权利的专门立法,表现为专业技术标准。1980年代英国还曾设立"企业区",针对某个区域的开发行为予以豁免。英国开发控制的基本特征就是通过国家立法定义开发的范围,通过开发权的国有化而建立开发许可制度,在个案解禁的普遍原则下,根据开发的类型、规模及其影响以规则和条例的方式予以解禁,或授权某个地区可以自行开发而不需要申请许可。简而言之,就是以国家立法针对开发行为建立普遍性禁止,再通过条例、规章、授权和许可等多样化的方式予以解禁。

4.4.2 昆士兰州《整合规划法》以列举的方式规定"开发"的范围(开发概念的外延)

昆士兰州《1997整合规划法》对"开发"术语的定义包含了"开发"概念的两个方面,参见该法1.3.2条的5项内容。其没有采取英国法律的定义形式,核心区别就是没有将"开发"的概念直接转化为术语定义,而是罗列了构成开发的5个方面,随后在1.3.5条详细解释和规定了这5个方面——建设工程、给排水工程、管道工程、宗地重划、用途的实质性改变。其中第4项"宗地重划"被纳入开发范畴属于昆士兰州立法的特例,不一定具有普遍性。产权地块(宗地)的合并与细分会影响城市规划与建设,但是多数国家是通过土地法来规定的,通过城市规划法限定的不多。

尽管昆士兰州的规划法律将"宗地重划"纳入开发的范畴,似乎扩大了术语的范围,但实际上其法律定义的方式是缩小了开发术语的范围。开发的概念尽管不明确但是涵盖的范围却非常宽泛,比如"地面、地下、地上的建设、采矿和其他作业"的总括性规定要比"建设工程、给排水工程、管道工程、宗地重划"列举的范围大很多。昆士兰州的规划法没有将开发的概念直接转化为术语,而是以列举的方式规定开发的范围,这与调整土地权力关系有关。昆士兰州规划法没有全面地、根本性地改变土地权利关系,也就是没有像英国那样进行"土地开发权的国有化",规划和土地开发的控制权力被限定在"干预"的范畴,并通过法律明确需要"干预"的事项及其范围;就规划管控而言没必要从根本上变革土地权利关系。

4.4.3 《1961纽约区划规例》将"开发"作为一般专业词语进行解释

《1961纽约区划规例》本身就是系统的、完备的土地开发与用途管制的规则。法规中出现了"开发"的术语,但是定义和解释都非常简单。尽管如此,其对"开发"的定义仍然包含开发概念的两个方面,第一是指在区划地块上的建设,包括建筑物和构筑物;第二就是给区划地块引入新的用途。区划的实质特征就是针对城市土地分区建立用途规定及其相应的开发规则,其中用途管制使用"用途分组"的管理方式,每一个分区允许一个或若干个用途组;所谓新用途就是分区允许的用途组里没有罗列的用途,这种情况下需要申请规划许可。由于区划规例本身就是开发与用途规则的集成,而且仅限于区划覆盖的空间范围,因而"开发"的术语定义的意义不大。采用区划的管制方式主要与美国的宪法制度及规划体系有关。

作为强调和保护私人权利的国家,美国历史上没有发生土地公有的社会革命,也没有英国土地开发权国有化的社会基础,干预私人土地开发与使用权利的工具就是"区划";区划源自普通法制定规例的传统,也可以简单视为在区划范围内的关于土地权利调整与重新安排的法律。区划具有"自我执行"的特征,只要符合法律就直接申请建筑许可,不需要申请规划批准;一个具体的开发项目是否符合法律由认证的专业人士判断,比如合资格的规划师、建筑师、律师等。城市规划委员会仅仅处理一些例外的情况,比如特殊的场地形状导致适用区划规则而无法公平地实现其土地开发利益时,可以申请由城市规划委员会进行变通处理。区划法本身就是对"开发"的规定,属于局部地区"开发法"的范畴,因此就没有必要详细解释和规定"开发"术语了。

4.5 本章结语

在法律中定义"开发"术语可以为立法的严密性、政策传导、规划与管制提供坚实的基础。英文"development"一词指向两种不同的行为及其成果,而中文"开发"习惯性地不包括"用途的实质性转变"这个含义项,考虑学术交流与制度学习地便利性,建议将作为英文术语的"development"对应为术语"开发与使用",由此包含"开发控制"与"用途管制"两个层面的意思。从概念上说,"开发"是指改变现状物质形态的活动,"使用"是保持现状土地用途的活动。在这个意义上,用途管制具有两重价值,第一是确认并规定土地使用的权力,这与我国的土地制度衔接起来,因为土地出让的是"使用权",而不是所有权,确认土地使用的权力就是定义和规范土地用途的外延,从术语角度就是规定使用权的范围。第二是改变土地使用的权力需要获得"使用许可",参照美国纽约的城市管理经验,使用许可不仅可以管辖土地使用,还可以管辖建筑楼板的使用行为,从而更有效地维护社会秩序并贯彻实施城市规划。

我国传统的开发控制仅限于规划区和城市建设用地范围,主要管控建筑、工程等建设行为,忽视规划区外的垃圾堆放、挖沙、采石、抽取地下水等采矿行为、围堤养殖、伐木种田、经济林置换生态林等影响环境生态的具有开发特征的"使用"行为,应该采用广义的开发概念,并将广义的开发概念定义为专业领域的法律术语。

在我国新的国土空间规划管理中,可以借鉴英美的管制经验,针对所有的开发行为设立行政许可的法律制度,并通过专项解释或条例、规范等方式免除某一种类型开发行为的许可,或直接授权某一个地区的开发。针对开发可能造成的负外部性,可以借鉴英国法律普遍禁止开发行为,再通过条例和专项规章等针对开发行为进行分类解禁、分级解禁、分区解禁,以及通过个案申请与规划许可的方式予以解禁等多种管理方式。

从城乡规划向国土空间规划转型,就意味着规划管理的空间从城市建设区域拓展到整个市域国土空间,也就是将城市建设用地以外的"山、水、林、田、湖、草"等自然领域纳入管理的范畴;因此,以"建设"概念为核心的城乡规划"建设管理"的思想方法与技术工具就不适用了,而需要引入"development"(开发和使用)这个关键性概念,建构国土空间的"开发管制"制度和技术工具。

5 开发控制原理与分类审批的逻辑

工程建设项目属于"开发活动"的一种类型,对其进行审批管理属于"公共规制"或"开发控制"的范畴。为什么要进行建设工程项目的审批管理?也就是为什么要进行开发控制?如果实施开发控制,那么开发控制的对象及其目标是什么?开发控制的手段和方式如何?自1970年代西方开发控制理论形成以来,开发控制体系的基本问题已得到澄清,其理论可以回答工程审批制度改革的一些根本性问题,只是在国内城乡规划管理领域学术界引介的不多。西方公共规制的理论与实践,以及城乡规划的开发控制理论及实践经验可以提供一个较完整的改革参照框架。

本章从工程项目审批与开发控制的关系,开发项目的分类与规制手段的结合,开发项目生成过程与规制阶段的关系等几个方面阐述开发控制的过程。

5.1 工程项目审批与开发控制的关系

5.1.1 开发控制目的的演变

开发项目改变城市的物质空间形态以及经济利益关系,具有外部性。开发项目的外部性影响与开发建设的规模有关,与其场址环境状况有关,还与管制的权力安排有关,与社会文化环境的容忍程度(法律规范、标准)有关,因此,开发控制的目的是一个历史演化的过程(详见第1章)。

在城市发展的早期,由于建筑技术有限而工程规模小,出于自用目的的建筑本体安全和建筑环境质量属于私人利益范畴,还没有转化为公共问题;除了部分民法规则和乡规民约之外,一般都没有建立正式的开发控制制度。欧洲中世纪的某些城市,为了控制街道景观风貌而严格控制建筑的外立面,包括建筑高度、屋顶形式、立面和窗户的样式、建筑材料、出入口的尺度等;我国唐代出于维持社会等级秩序的目的颁布了《营缮令》,对建筑的形制和规模进行严格的规制。

国家层面建立正式的开发控制制度在英国1875年颁布的《公共卫生法》中显示了雏形。17世纪工业革命后,英国工业高速增长、人口高密度聚集、缺乏发展规划和开发管制等引发大量的贫民窟的出现,并由此导致一系列严重的城市问题,鼠疫、霍乱等传染病严重威胁社会与城市健康发展。埃德温·查德威克(Edwin Chadwick)提出了令人信服的观点,工人阶级的疾病与恶劣的城市环境有关。在他的建议下,《公共卫生法》规制城市建设的主要措施包括四个方面:第一是改进城市基础设施,包括清洁供水、建立污水系统和处理、垃圾收集的处理;第二是管控城市空间布局和物质形态,包括在指定区域建设屠宰场等厌恶性设施,规定街道的宽度、建筑间距、道路铺装要求、照明要求等;第三是确立建筑卫生标准,比如建筑内要求配置卫生间,对于旱厕还规定了建设标准,居住房屋必须有窗户,且不能位于地下室等;第四是建筑使用管理要求,尤其是规定了出租公寓的业主或管理人的卫生责任,比如发烧病人的报告登记制度,出租房屋的年度粉刷要求,控制出租房屋的居住密度等。

《公共卫生法》实施后,英国的城市环境取得了根本性改善。然而,对建筑物的卫生管控属于预防性管理,是被动性的管理,建筑物建成后只有通过诉讼才能进行强制拆除,而不能够从城市整体利益出发在更大的空间范围安排开发项目。对此,规划可以有效地弥补这种缺陷,在公共卫生运动的影响下,英国颁布了世界上第一部规划法并创立了规划体系,对土地使用以及城市物质空间进行干预,现代规划体系几乎都是规划与开发控制相结合的体系。

由于认识到公共卫生健康与城市物质环境的关系,近代开发控制的目的发生根本性转变,从美学环境和社会秩序转向安全、健康和福祉,防止克服开发项目的负外部性。英国《1947 城乡规划法》建构了比较完善的开发控制制度,开发管制的对象从单纯的建筑管理扩展到市政设施和城市环境,开发管制的内容从建筑外观延伸到建筑内部布局及其结构形式。针对私人开发项目,除了被动地使用"许可"的管制工具之外,也为合理安排公共投入来建设城市基础设施以及改造贫民窟而采用"规划"工具。在规划实践中赋予"规划"更多和更高的目标,并随着城市发展,规划与开发控制逐渐结合,规划成为颁发许可的主要依据。

5.1.2 开发控制的组成以及工程项目审批的环节

开发项目具有外部性既是事实也是共识,开发控制的目的是防止开发项目的负外部性影响。规划可以管理开发活动在选址阶段的负外部性,然而实践中还有大量开发项目的外部性影响却不一定涉及规划选址,而是在建筑物的设计、施工以及使用过程产生。因此,开发控制对开发项目负外部性影响的管理是一个持续的过程,可划分为不同的阶段。

开发控制包括项目选址与环境要求、设计与建设、验收与使用管制的全过程管理,与之对应的是开发(规划)管理、建筑管理和使用管理三个阶段。在开发(规划)管理阶段,主要是将涉及物质性转变或土地用途转变等"开发"活动纳入管理,确认并规定土地使用的权力,主要由规划部门颁发"规划(开发)许可"[①],我国的管制形式是"建设用地规划许可证"(简称用地许可)。我国用地许可关注的核心问题是土地使用的经济性指标如容积率、建筑面积、配套设施等。在建筑管理阶段,开发项目不仅具有土地使用的经济性及外部影响,还涉及公共安全问题与城市环境问题,比如建筑物的结构安全、消防安全、通风日照等环境卫生要求,建筑的体量、高度、建筑风格等城市设计要求,施工的安全性以及施工期间的城市影响,针对构筑物、建筑物建设的审批形式是"建筑(设)许可"[②],我国相对应的管理形式为"建设工程规划许可证"以及"施工许可证"。建筑工程许可一方面是审查建设项目是否符合规划许可的要求,另一方面是审查建筑本身是否符合消防、卫生、环境的要求等;施工许可的目的主要是保证建筑施工的安全,及其施工期间的城市环境影响。在使用管理阶段,为保证建成后的建筑按照规划和设计用途及要求使用,许多国家都建立了"建筑使用许可证"的基本制度[③],我国实行的是竣工验收环节。竣工验收的目的是检查工程建设项目建成后与规划、设计、建设质量,以及国家相关规范要求的符合程度,类似产品的合格证书,这属于产品认证的范畴,还不是针对"使用行为"的许可。

  开发控制关注整体和系统性问题。其中,规划管理的目的是考虑开发项目的外部影响,建筑管理的目的是考虑建设项目本体的安全,使用管理是考虑建成之后使用建筑过程中的安全及影响。开发控制是普遍的制度安排,将我国的工程项目审批与国际普遍的开发控制规制形式进行类比,从公共管制范畴审视,可以发现我国现行管理体系的结构性问题。我国仅仅关注建设项目规划选址与环境影响,以及建筑本体的合规性与建设过程安全等因素,就管制对象而言,忽略了"开发"活动的广泛性,主要针对土地开发或者新建建筑物,缺乏对微小型开发活动以及建筑物转功

[①] 在不同的国家,为开发活动而申请许可程序和行政设置会有较大的区别,而沿用的术语也会有不同。在英国称之为"规划许可"(Planning permission),符合开发活动特征的行为均应申请许可。澳大利亚昆士兰州采取的术语是"开发许可"(Development permission),开发许可的对象包括土地开发以及新建建筑、微小型开发活动。在美国纽约州,如果基于区划法的"当然权利"(As-of-right),则不需要通过开发许可程序;如果一项开发希望得到城市规划委员会或标准与申诉委员会的特殊许可(Special permit),或希望修正区划条文(Amendment),则需要提出开发许可的申请,并通过相应的法定程序。

[②] 建筑(设)许可在不同的国家有不同的名称。在荷兰,除了极小的建筑以外,几乎所有的房屋的兴建都需要申请建筑许可证(Buiding permit)。德国的开发申请许可在一般情况下只有一项,即建造许可(Baugenehmigung),土地拥有者不需要申请土地开发许可。法国的土地使用不需要申请许可,对于建筑开发活动,申请颁发的是建设许可证(Permission of construction)。

[③] 参照英文本义所涵盖的内容,此一手段也有译为"建筑使用执照"。

能等开发活动的管制;就管制程序而言,我国"施工许可"以及"建筑工程许可"两个阶段的审批职能与国外"建筑许可"一个阶段的审批职能相当,行政效率低下;就管制目标而言,我国忽视建成后的使用管理,竣工验收只是产品质量认定,没有确立建筑使用管制,不是真正意义上的管制许可(图5-1)。

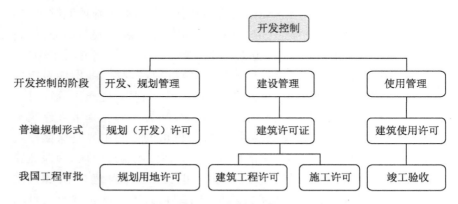

图 5-1　开发控制三个阶段的管理方式示意图

来源:作者自绘

我国的建设工程管制概念比较狭隘,审批改革主要关注工程项目个案,如果在工程建设的范畴内进行审批制度改革容易激化和强化现行的固有缺陷。认识到开发控制的核心是管理开发项目的负外部性,并且由三个环节构成,就可以确立工程建设项目审批改革"能减就减、能并就并、能放就放、能调就调"的标准和要求。没有负外部性或负外部性的影响较小,属于"能减则减"的审批事项范围;负外部性影响虽然大但确定性比较强,属于"能放就放";建设工程许可与施工许可都属于建设管理环节,属于"能并就并";竣工验收并不能实现建筑使用的管制,应该进行调整,属于"能调就调"。

5.2　基于开发项目负外部性的评估构建分类审批的逻辑

开发控制的核心是管理开发影响的负外部性,根据负外部性影响的差异性形成分类审批是开发控制体系构建的逻辑。概括而言,开发活动的分类遵循开发控制目的、外部性影响、开发影响的确定性三个维度,区分了公益性项目、负外部性小的非公益项目、确定性强且负外部性大的非公益项目、不确定且负外部性大的非公益项目共四个项目类型。

5.2.1 开发目的与开发控制目的的一致性识别

分类审批是为了实现开发控制的目的并提高审批的效率,那么,开发的目的与开发控制的目的是否一致就成为开发项目分类的第一层级。

开发控制的基本目标是保护公共利益和防止负外部性。如果开发项目是出于公共利益的目的,那么开发项目就与开发控制具有一致的目标和方向。公共利益项目通常是由公共机构或政府部门负责开发,公共利益项目的开发机构与开发控制机构同为公共机构,二者之间不存在根本性的利益冲突,只有职能和角色上的差异。就机构的属性和地位而言,一个是规划实施机构,一个是规划管理机构,在维护公共利益方面二者是各司其职的平等协调关系,不是政府上下级之间管理与被管理的关系。

政府部门之间的事项管理属于政府内部运作的协调机制,不适用行政许可的方式,因为内部协调制度要比审批或许可更有效率。政府部门和公共机构负责的公共利益项目通常是通过法律授权直接开发建设,规划建设部门的管理方式在一般情况下都是认可或备案。

5.2.2 外部性影响的程度

排除了公共机构的开发项目和公益性开发项目,剩余的就是私人或私人机构的开发项目。市场经济下,私人开发项目是城市建设的主流,也是开发控制的主要类型。由于私人开发的目的不是出于公共利益,维护公共利益就成为开发控制的目标。

就控制开发项目的外部性而言,由于私人开发项目具有同样的复杂性和多样性,仅仅从开发取向与开发主体层面区分开发类型,并针对这种类型概括所有的负外部性特征是不可能的,那么,从管理角度需要进一步细分;第二个分类维度就转换为识别外部性影响的尺度。一般而言,开发项目的外部性与开发项目的用途和规模有关,当限定开发项目的用途之后,建设规模与外部影响成正比关系,诸如邻里影响范围的开发项目,可以通过征求邻里意见的方式来协调开发的矛盾,政府部门备案和认证即可,未必需要采用许可的规制方式。开发影响较小的项目具有量大面广的特点,采用许可的管治方式需要耗费大量的公共资源,许多国家采用法规、政策、规范标准等正式的规制文件予以授权或豁免。

5.2.3 外部性影响的确定性

排除了量大面广的微小开发项目,影响较大的开发项目也还具有复杂性和多样性,从规制工具的角度依然存在细分的可能;第三种细分的维度是识别外部影响的"确定性与不确定性"。所谓开发影响的确定性就是基于目前的知识和经验能够考虑环境接纳的所有可能,可以确定项目开发的所有风险。不确定性就是指事先不能准确知道某个事件或某种决策的结果;换言之,只要事件或决策的可能结果不止一种,就会产生不确定性。

在开发项目分类中,主要是通过识别确定性而界定不确定性。比如某些普通的、重复出现的项目,尽管每个项目的场所环境有所不同,但是其外部影响是相似的,只是场地及环境接纳能力不同,只要掌握充分的场地和环境知识,就可以作出准确的判断。常规开发项目外部影响的知识和经验是足够的,其所处的环境和场地的知识也是充分的,这些就属于确定性影响项目。通过总结实践经验中开发项目的确定性,可以转化为法规、规范、标准等一系列专业的规范文件。

由此可知,确定性可以来自两个方面,第一是项目自身影响的确定性,第二是法律法规等标准的确定性。这两个确定性的结合就可以采用法规授权开发,而检查开发项目与法律规范的符合性工作可以移交给专业机构或符合资格的专业人士,这有助于提高开发许可的行政效率。比如纽约区划就是将开发项目的确定性与土地分区规定的确定性相结合,并以区划的形式直接授权开发;昆士兰州确立"法规评估"的管理方式,将某些外部性明确的开发项目归入法规评估的类别。

最复杂的是外部性影响不确定的开发项目,这类项目表现为经济社会发展中涌现的新用途和新形式,比如一些改变原有规划的发展项目,或者涉及复杂利益的开发项目。这类项目的不确定性来自两个方面,第一是开发项目的新用途和新形式的外部影响没有可以参照的实践经验,知识的积累还不够充分;第二是环境的接受程度或公共的接受标准还不明确。针对这类项目的决策需要汇集多个政府部门和公共机构专家的知识和经验,听取公众的意见并将决策的风险告知公众,政府、专业人士和公众共同承担决策可能带来的后果。为实现共同决策的目的,这种决策表现为一种参与和协商程序,协商的意见可以作为许可开发的条件和要求。由于这种决策是在法律、规范、规划依据和技术依据都不充分的基础上作出的,其是一项实质性的权力并通过行政程序实现,其形式为"行政许可"。

5.3 开发活动分类与批准(许可)形式分类的整合框架

综合开发活动分类与审批形式的关系,分类的目的应当与管制形式类型相结合。分类的方法是采用分层筛选的方式,每一层筛选一个管制类型,筛选的标准应当与管制的目的一致。其筛选逻辑为:第一层筛选标准是根据开发的目的区分出公益项目和非公益项目,其中公益项目使用认可与备案的管制形式;第二层的筛选标准是外部性影响的规模和尺度,负外部性小的项目可以豁免审批;第三层是筛选标准是开发影响的确定性判断,有确定影响的开发项目适用合法性审查,可以采用第三方评估的方法;负外部性大且影响不确定的项目适用个案的规划许可(图 5-2)。

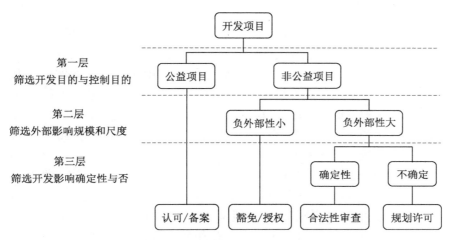

图 5-2　开发项目分类与管制形式的整合框架
来源:作者自绘

5.3.1　认可与备案

　　公益类开发项目通常是由政府部门或公共机构负责开发建设,它们也是这些项目的运营机构或管理机构。政府部门和公共机构的责任就是提供公共服务,项目开发建设是其提供与扩大公共服务的手段。政府部门和公共部门的开发项目管理属于政府部门协调性的工作,不适用"许可"等规制方式。尽管在政府和政府部门之间存在上下级的关系,管制体系中的上下级的关系可以表现为"审批"的关系,但是现代政府的治理强调不同职能部门之间是协调性关系。

　　就规划实施与开发控制的关系而言,一方面规划实施表现为政府部门的市政设施和公共设施建设与运营,另一方面表现为针对私用机构的开发控制。政府多个部门承担规划实施的角色,市政、交通、文化、教育、医疗等承担各自领域的建设,规划部门主要是整合公共设施的建设开发,以及协调公共设施与私人开发之间的关系。参照国际上的经验,政府的公共开发项目或法定团体的开发项目,通常是在"规划"之下自我实施。由于城市发展具有相关性和不可分割性等特征,政府部门的规划实施需要统筹和协调,这是规划部门的工作,协调管理的工具主要表现为"认证"或"备案",但不具有批准与否的权力。按照审批制度改革要求,这项内容属于政府部门之间的权力调整范畴,针对公共部门的开发项目将规划部门的审批权力"调整"到各专业部门中,将规划审批转化为认可和备案。

5.3.2 豁免或授权

一些开发影响较小且量大面广的微型开发项目,可以通过明确法规、政策文件、技术规范等法定文件予以豁免,减少事前审批,加强事后的监督和处罚。英国的《一般开发规则》豁免了小型开发项目的规划许可,诸如独栋单户住宅的扩建不超过 10 立方米,且最大尺寸不超过 6 米,只需要征求邻里同意即可;《用途分类规则》规定了建筑用途自由转换的若干情况。这两个法律规则自 1950 年代建立之后,为适应社会发展的新情况而不断进行调整和充实。1990 年代之后,为减少规划许可项目,英国建立《特别开发规则》直接授权某类项目的开发。澳大利亚昆士兰州规划法则明确规定了"豁免评估"项目。就审批制度改革而言,豁免许可的开发项目可以纳入"能减则减"的事项范畴,"减"的方式应该是通过法律法规予以豁免,豁免的同时需要在法律中明确政府部门、开发者及其邻里的权力和责任,这为事后监督和处罚确立了法律基础。

5.3.3 合法性审查/第三方评估

基于经验的积累和详细的调查研究,大部分常规类型开发项目的负面效应是清晰的、明确的,通常采用法定的用途分组和用途分区的方式进行管理。而对于开发控制而言,特定地区和分区的环境要求也是明确的,分区所规定的用途、开发强度和建筑形态也比较清晰,申请的开发项目的设计比较普通,比如居住区、商业区的普通开发项目,可以从开发项目的外部影响和分区及环境要求两个方面控制负外部性,那么,管理的依据就是具体而明确的法律形式。"区划条例"是基于环境准入要求而进行分区管制法规的典型,这是一种基于现状用途和目标用途的"排除法"管理方法,法律规定某一个分区的"某一类用途",这类用途在区划法规中有详细的定义和解释,只要不符合定义要求和没有列入名册的用途就不能进入该分区。昆士兰州将法律规定的开发项目归入"法规评估",也就是依照法规对开发项目进行符合性审查。

尽管区划法赋予了土地业主开发权,且符合区划的项目不需要申请规划许可,但是任何开发项目都需要申请建筑许可,建筑许可的申请文件中需要说明开发项目是否符合区划,这种说明必须由专业人士作出,比如符合资格的建筑师、规划师、律师等。这种制度设计实质上将开发项目的合法性审查交给了政府和业主之外的第三方,第三方可能是独立的咨询机构,也可能是服务业主的乙方(建筑师/规划师)。同样,昆士兰州的法律规定了某些项目只需要合法性审查,即"法规评估"。法律授权合法性审查的机构也非常多样,包括各种具有认证资格的公共机构和实体,诸如规划与建筑设计公司、公共机构、政府部门等,这是法规授权的第三方服务。第三方服务属于付费服务,与政府审批行为的公共服务不同,这种商业服务存在市场竞争,从而有效提高了评估的效率和质量。

第三方服务是一项法律制度安排,赋予某些机构和个人执行法律的权力,属于"能放就放"。将政府的部分执法职能转移给某些专业机构,尤其是符合专业资格的人士和机构,比如建筑师和规划师等,需要配套法律制度,以明确政府、个人和第三方服务的权力和责任。然而,如果缺乏法治建设,单纯的以政策推动第三方服务是不现实的,可能会带来管制混乱。

5.3.4 规划许可

规划许可是开发管制的综合决策,不仅考虑现有法律文件和技术规范,还要考虑发展需要和场址的环境,考虑规划文件没有预料的情况,考虑不确定的因素,需要咨询专业部门和征求更广泛的公众意见。因而,规划许可类似一个解决规划和法律例外情况的法定程序,这个程序能够将涉及规划发展的诸多部门纳入决策的过程,从而促进城市发展。例如,某些地段没有规划或规划没有包括需要落实的开发项目,区域性发电厂需要选址在某镇域,但是镇总体规划不可能预测区域电厂的建设项目,按照环保要求电厂选址在城镇规划区之外;再比如广州引进丰田汽车项目,市内却没有按照丰田汽车的要求提前进行的工业区规划,这个项目落到哪里都不符合现行规划条件,但是城市发展要求必须落实开发项目,这两种情况下的项目审批都适用"规划许可"。

规划许可的基本特征是法律程序,是协调政府部门、公共机构、开发机构和公众等利益冲突的正式程序。这个程序运作的结果不能确保决策结果是正确的,但具有"程序正义",通过邻里告知、公示、征询相关部门意见、专家评审、听证等一系列程序考虑不同利益主体的意见,有利于实现社会公正。

然而,个案行政许可的程序繁琐,容易造成效率低下。有些项目由于公众意见的分歧而多年未能作出决策,比如英国希思罗机场的建设。因此许多国家的法律都对"行政许可"的事项进行严格的规定,防止过度耗费公共行政资源。

5.3.5 其他改进规制效率的手段

为提高开发项目的审批效率,还有其他一些特别的方法和途径。比如,1980年代英国建立"企业区",在企业区的开发免于许可。考虑到城市更新的复杂性,英国立法设立"城市开发公司"(Cooperation),这类半公共机构具有规划、许可开发和开发的综合权力,这不仅从审批角度推进开发的效率,更是从城市整体发展的角度提高开发的效益,实践中也都取得了预期的效果。从治理能力现代化的层面深化改革需要更开阔的视野,改革整个开发的体制和流程。

开发控制的目的是防止和协调负外部性,通过外部性识别可以建构与规制手段相协调的分类许可程序。显然,不同的审批类型需要不同的审批时限,笼统地规定阶段性时限是不客观的。公共机构开发项目的备案和认可、微小开发项目的豁免、区划与法规评估带来的第三方服务等这些规制方式都不需要规定审批时限。只有许可开发的项目需要规定审批时限,但是应考虑开发项目的不确定性。

5.4 开发项目生成的逻辑性与阶段性

项目发展的基本逻辑过程分为三个阶段。第一个阶段是项目生成阶段,项目生成就是将"需求"转化为开发项目,这个阶段的典型标志是将社会"需求"和头脑中的"愿望"转化为具体开发项目的规划设计文件。对公共部门而言,项目生成就是"立项";对于私人而言,就是明确投资对象。项目生成有诸多因素,而对于项目生成阶段的管制而言,管制的核心就是开发项目的"选址与用地"问题,也就是管理"在哪里"实现需求的问题。"需求"或"投资"与特定地点结合,形成完整的规划设计文件才构成实质性的开发项目。开发控制既不能管理"需求",也不能控制"投资",但是可以管理实现"需求"和"投资"的位置和场所。项目选址和场所管理的目的是协调开发项目的外部性,维护公共利益和环境品质,这类事项通常属于规划主管部门的规划管理范畴;规制手段被统称为"规划许可",这并不意味着所有开发项目都需要申请"规划许可",而是以"规划许可"的方式确立了规划部门的管制权力及其法律形式。规划许可权力可以根据规划情况和开发项目的特征转化为若干审批类型,比如,在规划指定位置上的公共设施建设可以是备案和认可,符合区划要求的项目可以免于规划许可等。

第二个阶段是项目建设阶段,这个阶段的典型特征就是将批准的图纸转化为物质"实体"。从开发控制的角度来说,审批主要关注两个方面:

第一是项目的设计图纸是否符合法规、政策、规范、技术标准等一系列规制性文件的要求;第二是项目建设过程,也就是施工期间的安全、环保及质量保证措施。在大多数国家,这两个方面都属于建筑许可的事项范畴。而我国现行审批制度却将统一的建设管理切分为"工程许可"和"施工许可"两个审批类型,不仅责任不清,还导致审批程序和审批时间冗长。建设阶段的管理聚焦建筑本体及其建设过程的公共安全,属于城市建设部门的管理范畴,规制手段为"建筑许可证"。建筑许可是所有开发项目必需的法律凭证,可以豁免规划许可,不能豁免建筑许可。

第三个阶段是开发项目的使用阶段,包括建筑运营、运作以及出租、转让、出售等事项。确保建成后的项目按照规划、建筑等法规要求使用和运营是促进社会秩序、安全等的重要内容。建筑使用过程中实质性的"转换用途"属于开发控制的范畴,需要获得有关部门的批准。为保证建成后的建筑按照规划和设计用途及要求使用,许多国家都建立了"建筑使用许可证"的基本制度。房产物业的租赁、转让、出售等产权关系转移意味着利益的转移和交换,建筑使用许可证以法律凭证的方式明确并规定建筑的使用价值,确保建筑使用的责任在产权转移过程可能发生的变化。建筑使用事项的管理通常是"房屋局"的管理范畴,规制形式为"建筑使用许可证"。现行审批制度中的"竣工验收"属于开发产品的合规认证和质量认证,是对房屋这个"物"的管理,没有确立建筑的管理责任和使用规范,还不是针对房屋中人的"使用行为"的许可。

近代城市化过程中,针对开发项目从生成、建设到使用基本过程的不同特点建立了比较稳定的管理框架,这种属性框架在不同的社会制度中充实不同的内容而呈现不同的形态,但是管理框架的结构具有超越文化和政治差异的共同特征,即"生成/显形""建设/实体化""使用/运作"三个阶段,与之相应的规制形式分别是"规划许可""建筑许可""使用许可"。

5.5 本章结语

工程项目从生成、建设到使用的过程中,审批管理涉及选址用地条件、设计方案审查、工程图纸核准、施工许可、竣工验收及使用管理等多个环节,涉及规划管理、建设管理和房屋管理等多个政府部门。在开发项目管制的三类许可中,规划许可比较复杂,它是在项目生成阶段针对"需求"和"投资"显形为规划设计文件过程的管理,需求和市场具有不确定性,公共利益与私人利益缺乏明晰的界限,开发影响难以估量,开发项目的类型繁杂多样,需要综合运用多种规制手段,其中规划许可具有决策的特征。建筑许可和使用许可相对比较简单,基本属于依法依规的审查工作。

开发控制理论可以为工程审批制度改革提供理论基础和方向指引。规划体系作为国家治理体系的组成部分，开发控制是其核心环节，尽管开发控制理论源于欧美先进城市化国家，但由于近代城市建设发展的客观规律性，以及工程项目形成与发展的内在机制一致性，审批管理的目的及其管制手段的相似性等诸多因素，开发控制理论的基本原理同样适用于我国的规划与工程项目审批管理。

6 开发控制的法定形式

开发活动具有外部性并涉及空间利益的分配,为了引导与控制开发活动的有序进行,许多国家均通过法律明确开发活动在建设或实施之前需要通过各种方式获得合法性的凭证。

由于城市发展的多样性以及复杂性,每个国家都会采取几种不同的法定形式适应不同的开发活动。同一类型的开发控制虽然在不同的国家有不同的表现方式,但其内在制度逻辑是一致的。

目前世界上开发控制的法定形式可以归纳为建筑工程认可、法律授权许可、区划赋权许可、规划行政许可、开发建设协议、土地契约(出让合同)六种;本章对它们的管理形式、表现方式、法律含义、适用对象以及制度基础进行全面的综述及对比(表6-1)。

表6-1 开发控制的法定形式

控制方式	管理方式	表现方式	法律含义	适应对象	制度基础
建筑工程认可	案例式,通过盖章予以认可	日本工程认可;澳大利亚新南威尔士州"州重大开发项目";新加坡开发认证	政府内部程序	公共利益为主体的开发活动	任何国家和地区
法律授权许可	通则式,开发规则、政策条例	英国默许开发;新加坡豁免开发;日本建筑确认	法律授权	外部性明确且负外部性较小	基于国家或地区的立法,需要对开发活动外部性进行详细评估
区划赋权许可	通则式,通过区划条例、区划法进行赋权	德国以公共利益为基础的区划;美国保护个体产权的区划法;英国简化区和企划区	地方性法律	具有确定性的土地开发活动	基于国家或地区的制度环境,立法制度成本高
规划行政许可	案例式,颁发行政许可获得凭证	英国规划许可;澳大利亚开发许可;美国开发许可/建筑许可;	行政管理	任何开发活动	基于市场失灵的宪法规制,需要建立完备的行

续表 6-1

控制方式	管理方式	表现方式	法律含义	适应对象	制度基础
		荷兰建筑许可；德国建造许可；法国建设许可			政程序以及监督体系
开发建设协议	案例式，通过开发协议/规划协议获得法律凭证	英国规划得益/规划义务；德国建设合同；美国开发协议	行政合同	特殊类型的开发活动	基于公共还原的行政理念，需要对行政权力建立监督
土地契约	案例式，通过土地租约及出让合同获得法律凭证	香港竞标出让；新加坡投标出让	民事合同	国家掌握土地产权的开发活动	基于土地国有的土地制度

来源：作者整理

6.1 工程行政认可

基于公共利益与私人利益有着明显不同的利益界定，许多国家将开发活动进行分类，将以公共利益为主体的开发活动排除在法律许可的范畴外，通过部门的内部审批进行协调，以盖章的形式予以确认，本文称之为"工程行政认可"[①]。

6.1.1 工程行政认可的表现方式

日本土地资源稀缺，对大型公共设施建设等公共利益的开发活动实行"城市规划工程"制度[②]。"工程认可"是日本管理此类工程建设实施的核心手段，基本是由上级政府进行认可。

澳大利亚新南威尔士州将基础设施等"州重大开发项目"（State significant development or infrastructure）单独列为一类开发项目，由规划部长、规划评估委员会或在部长授权下的高级部门工作人员决定。昆士兰州的规划法明确规划部长可以指定公共设施类用地，在指定用地上的开发不需要支付基础设施开发的费用（注释6-1）。

---

① "行政认可"与我国"行政审核"的法律含义较为接近，且"行政认可""行政审核"在我国容易被理解为"行政许可"，为了避免歧义，本文借鉴日本"工程认可"一词，改为"工程行政认可"。

② 该制度起源于日本明治时代的"国家工程"。

注释6-1　澳大利亚"州重大开发项目"包含的开发类型及基础设施收费相关规定

政府已经确定了"州重大开发项目"(SSI)包含的开发类型,例如:
- 铁路基础设施;
- 公路基础设施;
- 蓄水和污水处理厂;
- 码头和船舶设施;
- 管道;
- 国家公园的特定开发项目。

规划部门是SSI项目的批准机构。SSI的申请均由该部门评估。部长可以将其作出多项决定的权力下放给部门的高级官员……所有重要的国家重要基础设施提案均由部长确定。

来源:https://www.planning.nsw.gov.au/Assess-and-Regulate/Development-Assessment/Planning-Approval-Pathways/State-Significant-Infrastructure

基础设施收费如何适用于指定土地:

如果一个公共部门实体,即一个部门或部门的一部分,建议或开始按照规定进行开发,则该公共部门实体无须为开发活动支付第5章第1部分规定的任何基础设施费用。

来源:Integrated Planning Act 1997,第2.6.6条(作者翻译)

英国通过《一般开发规则》对以公共利益为主体的开发活动进行了明确规定,这些开发活动由其主管部门进行认可,不需经过规划部门的许可程序即可开发(注释6-2)。

注释6-2　英国《一般开发规则》目录

1. 引文,开始和申请
2. 释义
3. 允许的开发
4. 限制允许开发的方向
5. 限制某些矿物允许开发的方向
6. 方向:普遍的
7. 事先批准的申请:决定时间
8. 撤销和保存

附表1—13

第1部分—第2(3)条

第2部分—第2(4)条

第3部分—第2条第(5)款

附表2—许可的开发权

第1部分—住宅宅邸内的开发

第2部分—次要操作

第3部分—使用变更

第4部分—临时建筑物和用途

第5部分—大篷车场地和休闲露营地

第6部分—农业和林业

第7部分—非家庭扩展,变更等

第 8 部分—与交通有关的开发
第 9 部分—与道路有关的开发
第 10 部分—服务维修
第 11 部分—遗产和拆除
第 12 部分—地方当局认可的开发
第 13 部分—水和污水处理
第 14 部分—可再生能源
第 15 部分—与电源相关的开发
第 16 部分—通讯
第 17 部分—采矿和矿物勘探
第 18 部分—杂项开发
第 19 部分—官方的开发或出于国家安全目的的开发
附表 3—第 4 条指示的程序
附表 4—适用于英格兰的被撤销的法定文书

其中第 12 部分规定,如电话亭、火灾警报器、公共饮水器、垃圾箱等与公共服务相关的开发活动由地方当局进行认可。

来源:Town and Country Planning (General Permitted Development) (England) Order 2015(作者翻译)

新加坡对政府部门为执行法定职能而进行的建设活动进行认证,制定"开发认证通告"(Development authorization),在通告认证范围内的公益性开发活动不再需要规划许可的申请。

6.1.2 工程行政认可的法律含义

由于土地使用必须获得法律上的许可,因此形成了不能自由开发的新公共秩序。开发控制是对空间资源及空间利益的再分配过程,因此开发控制的法理基础是公共还原,否则开发控制的合法性将受到法律的挑战(Harrison M L,Mordey R,1987)。

以公共利益为指向而进行开发活动是政府的基本职能,其权力是法律所赋予的,政府只是对公共利益的代言组织或法定机构的申请要件进行技术性的审查,以赋予其行使某种权利的资格,在法律上确定其公共职能(柯武刚,史漫飞,2000)。

工程行政认可的开发活动主体是政府以及政府的法定部门或者组织机构,代表的是公共利益,而作出工程行政认可决定的也是政府部门,因此是公权对公权的协调。对于以公共利益为主体的开发活动,不涉及公共还原的问题,其开发控制的实质是行政机关对申请主体行为合法性、真实性进行审查、认可(庞晓媚,周剑云,戚冬瑾,2014)。工程行政认可将外部法律程序转为内部行政协调,申请过程实际上是下级部门要求上级部门对某项工程审批批准的行为,不享有规划申诉的法律救济权利。

权利与义务具有两面性。明确工程行政认可不具备法律救济权利,有利于降低政府为实现公共利益的制度成本。由于工程行政认可主要是政府部门的内部协调,如果未获得认可而进行开发则其行为无效,主要职责在于行政人员的行政不当,开发活动不必受到强制执行的制裁。

6.1.3 工程行政认可的对象

工程行政认可的对象是基于公共利益实行的基础设施及公共设施工程。由于"公共利益"的内涵在不同的国家和地区有不同的含义,哪些项目代表公共利益,需要在国家和地区的法律或者政策中予以明确,否则将导致公权滥用。

英国通过《一般开发规则》对工程认可的对象予以明确,包括:与农业项目相关的建筑工程;与林业开发相关的建筑物、工程构筑物以及相关的森林工业项目;以保护历史建筑和纪念物为目的的修复工程;在学校、学院、大学和医院里兴建的作为附属用途的建筑等。日本通过专项城市规划的制定,从而决定将哪些项目纳入"城市规划工程",然后实行"工程行政认可"程序。新加坡通过"开发认证通告"明确属于认证对象的开发活动。

6.1.4 工程行政认可的制度基础

大型的城市基础设施及公共设施建设涉及城市整体的发展战略及财政投入,必须以公共部门为主体进行开发建设。目前世界上大部分国家和地区的城市公共设施以及基础设施的建设都是以公共部门为主导的。

"工程行政认可"涉及行政部门的协调,因此必须建立明确的部门职能体系,防止"条块分割"造成的协调失败,例如日本市町村的工程由都道府县(知事)认可,都道府县管辖的工程为国土交通省(大臣)认可,而工程技术审查由都道府县的政府内部专业部门进行(注释6-3)。

注释6-3 日本市町村城市计划相关规定

《都市计画法》第十八条:

都道府县应听取相关市町村的意见,并通过都道府县都市计划审议会的会议来决定都市计划。

都道府县在根据前款的规定向都道府县都市计划审议会提交都市计划的方案时,必须向都道府县都市计划审议会提交根据第十七条第二项的规定提出的意见书的要旨。

都道府县在决定政令中规定的与国家利害关系重大的都市计划时,必须事先根据国土交通省令规定的地方,与国土交通大臣协商,取得其同意。

国土交通大臣从谋求与国家利害关系调整的观点出发，将进行前款协议。
来源：https://elaws.e-gov.go.jp/document？lawid=343AC0000000100（作者翻译）

其次，工程行政认可虽然是内部行政审批，但也需要公开透明。例如日本"工程认可"环节当中的绝大多数重要步骤都需要进行公告，工程计划图纸等还需要提供公开阅览来接受市民监督（注释6-4）；澳大利亚南威尔士州的重大基础设施开发通常是公开展示并征询公众意见，以便有兴趣的各方利益主体都可以提交建议。

注释6-4　公众参与相关法律规定
《都市计画法》第十六条：
都道府县或市町村除了以下规定的情况以外，在想要制定都市计划方案的情况下认为有必要时，为了反映召开听证会等居民的意见，采取必要的措施。
都市计划规定的地区计划等的方案，根据在条例中规定意见的提出方法及其他政令规定的事项，寻求该方案涉及的区域内的土地的所有者及政令规定的有利害关系的人的意见而制作。
市町村在前款的条例中，可以规定居民或者利害关系人提出与地区计划等有关的城市计划的决定或者变更或者地区计划等应该成为方案内容的事项的方法。
（纵览城市计划方案等）。
来源：https://elaws.e-gov.go.jp/document？lawid=343AC0000000100（作者翻译）

6.2　法律授权许可

为了实现令人满意的开发控制，各个国家和地区的普遍经验是通过法律条例规则授权一些开发活动而无需获得开发许可，从而使大部分的开发活动都被纳入法律管理而又提高行政效率。本书将这类许可称为法律授权许可。

6.2.1　法律授权许可的表现方式

英国通过《一般开发规则》[①]来对规划申请的分类进行管理，允许一些项目省去琐碎的申请过程，称为"默许开发权"（Permitted development rights）[②]。默许开发的权利实际上是很复杂的，当工程项目开始前，开发商应该到地方规划当局咨询是否需要向更高一层的部门申请，即使是很

[①]　《一般开发规则》中涉及的项目很复杂，作为一项政策，开发活动不管多细小都需要获得规划许可。
[②]　默许开发的项目包括如住宅的扩大、改善或其他改动；屋顶的增加或改动；在住宅上安装或更换烟囱、烟道或通风管等。参考 Town and Country Planning (General Permitted Development) (England) Order 2015 附表2。

小的开发改变①，规划部门也随时可依据导则第 4 条款收回该许可或给规划许可附加条件。

新加坡对于部分开发项目实行"豁免开发"（Exemptions from planning permission），符合其特征的开发活动可不用申请规划行政许可②。

由于日本强调私权，对于 100 平方米以下的私人产权建筑活动实行"建筑确认"，即只对预定的建设是否合法进行"确认"，确认机关既无权在既定建设合法的情况下附加其他条件，也不能不给予确认（不让其建设）（注释 6-5）。

注释 6-5　日本建筑确认相关规定

《建筑基本法》第六条：

当建造者欲建造第一至第三号所示的建筑物时（包括扩建后成为第一至第三号所示规模的建筑），如果要对这些建筑物进行大规模的修缮或大规模的改造，或者想要建造第四号所示的建筑物，在着手该工程之前，该计划将建筑基准关系规定[本法及基于此的命令及条例的规定（以下称"建筑基准法令的规定"，指其他建筑物的用地、构造或建筑设备相关的法律，以及基于此的命令及条例的规定中政令规定的建筑物，以下相同）]必须提交确认申请书，接受建筑主管的确认，并领取确认完毕证。

来源：https://elaws.e-gov.go.jp/document?lawid=325AC0000000201（作者翻译）

新西兰将小型的土地开发利用活动定义为"允许开发活动"（Permitted activity）。如果开发活动符合"允许开发活动"的定义，则由规划主管部门核发《开发活动符合规划要求证书》（Certificate of compliance）而不需要进行申请许可，从而有效地提高了开发控制的效率。

6.2.2　法律授权许可的法律含义

对于个体权利，只要相关法律法规中无明确的禁止性规定，公民或者法人就可以采取行为，也就是"法无禁止即可为"（马爱平，2017）。由于开发活动具有外部性，出于法律的目的，许多国家对开发活动进行严格的定义，将目前人类进行的开发活动都纳入控制的范畴，防止开发活动对城市产生不可逆的恶劣影响。

在实际工作中，要对所有的开发活动都进行控制不是一件容易的事，因为如果要将更换窗户这类琐事都列入开发控制的话，那么地方规划管理部门和申请者都会被文件淹没。为了提高行政效率，许多国家都在法律中明确规定部分开发活动无需获取地方规划部门的许可。

---

① 诸如涂刷油漆、建造高度在 2 米以下的围墙、篱笆等小规模的施工。
② 豁免开发的内容包括法定机构对街道进行的维护和/或改善工作、进行《媒介和农药控制法》（第 79 章）授权或要求的任何行为、涂刷任何建筑物的外部、更换现有的地板和墙壁饰面等 41 项内容。

由于直接获得法律许可的开发活动需要法律授权,"法无授权即禁止"(叶必丰,2014),因此一些新型的开发活动如果没有通过法律授权,必须通过其他的形式获得许可,从而能够最大限度减少不可预知的开发活动可能带来的负外部性。

6.2.3 法律授权许可的对象

法律授权许可的对象是一些被明确不构成邻里与公共负外部性的开发活动,从而区分开发者的法律责任以及提高行政效率。由于负外部性影响在每个国家有不同的评估方式,因此法律授权许可具体在每个国家也有不同的对象。

在英国,通过《一般开发规则》明确法律授权的许可对象,建筑内部的改造,对道路的维护工作,地方交通部门改善道路内部状况,体量较小的广告、围墙,非重点地区的立面改造等等都不需要申请许可。

新加坡对法律授权许可的开发活动有详细的指引,包括街道、临时使用的工程或结构、体量小的围栏围墙、建筑物内部微小改动、泳池形状改变、停车场等等场地布置[①]。

6.2.4 法律授权许可的制度基础

开发活动的外部性评估是一项非常复杂的工作,只有外部性明确且负外部性较小的开发活动才能通过法律授权的形式进行许可。因此法律授权许可必须基于大量开发活动的研究,并通过非常详细的规定明确开发活动的类型。

由于法律要求具有严谨性,因此法律授权的立法成本较高。但是,法律授权许可将具有普遍性的开发活动从案例式规划行政许可中抽离出来,从而使开发控制成为一个相对独立的工作,使开发活动得到控制的同时也提高了行政效率,能够降低整体制度成本。也有的地区将授权许可的权力委托给认证机构,例如澳大利亚的南威尔士州。

法律授权许可将判断开发活动是否需要申请许可的责任交给开发者,如果开发者不能确定自己是否需要申请许可,可咨询当地规划部门或者具有资质的专业人士,因此应构建成熟的专家咨询人员体系作为支撑。

---

① 具体的开发活动包括对现有有地住宅进行增补和改建、对总建筑面积小于 120 平方米的独立式结构进行的扩建/改建、拆除现有建筑物(保留或保存的建筑物除外)、土方工程(如建筑工程、采矿等等),新加坡重建局网站中对各种开发活动申请规划许可的程序都进行了详细的说明。

6.3 区划赋权许可

区划赋权许可指的是土地开发活动受到区划（Zoning）类型法定规划的管制，根据区划（法定规划）进行土地开发则不需要申请许可，在法律的保障下，开发控制程序得以精简。

6.3.1 区划赋权许可的表现方式

根据区划条例进行许可有三种截然不同的行政理念和表现方式，分别以德国、美国和英国为典型代表。

德国战前的区划方法，源于工业革命之前由警察机关主导编制的道路网规划，主要目的是为了解决公共财政问题（李泠烨，2011）。德国的区划历经了三次转型和两次升级，技术体系越来越成熟，目前的法定图则包括土地建设利用的类型和程度、建筑许可范围、地方交通用地等内容（殷成志，杨东峰，2007），但是以解决公共财政及提供公共服务设施为核心的理念没有改变，德国的区划是将公共福利向法律转化。

美国区划法建立在"财产"和"保护"两个关键词上，其主要目的是协调土地开发的个体利益与社会公众利益之间的矛盾，类似于一种在有产者之间达成的保护现状的契约（Knack R, et al., 1996）。在区划法中，几乎每一个影响产权价值的重要变量都得到了严格的控制，而美学及空间形态并不是其控制重点。基于美国宪法中公民权利的平等，区划的另一个原则是"求同"，即相同区位的相邻地段其控制要求基本一致，甚至在产权地块的划分上也基本保持一致，体现公平性。美国近年来采取的形态条例虽然超越了早期区划狭隘的控制目的和形态控制手段，但区划保护产权利益的核心并没有改变。

1980年代，英国为了刺激经济，引入"企业区"（Enterprise zones）和"简化规划区"（Simplified planning zones）两种区划手段，以努力简化规划，减少对商业和企业的"控制负担"。在企业区内的开发项目原则上不需申请规划许可，研究显示，在32个企业区中，开发活动都有大量的增长（注释6-6，图6-1、图6-2、表6-2）。简化规划区内包括两种许可类型，一种是特定的项目（Specific scheme），这些用途通常是政府鼓励和亟须的；另一种是一般项目（General scheme），它给定了一个广泛的许可范围但是排除了某些用途（注释6-7，图6-3）。

注释6-6 英国企业区相关资料

（现在的企业区）在2011年的预算中，政府宣布建立新的企业园区（EZs），通过财政激励和更宽松的规划制度来鼓励经济增长。EZs 分配给当地企业合作伙伴(LEP)。在 2011 年预算中分配了一些 EZs,其余的在竞标过程中分配。

(以前的企业区)最初由政府在 1980 年建立,以鼓励工业和商业活动,通常在经济不景气的地区。根据《1980 年规划和土地法》,地方当局可以将其区域内的土地指定为企业区。每个企业区通常指定 10 年的发展时间,最后一次指定在 2006 年结束。

最初的 EZs 是一个政府实验,旨在了解放松规划控制、免除非国内利率和某些其他财政激励措施,如何有助于重建破旧和废弃的城市地区。

来源:https://uk.practicallaw.thomsonreuters.com(作者翻译)

截至 2020 年英国企业区名单(部分):
- Alconbury Enterprise Campus 阿尔康伯里企业园区
- Aylesbury Vale 艾尔斯伯里谷
- Birmingham 伯明翰
- Black Country 布莱克地区
- Blackpool Airport 布莱克浦机场
- Bristol Temple Quarter & Bath, North East Somer Valley 布里斯托尔神庙区 & 巴斯,萨默尔河谷东北部
- Cambridge Compass 剑桥
- Carlisle Kingmoor Park 卡莱尔金摩尔公园
- Cheshire Sdience Corridor 柴郡科学走廊
- Ceramic Valley 陶瓷谷
- Corridor Manchester 曼彻斯特走廊
- Discovery Park 探索公园
- Didcot Growth Accelerator 迪德科特生长加速器
- Dorset Innovation Park 赛特创新园
- Exeter and East Devon Enterprise Zone 埃克塞特和东德文企业区
- E2 Enterprise Zone E2 企业专区
- Great Yarmouth and Lowestoft 大雅茅斯和洛斯托夫特
- Harlow 哈洛
- Hereford 赫里福德
- Hertfordshire Enviro-Tech 赫特福德郡环境技术公司
- Hillhouse 山屋
- Humber 亨伯

来源:https://enterprisezones.communities.gov.uk/enterprise-zone-finder/(作者翻译)

一般企业区包括三个层次,以布莱克地区企业区(Black Country EZ)为例,它包括达德利商业与创新企业区(DY5 EZ)等企业区。达德利拥有 100 多个商业园区,可容纳各种规模和行业的企业,并涵盖了位于安全工业区的优质仓库和工业部门,以及提供优质服务的办公园区。布莱克布鲁克谷(Blackbrook Valley)是达德利企业区的一部分,有资格获得 DY5 EZ 的福利,包括在五年期间内最高减免£55,000 的企业税,是一个高质量的就业区,提供将近 6 公顷的开发用地。

来源:https://mapping.dudley.gov.uk/custom/historic1.asp(作者翻译)

6　开发控制的法定形式

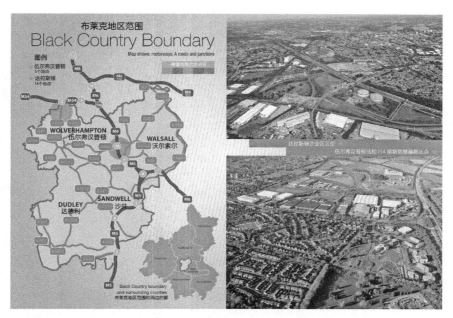

图 6-1　英国布莱克地区企业区区位图

来源：*Black Country Enterprise Zone*（作者翻译）

表 6-2　英国《布莱克布鲁克谷地方发展规划》合规性申请表中对于土地利用用途的限制

标准	确认选择	办公使用
a) 申请地点位于布莱克布鲁克谷发展指令区，在布莱克布鲁克谷发展指令附表 1 中标明	是/否	是/否
b) 建议的发展项目包括工业/就业用作主要用途——b1b（研究及发展）、b1c（轻工）、b2（一般/工业）或 b3（贮存及分销）	是/否	是/否

来源：《布莱克布鲁克谷地方发展规划》

注释 6-7　英国简化规划区相关资料

1986 年英国《住房和规划法》修订了 1971 年《城乡规划法》，授权地方当局制定简化的规划区方案。该计划在所涵盖的范围内提供规划许可，以便根据计划进行开发，而无需具体申请。创建简化规划区的权力在于伦敦自治区议会、区议会和城市发展公司。简化规划区计划内的开发项目不包括采矿及相关活动，以及使用土地存放垃圾或废物。

来源：Town and Country Planning (Simplified Planning Zones) (Excluded Development) Order 1987（作者翻译）

1990 年《城乡规划法》引入了现行形式的简化规划区（SPZ）。但至少从 1971 年起，它们就开始参与规划立法。虽然对企业有好处，但从地方政府规划部门的角度来看，它们可能是有问题的。因此，全国只有少数特殊地区采用了。尽管如此，仍然有人对这些计划感兴趣和支持，如伦弗雷夫斯郡和格拉斯哥市议会于2014年底创建的希尔林顿公园SPZ，以及斯洛贸易地产SPZ的持续成功，该SPZ最初于1995年通过，2014年第三次更新。

尽管法律上可以广泛使用，但现有的SPZ大多授权在先前开发的站点上设立办事处、研发设施以及存储和分发中心。案例包括伯明翰国王诺顿商业中心和罗奇代尔的海伍德分销园SPZ。

1. 什么是SPZ？

SPZ是由地方规划机构（LPA）确定的一块土地，用于放松规划过程的特定开发。法律要求LPA考虑其部分地区是否将从这种指定中受益。

SPZ列出了允许进行的开发类别，而无需申请计划许可，但要遵循条件、限制和例外。SPZ的使用期限为十年，因此必须在此期间内执行或开始在其下进行开发。

2. 为什么LPA会促进SPZ？

LPA使用SPZ来鼓励经济发展和投资。在该区域运营的开发商和企业，其提案如果确定符合SPZ是可以直接建设的，这意味着他们可以通过对现有建筑物进行改造或更改使用方式来快速响应市场需求，而无需承担规划过程的不确定性和费用。

SPZ的指定表明LPA支持某个区域的特定用途，它本身可以增强市场信心，并鼓励中小型企业以及跨国公司来此办公。也正因如此，销售房地产的大多数土地所有者通常非常支持推广SPZ。

来源：https://www.localgovernmentlawyer.co.uk/planning/318-planning-features/28701-how-simple-are-simplified-planning-zones（作者翻译）

本文件规定了海伍德分销园区简化规划区（SPZ）实施的相关条款。

海伍德分销园区简化规划坐落在海伍德镇西南部大约1.5公里的地方，由海伍德信托公司拥有的约81公顷工业、商业和分销园区组成。SPZ计划于2010年4月8日通过，有效期为10年，截至2020年4月7日。截至2008年，园区总建筑面积约为249185平方米。2006年，政府批出55 700平方米的额外b8级楼面面积及附属办公室。海伍德分销园区的SPZ项目的采用，将有助于巩固先前的规划许可，以便更好地管理该区的楼面面积，满足该区未来的发展需要。

SPZ计划为满足以下条件的开发（包括建筑物的安装和土地的使用）授予规划许可：

1. 商业用途（B1类用于以下所有或任何用途）

（1）B1(a)：办公室（不包括提供金融或专业服务的办公室）。

（2）B1(b)：产品或工艺的研发。

（3）B1(c)：任何工业过程，可在居民区内进行，且不会因噪声、振动、气味、烟雾、烟尘、灰烬、灰尘或沙砾而损害该区域的舒适性。

2. 一般工业用途（B2类）

用于进行工业过程，但不属于上述B1类的工业过程。

3. 储存或分配用途（B8类）

用于储存或作为分配中心。

4. 特殊用途

卡车停车场、数据中心、灾难恢复中心、呼叫中心。

5. 其他用途

其他辅助性用途,作为就业场所主要用途的补充,例如:

A1类(零售);

A2类(金融和专业服务);

A3类(餐厅和咖啡馆);

A5类(热食品外卖);

C1类(酒店)

D1类(例如托儿所)

D2类(例如健身套房)

所有开发都要符合以下条件:

设计方面:

(1) 所有面向皮尔斯沃斯路和莫斯霍尔路的新建筑的主要外部立面应采用包括砖或压型钢板覆层的材料托盘建造,颜色为灰色、白色或银色,除非与地方规划当局另有书面约定。

(2) 除非在开发开始前与地方规划当局另有书面约定,否则根据 SPZ 计划建造的所有新建筑的总高度不得超过建筑高度分区平面图(平面图3)规定的高度。

(3) 除非已向地方规划当局提交外部标高处的详细资料并获得其书面批准,否则不得开始建造高度超过 17 米的建筑物。

(4) 新建建筑的场地覆盖率(包括需要规划许可的原有建筑的任何延伸部分)不得超过任何单独开发地块总场地面积的 45%。[为免生疑问,本条件不会限制《城乡规划》(1995 年《一般准许发展令》或其后任何重新制定的《城乡规划》)所授予的现有准许发展权。]

(5) 对于 SPZ 允许的所有新建开发项目,由 BREEAM 预评估师、注册评估师或认证机构进行设计评估,目标是"非常好",但至少应达到"良好"标准,除非申请人在考虑到所涉及的开发类型及其设计后,能够证明这是不合理或不可行的,并与地方规划当局达成书面协议。评估将显

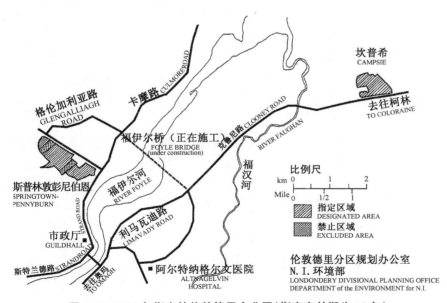

图 6-2　1983 年指定的伦敦德里企业区(指定有效期为 10 年)

来源:The Londonderry Enterprise Zones Designation Order(Northern Ireland) 1983(作者翻译)

示与 2006 年 E01 类建筑法规相比,二氧化碳排放量的减少百分比。
来源:《海伍德分销园区简化规划区计划》(作者翻译)

图 6-3　英国海伍德分销园区简化规划区
来源:https://www.heywooddistributionpark.co.uk/

6.3.2　区划赋权许可的法律含义

权利并非天赋,只有得到法律认定,权利才能成为法定权利。

虽然德国及美国区划具有不同的行政理念及表现方式,但是在法律层面的含义是一致的。在区划赋权的许可方式中,规划本身就是法律文件,当规划通过法律制度所规定的程序之后,成为具有约束力的地方性法规。总体而言,英国简化规划区的概念虽然也有成功案例,但缺乏清晰和一致的目标,在具体实施中依然摆脱不了讨价还价的协商过程(Allmendinger P,1996),因此应用并不广泛。

美国区划条例在立法的过程中,通过各式的社会组织以及社会运动的推动,最终转化为地方的立法,直至州立法授权[①]。德国联邦议会的立法是推动区划法律形成的主要动力。无论是美国的"自下而上"还是德国的"自上而下",公共秩序最终以制定法的形式得以确认,并且在现代法治的要求之下,形成了对开发权利的制约。区划条例并不针对条例生效前的情况使用,而是针对土地未来的新建、改建和扩建;这也就意味着,已有土地使用情况即使不符合生效之后的条例,但仍然是合法有效。

区划既赋予权利,也限制权利;作为一项地方法律,其修正过程需要

---

① 例如纽约市"第五大道联合会"领导之下的社会运动直接促使了纽约 1916 年区划条例的诞生。

通过严格的法定程序，必须得到立法机关的采纳，并经过正式的公众审核过程才可以生效。如果开发主体希望获得法律规定以外的权利，必须向相关部门申请行政许可。

6.3.3　区划赋权许可的对象

区划赋权许可的对象是土地开发权的设定，主要是针对土地使用的用途种类或者使用规模的限制，明确土地在开发中的权益以及必须履行的义务。

区划对土地使用从不同的角度提出要求，通过"定性、定量、定位"来控制城市土地的开发活动及其开发权利，从而形成公共秩序。土地开发权的界定包括开发活动的建设规模与基础设施，从而确定公共财政的投入以及增强市场投资的信心；其次，用途和开发强度是土地开发权收益的重要指标，通过区划条例的确定可以全面清晰地提供地块开发价值的信息。

虽然区划赋权具有确定性且能够简化程序，但只是针对土地开发，难以对建筑物的空间形态进行审查。

6.3.4　区划赋权许可的制度基础

区划赋权许可强调的是确定性，确定性可以确保公众利益，也可以保护产权者利益。由于区划是法律，法律具有稳定性而难以应对城市发展的不确定性，因此区划制定必须与城市发展具有内在的逻辑（霍普金斯，2009），在编制阶段也必须经过大量的协商讨论，区划立法的制度成本较高。

区划立法的过程难以考虑具体的个案情况，也有可能会受到合理性的挑战。因此，采取区划形式的国家普遍都建立成熟的修正制度（Zoning amendments），通过适当的程序对区划法进行随时修改，有利于及时动态地调整区划的合理性并促进具有实际意义的城市开发建设（张宏伟，2010）。

采取区划赋权许可的形式，理论上因为实施了统一均等的法律标准而减少了自由裁量带来寻租以及与产权所有者逐一谈判的成本；但是，由于法律的刚性以及法定化的标准难以避免带来的个别不公平，造成区划应对城市发展灵活性较差，个别产权业主反复申诉修改区划，带来开发许可潜在的巨大交易成本[①]。

---

① 区划的制度成本已经在学术上有许多探讨，许多学者认为确定性强的区划形式不一定降低制度成本，详见：Asadoorian M O, 1998. Is Zoning a Positive-Sum Game? [J]. Studies in Economics and Finance, (19): 24; Lai L, 1994. The Economics of Land-Use Zoning: A Literature Review and Analysis of The Work of Coase[J]. Town Planning Review, 65(1); Fischel W A, 1987. The Economics of Zoning Laws: A Property Rights Approach to American Land Use Controls[M]. London: The Johns Hopkins University Press.

6.4 规划行政许可

规划行政许可指的是根据法律规定，对于特定的开发活动向规划部门申请行政许可，以颁发许可证的形式明确法律权利与义务。

6.4.1 规划行政许可的表现方式

规划行政许可是应用最为广泛的开发控制形式。不同的国家采取不同类型的许可证名称，本文将其统称为"规划行政许可（规划许可）"。

有的国家将大部分开发活动通过规划行政许可证进行控制。例如英国法律中规定新建建筑的土地开发及建筑工程，建筑物转功能及其他的"物质性"（material）改变等均应申请"规划许可证"（Planning permission）（图6-4），因此英国是典型案例式的规划行政许可。

有的国家，由于制定了严谨的区划等类型法定规划，大部分土地拥有者不需要对土地开发活动申请规划许可。但是新建建筑及小型开发活动仍然需要通过行政许可的形式进行案例式控制，只是名称不一致，如澳大利亚称之为"开发许可证"（Development application）；荷兰称之为"建筑许可证"（Buiding permit）[①]；德国称之为"建造许可证"（Baugenehmigung）；法国称之为"建设许可证"（Permission of construction）。

也有的国家根据开发活动的类型用不同的规划行政许可进行控制。例如美国纽约有"开发许可证"（Development permit）以及"建筑许可证"（Building permit）。如果基于区划法的"当然权利"（As-of-right），则不需要申请土地开发许可，而是直接申请建筑许可；如果一项开发希望得到城市规划委员会或标准与申诉委员会的特殊条件或希望修正区划条文，则需要提出开发许可的申请，并通过相应的法定程序。

6.4.2 规划行政许可的法律含义

通过行政程序进行许可是政府进行规制的一种政策工具，其最为本质的属性在于"解禁"[②]。由于开发活动具有外部性，可能会对社会或个人造成损害，为了维护公共利益，政府须对其加以必要的限制和禁止。限制和禁止在一定的条件下可以被解除，只不过法律对这种权利的行使附加了申请程序，这是行政许可制度产生的原因（刘素英，2009）。权力机关

[①] 需要说明的是，2010年10月1日荷兰新的环境法（Wet algemene bepalingen omgevingsrecht，Wabo）生效以后，建筑许可与房屋拆迁许可、消防许可等25种许可证都被合并到"环境许可证"（Environmental permit）中。

[②] 对于行政许可的性质，法学上有几种学说，主要的观点包括"特许权授予说""赋权说""解禁说""权利恢复说""折中说""验证说"或"确认说"。其中"解禁说"是目前法学学界的主流观点。

实施行政许可是"解禁"行政相对人原本具有的权利,而并非对行政相对人的"恩赐"。

通过规划行政许可的方式进行开发活动的控制,规划部门享有一定的自由裁量权。例如在土地开发阶段,规划部门最后许可的规划条件不一定完全符合城市规划,可能附加了环境、经济、社会等各种条件;在新建建筑阶段,规划部门对建筑风格、设计等影响城市形态和美学的许可申请具有否决权,体现了很大的专业自由裁量权(Willis K G, 1995)。

为了保障行政过程中的自由裁量权得到正确的使用,规划行政许可设定了一系列的法律程序来保障申请者的利益。规划行政许可过程中的公示、决策、听证等均有完备的规定,以保护行政相对人的利益;为了公共利益,规划部门也可以撤回已经颁发的许可,但需遵循信赖原则予以财政赔偿;同时赋予申请者针对不合理决策进行申诉的权利,规划申诉的过程也连带地改变了受到影响的相关利益者(Tewdwr-Jones M, 1995)。

规划行政许可程序的完善不可避免地增加了制度成本,许多国家的法律并不提倡和鼓励行政程序许可的广泛运用,而是尽可能地减少该手段的设定与实施(Scott C,石肖雪,2014)。

6.4.3 规划行政许可的对象

开发活动的法定控制受各种因素影响,包括:经济因素;社会及文化因素;设计及环境的协调问题;建设地点现存的特征;政府及其他机构的要求及规定;公众意见;申请者个人的原因等等(Thomas K, 1997)。这些综合因素的考虑,既需要完备的法律法规体系以及规划编制体系为法定许可提供决策依据,也需要规划管理人员根据经验综合各方面的因素作出最终平衡各方利益的决策,对于哪些事项应被视为考虑因素,在各个国家和地区都有不同的规定。由于规划行政许可具有自由裁量权,具有灵活性,能将适应地方的实际情况,因此适合于各种不同类型的开发活动,具有广泛的应用性。

将规划行政许可的类型及其许可的对象进行联系,可以认为:对于以非公共利益为主体的土地开发活动或者功能转换类开发活动,根据国家和地区的制度基础,可以通过其他形式进行许可,规划行政许可只是可选择的许可方式之一;对于新建建筑及小型开发活动,由于建筑物的设计需要个案审查,而具有一定外部性的小型开发活动难以用规划或法律进行控制,因此案例式的规划行政许可被普遍运用。

6.4.4 规划行政许可的制度基础

行政程序具有自由裁量权,不可避免存在精英决策及权力寻租的空间。在市场经济条件下,国家的经济运行主要依靠法律制度下的市场机制来调节,只有在市场失灵的情况下,才有必要诉诸行政程序手段(Thomas K,1997)。

对于土地开发活动,土地开发权具备金融性资产特征,如果对决策中的自由裁量权缺乏相应的监督体系,将形成巨大的权力寻租空间。因此,如果在土地开发阶段采取规划行政许可的形式,必须具备完善的权力制约基础,例如英国的"抽审"(Call-in)制度,即中央部门可以抽审任何一项由地方规划部门作出的许可,并改变其许可结果(于立,杨睿,2012)。对于新建建筑的开发活动,由于建筑设计的审查是一项技术性很强的工作,因此必须具备完整的专业人员体系,新加坡、中国香港等地区将技术性审查交给市场,从而脱离行政审查,提高了行政效率。

规划行政许可适应性较广,在面对复杂的决策环境时具有较大的灵活性;但制度基础要求较高,需要成熟的规划编制体系以及政策法规体系提供决策基础,也需要完善的行政机构人员作出的专业的判断,以及严密的监督体系作为支撑。

6.5 开发建设协议

开发建设协议①是指行政机关与行政相对人通过协商谈判签署协议,对开发活动的合法性以及附加的具体条件进行明确,从而在一定程度上加强双方合作的能力。

6.5.1 开发建设协议的表现方式

开发建设协议具有不同的表现形式。

有的开发建设协议是和规划行政许可相关联的,是规划行政许可过程中的衍生品。例如,英国的地方规划机构除了附加规划条件外,还可能会与开发者就规划得益(Planning gain)或规划义务(Planning obligation)达成协议(Planning agreement),否则不授予规划许可(Bunnell G,1995)。私人开发商为了获取开发价值增值的部分,往往会主动和规划部门进行"公共利益"相关的协商谈判,这种开发建设协议包括对开发商以及规划部门有利的因素(注释6-8,图6-4)。除了英国,也被广泛应用在新加坡、中国香港等地。

有的开发建设协议直接构成开发许可的法律凭证,具有完全的法

---

① "开发建设协议"一词为作者根据英国"规划协议"、美国"开发协议"、德国"建筑合同"等名词所改用,强调其作为"行政协议"的协议特征。

律效力，保证了后期项目实施不受政策或者其他外部因素变更的影响，保护开发方的开发既得权（Vested Right）（卡林沃思，纳丁，2011）。为了吸引投资以及增加市场灵活性，从1980年代开始，美国城市政府与开发商通过签订开发协议（Development agreement）的案例日益增多，它对规模大、时间跨度长的分期开发项目给予一次性的开发许可，但附加了一些条件，促进了城市战略项目的落实[①]。自2008年起，德国很多城市采用城市建筑合同（Construction contract）的形式实施开发控制与具体项目的建设，合同包含具体建筑的设计以及投资开发方式，在实施战略性项目的同时减轻了财政负担。

注释6-8 英国规划义务相关资料

规划义务，也称为第106条协议（基于英国《1990城镇规划与乡村计划法》的该部分），是地方当局与开发商之间达成的私人协议，可以附加到规划许可中以进行可接受的开发，否则在开发中是不可接受的规划条款。土地本身（而不是土地开发的个人或组织）受第106条协议的约束，任何未来的所有者都需要考虑到这一点。

规划义务用于三个目的：
- 规定发展的性质（例如，要求一定比例的可支付住房）；
- 补偿开发项目造成的损失或损坏（例如，开放空间的损失）；
- 减轻发展的影响（例如，通过增加公共交通设施）。

来源：https://www.legislation.gov.uk/ukpga/1990/8/contents（作者翻译）

以Bridport Vearse农场土地开发为例：

Vearse农场场地总面积为50.2公顷，由耕地和牧场组成，位于西多塞特郡Bridport镇的西部边缘，场地地形陡峭，而且位于西门河及其相关的洪泛区的北部边缘。Bridport镇位于西多塞特郡自然风光优美地区（AONB）之内，在历史上是生产绳索、麻线、网和帆布的重要中心。

起初开发商Hallam Land Management希望在Vearse农场建造760所房屋，以及养老院、学校和其他设施。2015年提交的规划设计申请引来了700份反对提案的请愿书。反对意见主要围绕乡村风貌保护、交通影响、洪水淹没影响等主要议题。此后开发商与地方规划当局和专家进行了"广泛磋商，并进行了许多讨论"，并提供了更新的总体规划。同时基于《1990年城镇规划与乡村计划法》第106条的协议，对改善交通、教育，提供就业机会，减少对环境的影响等方面提出了八项内容：

1. 改善迈尔斯十字路口的新环形交叉口；
2. 提供新的行人/自行车通道；
3. 提供新的满足1FE标准的小学（有能力扩大到2FE）；
4. 提供35%的社会性住宅/提供30%面向中收入阶层的租赁住宅）；
5. 自建住房的要素；
6. 4公顷的就业用地（包括社区主导单位），提供可增加的儿童玩耍场地给社区进行分配；

---

① 根据1986年的调查，加州福尼亚州30%的市和37%的县都使用了开发协定。2004年，加利福尼亚、夏威夷、佛罗里达、爱达荷、马里兰、内华达等州均已制定了有关开发协定的法律条例。

7. 对场外基础设施的贡献,包括教育、休闲中心、医疗中心和博物馆;
8. 战略性景观美化、景观缓解和休闲活动(林地小径)。

2017年11月3日,西多塞特郡议会规划委员会批准了Bridport的Vearse Farm规划开发申请。

来源:http://www.bridport-tc.gov.uk/(作者翻译)

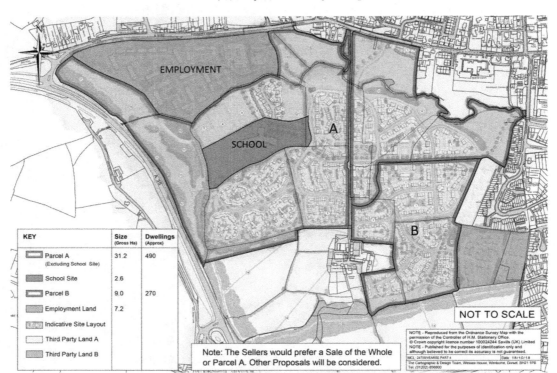

图6-4 英国Bridport Vearse农场范围图

来源:http://www.bridport-tc.gov.uk/

6.5.2 开发建设协议的法律含义

开发建设协议作为行政协议(Contract)的一种形式①,是市场经济理念,特别是契约理论向公共管理领域渗透的结果。行政协议具有两面性,即作为行政管理方式"行政性"的一面,和作为公私合意产物"合同性"的一面。

开发建设协议在价值取向方面注重保护公共利益,行政主体与开发商或者个人签订协议的目的在于满足公共利益的需要,所以行政主体对

---

① 行政协议(Contract)是指带有行政性质的合同,是行政机关之间,或行政机关与个人、组织之间,为实现国家行政管理的某些目标,而依法签订的协议,详见王利明《民法总则研究》,中国人民大学出版社2003年版。

于签订与履行应当享有优益权①。由于开发建设协议是双方协商而形成的,行政相对人不能就此提出申诉(张祺炜,金保阳,2018)。开发建设协议是一种有效的行政手段,但是针对开发活动的行政协议往往超出了开发许可的范畴,目前在法理上也存在各种争议,例如内容的合理性,资金收益的支出状况,协商周期是否过长以及协商程序是否民主等。因此有学者认为这是一种越权立法(Ultra vires of the planning legislation)②。

6.5.3 开发建设协议的对象

开发建设协议的具体实施和内容在操作层面由规划管理人员的自由裁量权决定,并且将开发许可条件延伸到与规划编制无关的领域,从而实现多元化的目标。

在实践中,规划条件以及规划协议公共还原的内容分为以下几类,在实现公共还原方面发挥着重要的作用(Healey P, Purdue M, Ennis F, 1995)。

(1) 社会义务

许多国家在给予开发者一定程度的容积率等许可优惠的同时,要求由开发者适当地承担一部分本来由政府或全社会承担的建设项目,例如经济性住房或其他大型文化公共设施;或在开发项目内提供一定比例的中低收入住房③。

(2) 建设资金/开发费

在某些项目中,规划部门往往会要求开发者直接负担地块公共建设的资金。这个资金和税费是截然不同的概念,税费是普遍性的,而建设资金往往是针对某个项目而设定的。

(3) 基础及公共设施

由开发者承担基础及公共设施也是公共还原的一种形式。开发商负担的设施包括给排水、垃圾处理、市政道路等市政设施,或者幼儿园、社区活动中心、文化中心等公共设施,以及公共绿地、广场、社区公园、滨水绿化等公共空间。

(4) 开发方式

规划部门还可以通过约束条件使开发以政府便于管理的方式进行,

---

① 行政优益权由行政优先权和行政受益权组合构成。
② Stephen Crow CB, 2001. The planning system as a control system[M]. Cardiff university.
③ 例如英国将社会义务与开发项目捆绑。在伦敦地区的规划许可中,大型房地产开发项目的可支付住房比例可能被要求达到整个项目的50%;在伦敦以外的地区,可支付住房比例可能被要求占整个项目的30%。这是英国政府应对社会问题的办法。

如分期开发;或约定开发商在建筑物使用期内履行物业管理的职责,或规定后续的房产所有者进行建筑时必须符合绿色建筑指标,或者强制开发商遵守特定的设计控制。

6.5.4 开发建设协议的制度基础

开发建设协议具有理论上的可能性和现实的必要性,因此在世界范围内得到广泛的运用。理论上,无论一个国家的法制如何健全,以行政命令和强制为特征的行政高权性存在的领域仍然是有限的,依法行政理念为政府与行政相对人进行协商提供了基础和空间(徐博嘉,2013)。尽管双方当事人的行政地位不平等,但也可以赋予相对方程序上的权利,从而增强行政相对人一方讨价还价的能力。现实中,面对复杂性的城市开发建设问题,通过协商谈判而形成的开发建设协议,可以保证基础设施的供给并降低政府的财政压力,并避免由此带来的工期耽误,使一些原本无法获得许可的开发项目去除获得开发活动合法性的障碍,用平等和柔性的方式实现行政目标(Macneil I R,1978)。

但是这种行政自由裁量的特点,也具有不透明性以及行政自由裁量权滥用的可能性,使置身事外的公众对其具有一种天然的抗拒而经常质疑规划部门的决策,对开发建设协议的执行也会带来难度。许多国家和地区都采取各种方式进一步完善和规范开发建设协议,例如通过法规条例明确开发建设协议内容的合理性和确定性,增加程序的透明性等。

6.6 土地契约(土地出让合同/租赁协议)

如果政府掌握土地的所有权,就可以运用土地所有权赋予的权力,在出让土地时以土地契约的方式来进行开发控制。土地契约将租约与开发控制结合起来,允许政府从土地租金(出让金)/保险费(房产税)的途径获得土地的增值收益,是维护开发控制的有效系统。与土地契约相关的规划制度被学者总结为"契约性规划"(Planning by contract),与传统的"法令性规划"(Planning by edict)相区别(Lai L W C,2005)。

6.6.1 土地契约的表现方式

目前世界上仅有以色列、新加坡、我国香港、瑞典斯德哥尔摩、澳大利亚堪培拉和荷兰阿姆斯特丹等少数国家和地区采取土地契约的形式实行开发控制。我国采取国有土地使用权出让制度,国有土地出让合同实质上也是一种土地契约。

对于土地契约的签署,香港多采取的是价高者得的竞标出让(拍卖)或挂牌出让(勾地),新加坡多采取带方案设计的投标出让(表6-3、图6-5)。

表6-3　新加坡阿尔卡夫码头地块出让信息

位置	场地面积	土地利用分区	最大总建筑面积(GFA)	最大建筑高度	预计住房单元数	租期
SengKang Center	37284.8m²[1]	商业&居住	78299m²	64m AMSL[2]	700[3]	99years
Hillview Rise	14296.1m²	居住	40030m²	120m AMSL[2]	535[3]	99years

(1) 进行地籍调查的场地面积;
(2) AMSL 表示高于平均海平面;
(3) 开发商提供的实际住宅单位数量可能有所不同

来源:作者整理

图6-5　新加坡阿尔卡夫码头地块出让信息及建成效果

来源:https://www.ura.gov.sg/Corporate/Land-Sales

6.6.2　土地契约的法律含义

土地契约遵循的是一地一约,最主要的作用是明确批租年限、土地用途等,最初是一种经济合同契约,防止土地投机,确保公共设施的建设用地需求,并使得开发活动可以合理有序地进行。后来,为了通过租约实现政府对空间的控制目标,土地在出让使用权时皆附有规划条件(Lease conditions),包含地块规划许可的内容,形成土地开发条件和经济合同契约的双重控制。

从本质上来说,土地契约是通过城市开发控制对私人财产权进行分配的一种手段。因此,土地契约的法律性质是在租约期内政府和个人之间的民事合同(Civil contract)(Hu E C M,2001)。从法律规定上看,尽管土地契约是民事合同,在签订契约后,作为承租方的政府仍然有权监督租赁方按照契约使用土地;并在租赁方变更土地使用用途后,有权调整合同使用土地。在堪培拉,规划部门可以根据发展的需要修改政策规划和开发规划,但土地租赁合同中规划条件的改变要经过严格的法定程序,必须获得土地部门的同意(Claeys E R,2004)。土地契约还有制裁权,例如在香港,若承租人违反地契合约上的条款,如擅自更改物业用途等,地政署可采取行动,最终可导致政府收回物业产权。

6.6.3 土地契约的对象

土地契约通常包括一般情况和特殊条件。

一般情况包括本金、租金、租赁期限、维修、检查权、违反租赁条件的法律后果等。特殊条件指建筑规约、土地利用、开发条件等方面,基本上包括了土地使用功能、最大及最小的开发量、拟开发的群体建筑之间的关系、开敞空间及道路、建设开工和完工的期限、最低的投资额等条件,必要时还可以提出建筑形象的要求。土地的承租方必须在规划条件内进行开发。

6.6.4 土地契约的制度基础

由于土地契约具有经济合同以及开发许可法定凭证的双重属性,不但可以实现政府公共财政目标,促进城市发展与战略的结合,还可以通过附加社会性条件实现社会公正,是促进可持续发展的有效途径。

但是,土地契约必须依赖于特殊的土地制度,即租赁制度(Leasehold land tenure system)。以堪培拉为例,由于历史原因及特殊的政治经济条件,堪培拉的土地全部归国家所有,土地使用实行租赁制度,租赁期限最长为99年。租赁制与永久产权制度不同,其主要区别在于所有权。租赁制度下,租赁方没有土地所有权,其购买的仅仅是土地在某一个时间段的专有权,包括转让、使用和获得收入的权利。

其次,土地契约能够成功实现最优效率的控制,也有赖于特定的城市发展背景,例如香港一直以来稳定的经济、人口增长预期与稀缺的土地资源(谭峥,2017)。

6.7 本章结语

通过开发控制法定形式的剖析可知,开发控制的法定形式除了案例式的规划行政许可以及通则式的区划赋权许可,还存在其他形式。

工程行政认可是政府内部程序,适用于以公共利益为主体的开发活动,属于技术性协调范畴,通过盖章的形式获得法律上的凭证,但不享有规划申诉权利;法律授权许可适用于负外部性明确且较小的开发活动,能够区分开发者的法律责任以及提高行政效率;区划赋权许可通过立法保护特定利益,简化开发控制的许可程序,但是区划法立法的制度成本较高;规划行政许可是适应性最为广泛的一种方式,由于程序的制定存在自由裁量的空间,因此规划行政许可设定了公示、听证、申诉等一系列的法律程序来保障申请者的利益;行政协议是基于公共利益签订的协议,具有很强的灵活性,但其自由裁量权受到质疑且不具有规划许可条件的法律救济,只能在特殊地区使用;土地契约是民事合同,可以实现政府公共财政的目的,主动引导开发与城市发展战略的结合,并通过附加社会性条款促进社会公正,但受限于特殊的土地所有制。

通则式控制不仅仅包括区划等法定规划对土地开发层面的控制,同时也包括各种政策法规、开发规则对不需要申请许可的小型开发活动的授权许可。对于案例式控制,以公共利益为开发活动主体实行的工程行政认可,与以私人利益为开发活动主体实行的规划行政许可也具有不同的行政程序,通过协商谈判形成的行政协议与兼具经济及民事合同性质的土地契约具有不同的救济权力。如果将"通则式"以及"案例式"作为开发控制的形式进行研究,难以透析开发控制背后的法律意义以及制度基础。

7 典型开发控制形式：美国区划

相比欧洲国家，美国的规制分区可能显得相当的特殊。美国工业化推迟了几十年，但19世纪下半叶城市的迅速膨胀造成了与欧洲大城市类似的噩梦般的状况。与欧洲一样，这导致了城市建设规则的激增，同样面对秩序混乱的问题，美国采取分区的方式将妨害原则拓展到土地利用，以解决土地开发的外部性影响。尽管美国区划在诞生之初，受到德国早期分区管制方式的影响，与欧洲的法律制度有着共同的基础，但是不可否认的是美国区划经过百余年的发展，在分区思想与管制技术上形成了独具一格的特征。

7.1 美国区划的历史渊源

7.1.1 从妨害原则到土地使用分区规制

美国作为一个欧洲殖民国家，许多规则都源于欧洲。关于土地使用的规则，在殖民时期以妨害法的形式出现。私人妨害通常被定义为"对他人的土地、物业或财产造成伤害或滋扰的任何行为"。虽然这一定义反映了一般法院对妨害的基本定义，但它过于笼统，以至于无法发挥特别的作用(Wilson W H, 1970)。因为任何事物是否令人讨厌，不仅仅是由事物本身的特性来决定，同时也要由事物所处的环境来决定。如日常生活中，废物和垃圾会被扔到有人居住的地区以外，也许是在一个特定的或指定的地区，这样它们就不会被认为有害。

由于需要清洁的饮用水和烹调用水，通常需要在下游进行屠宰、洗衣和洗浴等活动，如若在上游进行这些活动则会被认为是公共妨害。根据惯例或规定，某些活动或更专业化的职业活动需要在特定区域内进行，或完全在定居点之外进行，在那里气味、鲜血和火灾威胁将会较少。正如美国最高法院在"欧几里得村"一案中有一句著名的话："讨厌的东西可能只是在错误的地方做了正确的事情——就像客厅里的猪而不是谷仓院子里的猪。"(Fluck T A, 1986)

因此，利用妨害原则进行决策，无法给出一个始终适用于所有情况的精确的技术定义，即使是政府对公共妨害行为进行裁决，同样面临哪些是公共妨害，哪些不是公共妨害的问题。并且妨害取决于受影响方的诉讼，其影响是有限的。尽管妨害条例是一种事后、被动、局部和零星的管理方式，但在前工业化社会中非常有效。随着城市化程度的提高、经济体系的复杂化，妨害诉讼的效果越来越差。基于妨害原则的土地使用管制法律逐渐产生。美国早期的妨害条例用于管制有害的贸易和活动，有时甚至完全禁止它们进入城市。例如，1692年，马萨诸塞州通过了一项法律，将某些有害用途，如屠宰场、蒸馏器和牛脂加工厂限制在城市的特殊区域。1703年，纽约的一项法律规定，诸如蒸馏白酒和制造石灰石等有害活动必须在离市政厅至少半英里的地方进行(Hall P, et al., 2010)。起初土地管制遵循英国普通妨害法的传统，这些主要是"负面"工具，但逐渐地，土地使用控制发展成为更积极的规划工具。例如，1867年，旧金山通过了一项法令，禁止在城市的某些区域建造屠宰场、生猪储存设施和皮革加工厂。虽然有妨害法的传统，但该条例值得注意，因为它是"预防而非事后处理，并按城市的实际面积限制土地使用"；因此，它"为美国土地使用分区的进一步发展奠定了基础"(Cullingworth B, et al., 2013)。英国妨害法与建筑法对美国区划起源有着直接的影响。事实上，洛杉矶早在19世纪已有"初步分区迹象"出现，分区活动的特殊形式是由当地环境的特殊性发展而来。洛杉矶的区划历史演变更清晰地展示了美国从妨害制度拓展到土地使用管制的过程。19世纪，洛杉矶采用复杂的且不协调的基于妨害的卫生条例，以防火限制和单一意图区作为调解冲突、维护和改善公共卫生和福祉的手段。

(1) 防火区

为防止城市火灾蔓延，在早期的土地使用管制中，控制建筑材料和建筑用途的权力是最著名和最普遍的。被誉为"美国区划之父"的Edward Bassett称其为"不完全分区"，但也是"一种真正的分区形式，因为不同的地区有不同的规定"(Bassett E M, 1940)。洛杉矶的防火限制最早是在1855年修订的条例中确立的，包含两个分区：限制严格的中央防火区，及限制较小的一般防火区。以广场区域(Plaza area)为中心的区域限制更严格。到了1860年，又增加了一部分具体限制内容，限制存放超过一吨的易燃材料，如干草、稻草等。为了跟上城市中心商业增长和建设，市议会不断调整防火分区的边界。在1910年的条例中，大部分早期的一般防火区都被并入了限制严格的中央防火区(图7-1)。

防火条例中列出了一般范围内的非法行为，例如，储存超过一定量的易燃材料，制造酸或爆炸材料。此外，在防火限制区#1(规模较小、图上的深灰色区)，条例还制定了一个建筑规范，只有不可燃材料才能用于新的建筑或附加设施，同时，也详细说明了墙、屋顶、窗户、门廊以及砖和砂浆的质量，并禁止露天焚烧垃圾。

7 典型开发控制形式：美国区划

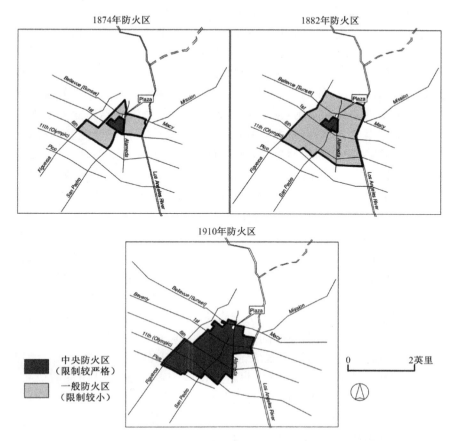

图 7-1 洛杉矶市中心的中央防火区和一般防火区边界演变

注：1874 年和 1882 年的图中，小的中央防火区（深灰色）注为 1 区，一般防火区（浅灰色）注为 2 区。1910 年图中，仅描绘了防火区 1 区（深灰色），此时防火条例仅适用于最危险、最易燃易爆的场所，并将早期的 2 区纳入 1 区，而其他区域已经开始建立居住区和工业区进行管制。

来源：Kolnick K A, 2008. Order before zoning: Land use regulation in Los Angeles, 1880-1915[M]. Los Angeles: University of Southern California.

可见，当时的规定已经以法律规则的形式直接干预建筑与土地使用了，可以视为土地使用（用途）管制的起源之一。分区范围及边界不是固定的，而是随着规制对象变化和规制目标而动态的调整。

（2）单一用途区

最初的城市防火限制为城市的商业核心提供了有限的保护，主要是防止毁灭性的火灾。在中央商业区外，主要的公共规制手段是通过公共或私人妨害诉讼来区分用途。从 1880 年代到 20 世纪初，居民们越来越频繁地使用请愿程序，向市议会请愿，要求市议会设立各种单一用途的区域限制特定用途,以保护他们的家园和企业。例如,将几乎所有的妓院都集中在老广场以北、唐人街附近的地区——一个低收入的社区——这里后来成了红灯区。与疾病和死亡有关的土地使用,如墓地、停尸房(或提供停尸服务)等用途都逐渐被分割出城市。还有非疾病性质的医疗护理也会遭受居民抗议,如妇产医院中病人的呻吟声被认为是一种妨害。还有对城市动物的分区限制,如商业马厩、奶牛场、畜牧场这些企业要么在居住区中获得豁免,要么被并入新的工业区,要么被要求搬迁。另外,居民通常饲养鸡、鸽子和其他鸟类,当它们被允许在室外游荡,产生太多噪声,或者被安置在邻近房屋附近时,居民就会提出请求,最终形成了鸡区,圈定了饲养鸡群的数量和条件(Kolnick K A,2008)。可见,建立不同类型的规制分区逐渐成为一种普遍工具。

在这些单一用途区中,规定了一种用途或排除特定的用途,对此批判较多的是它造成了种族隔离。从1870年到1890年,来自中国的洗衣工人占加州洗衣工人总数的69%到78%,洗衣店的密度、垃圾、下水道和排水问题都很严重,对此,市民不断地投诉,市政当局也采用了各种各样的方法限制华人洗衣店,最初要求洗衣店符合卫生和安全条例,包括供水和下水道的连接,以及对营业时间进行限制;后来通过附加法令设立华人洗衣店可以或禁止经营的特定区域,如禁止洗衣店在距离教堂、校舍、酒店或住宅250英尺的范围内经营,并对违反规定的轻罪处以罚款或监禁。排斥华人洗衣店的做法,虽然存在着种族歧视及部分偏见,但是究其分区的原因,洗衣店与屠宰场、墓地、商业奶牛场等用途一样,其本身就被部分人视为一种滋扰,应当受到严格的管制。

最终,1904年,洛杉矶市议会通过了第9774号法令,在第一、第二和第三个选区(Ward)设立居住区(图7-2)。

(3) 1908年建立工业区

洛杉矶1904年出台的居住区法令被视为美国第一个土地使用限制法,旨在限制居住区中的工业用途,然而这种逐案排除的方式并没有有效解决控制工业地点的问题。四年后,洛杉矶建立了六个工业区。到1909年,洛杉矶将其妨害法扩展到几乎完全将其领土划分为三种类型的地区:"居住区""居住区例外"和"工业区"。居住区例外是为了保护居住区内现有商业,这个概念与今天所说的"不一致的用途"相似,即允许以前合法的商业用途继续运营,只要用途、建筑等没有重大变化,且附近的大多数业主没有反对。

在接下来的几年中,随着洛杉矶在创建分区方面积累了经验,市议会成员创建了更广泛、更细致的行业类别清单。最早的例子可以在1911年3月的一份报告中看到,市议会成立了一个委员会,在对城市内的土地用

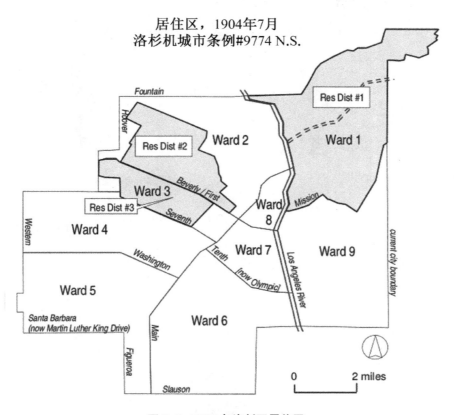

图 7-2　1904 年洛杉矶居住区

来源：Kolnick K A, 2008. Order before zoning: Land use regulation in Los Angeles, 1880-1915[M]. Los Angeles: University of Southern California.

途进行了非常彻底的调查之后，委员会提出了一项建议，首先创建三类工业，然后为每一类工业拟定适当的区域边界（图7-3）。

总体而言，1921年以前洛杉矶土地管制是英国妨害法的延伸，对用途的管制超越了传统建筑法规，并扩大到区域层面，通过分区来进行土地使用（用途）管制，用法律平衡个人与社区利益。早期的区划是一种自下而上的利益协调，相关条例随着城市发展逐渐完善。洛杉矶的区划尝试使得州法院基本确定了区划作为市政职能的合法性，为以后接受越来越复杂的区划奠定了基础。并且，洛杉矶的区划经验在一定程度上为纽约市的区划树立了先例。纽约1916年的区划条例是一个参考当时大部分已有区划城市经验而形成的（其中包括洛杉矶）综合性典型案例。纽约基本上采用并间接推广了洛杉矶的居住分区模式，并且赢得了开发商和业主的政治支持（Weiss M A，1997）。

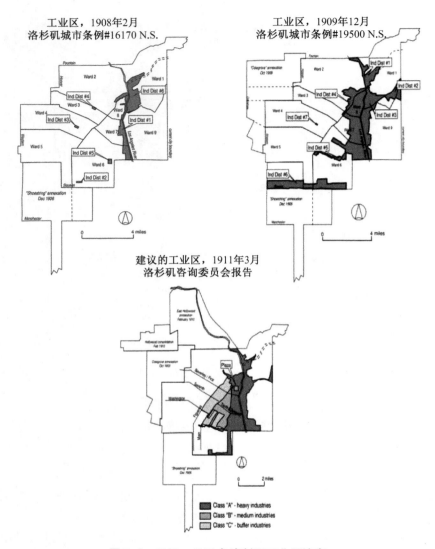

图 7-3 1908—1911 年洛杉矶工业区演变

来源：Kolnick K A, 2008. Order before zoning: Land use regulation in Los Angeles, 1880-1915[M]. Los Angeles: University of Southern California.

7.1.2 从建筑规则到分区规则

1866 年，为改善纽约城市公共卫生，纽约出台《1867 公寓住房法》（Tenement House Act of 1867），这是美国第一部综合性住房法案，标志着"对低成本住房进行公共干预的开始"。其对新建公寓的消防、通风采光和卫生设施作出相应限定。随后，几次公寓住房法案的修订让纽约的官员、专业人士和房地产界具备了立法和技术经验,也为20世纪美国第一个综合性区划法的出台奠定了基础。值得一提的是,纽约州的《1901公寓住房法》(Tenement House Act of 1901)对住房改革影响重大,法案要求哑铃式住宅的采光井要扩大到规定尺度,最小面积限定为内凹式(12×24)平方英尺,内院式(24×24)平方英尺,当建筑高度超过60英尺时,院落面积必须进一步加大;每套居住单位都必须配备卫生间,每个房间均需自然采光;建筑高度不可超过街道宽度的4/3(洪文迁,2010)。19世纪纽约公寓住宅平面的演变如图7-4所示。

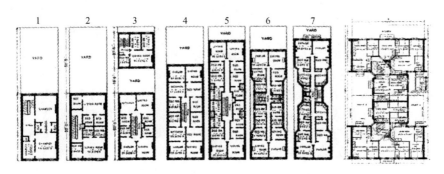

图7-4 19世纪纽约公寓住宅平面演变
来源:洪文迁,2010.纽约大都市规划百年[M].厦门:厦门大学出版社.

纽约的住房法对于建筑的相关规定,不仅拉开了纽约对建筑进行公共管制的序幕,也直接影响到纽约《1916建设分区规例》(Building Zone Resolution 1916)(以下简称"1916纽约区划"),其中关于庭、院等的规定以及根据街道宽度制定建筑高度的管制原则也一直在后续的纽约区划的分区规则中得到延续。

7.1.3 从私人契约到公共管制

美国作为一个年轻的国家,不像欧洲各国有着专制政权统治的历史,美国历来更加强调保障个人与财产主权。欧洲的城市改革更多是由皇室官僚推行的,市政公司也是在皇室授权下自治,两级权力矛盾长期存在;而在美国,私人运动发挥了主导作用。

1826年,当时一个"业主委员会"聚集在一起,寻求保护高档住宅区路易斯堡广场的特征(Stillman P G,1997)。逐渐地,业主委员会制定的住房契约在19世纪下半叶得到广泛应用。一些契约涉及美学、标志、土地使用和其他看似无害的问题,这些问题被认为会降低房屋价值,必须得到解决。例如,他们禁止出售或转换住宅物业用途,禁止设立围栏和广告牌,要求一定的退让,规定高度,规定每块地不得建造一栋以上的房子,强制修剪草坪,并把晾衣绳挂在后院等(Johnston J,Johnston-Dodds K,2002)。

1900年后,房地产行业的一系列变革实现并推动了社区建设者的崛起,包括机构抵押贷款融资、产权保险和信托公司以及运输和公用事业服务的同步增长。住宅开发的规模,尤其是在1920年代迅速变得更大、更制度化、更经济一体化。在《社区建设者的崛起:美国房地产业和城市土地规划》一书中,Weiss展示了社区建设者是如何帮助实施契约限制、区划、细分法规和其他土地开发控制的(Weiss M A,2002)。事实证明,通过私人契约来限制和隔离土地使用及建筑类型的住宅区,对潜在买家展现出了强烈的吸引力。然而,私人契约限制仍然存在较大的缺陷。韦斯总结为以下七点:①一旦土地被细分并出售给不同的所有者,它们就很难再建立契约,因此,它们就能很容易地应用于新的细分领域。②私人契约通常很难通过城市法院执行,财产所有者不能确定它们未来的效力。③它们通常被认为只能在有限的几年内合法实施,届时限制将完全失效,该地区将正式处于无保护状态。④它们缺乏灵活性。一旦写入原始契约,它们就极难改变,即使在新的和不可预见的情况下必须进行某些修改。⑤它们只适用于单个所有者可以控制的地块。受限制的区域周围的所有土地可以保持不受限制,可能导致该区域的边界地区受到"不受欢迎的"用途包围。⑥即使契约限制适用于许多土地,但每个细分者会使用不同的标准,私人契约之间缺乏一致性。⑦除了私人限制和不受限制的土地使用之间缺乏协调之外,受限制的区域与公共土地使用和未来的公共土地使用计划也不协调(Weiss M A,1986)。

可见,尽管私人契约以及妨害法、建筑法都是美国区划之前的土地使用管制工具,但是,妨害法和私人契约都是在私人行为者的倡议和执行下逐案运作的,即使它们的目的是相似的,但是两种方式所影响的规模和范围有限,与之后政府与规划者建立的土地使用分区管制有着根本的不同(Baics G,Meisterlin L,2016)。而统一的建筑法也并不能带有理想的有序状态。私人开发商逐渐意识到公共管制和规划的潜力,可以合理调整私人成本,提高销售价格,稳定长期价值。私人开发商最多只能控制自己公司直接拥有或根据合同开发的土地,但政府通过警察权、征用权、税收权和支出权,可以行使更大程度的控制。因此,社区建设者希望通过公共分区来填补私人限制的不足所留下的空白。他们认为,他们的利益将在公共规划过程中得到充分代表,使他们能够继续对开发和销售竞争行使大量私人控制权(Baics G,Meisterlin L,2016)。如洛杉矶一直有许多由个人和社区团体发起的草根政治行动,奠定了土地使用管制的基础。早期开发商和业主试图通过分区保护高收入住宅区免受其他用途影响,以维持其土地价值(Weiss M A，1986)。例如街道的分类和设计、地块上房屋的布置、地块大小、退让以及用途的分离等许多特征最初都是由私人开发商引入的，后来被公共规划机构采用为规则和原则(Fischler R，1998)。1916年纽约市通过美国第一个综合区划条例，1922年联邦政府推出《国家标准区划授权法案》(A Standard State Zoning Enabling Act)，1926年欧几里得区划正式确立了区划的合宪性。与妨害法和私人契约相比，区划有可能智能和灵活地管理。因此，区划这样一种土地使用管制制度逐渐蔓延到全美国。

7.1.4 从传统欧几里得区划到综合分区管制

20世纪初期区划的目标主要有以下四个：

(1) 控制对健康和安全的威胁。关于人类活动和建筑技术的法规有助于减少火灾、污染和疾病的威胁，如洛杉矶最初的防火分区。

(2) 管理街道和其他空间的质量。退让和高度限制有助于保持空气流通和阳光照射。

(3) 保护一个地区的特色。与最初私人契约目的一致，有助于保持分区特征，如公寓等建筑类型被排除在单户住宅区外。

(4) 提高政府的效率和可靠性。区划条例旨在使市政服务的供应合理化，并最大限度地减少官员的裁量权，从而最大限度地减少滥用权力。

所有这些目标加在一起，实质上在于保护财产所有人，使其免受资产使用和交易价值的损失，以及过度的财政负担，即保持高财产价值和低财产税(Lehavi A，2018)。其中也潜藏一个重要而又没有明示的分区规则，即"排除那些不受欢迎的人或土地类型，从而对现状加以保护"(Cullingworth B, et al., 2013)。

事实上，包括欧几里得区划在内的大部分区划条例都是以《1916纽约区划规例》为参考制定的。通过对土地用途的分离、对建筑高度的控制以及建筑退缩规定，在一定程度上是能够实现上述四个主要目标的。然而，传统区划也存在着比较大的局限与问题。如根据1958年由建筑设计公司VoorheesWalker Smith & Smith完成的咨询报告《纽约市区划》(Zoning New York City)，1916纽约区划存在过度分区现象，其划分的居住区，如果在法律允许的范围内建设，可以容纳5000万居民和2.5亿人在纽约工作，而当时纽约大约只有800万人居住，400万人工作。用途分区并没有真正规定兼容用途的逻辑分组，例如允许制造、仓储和其他不适当用途的商业区；各种零售区在本质上是商业类别的工业区，在加工方面的限制略少；无限制区通常都紧邻居住区，仍然可以进行任何用途。另外，随着区划决议和分区图的修订，到1958年为止，已经存在超过1000

个可能的用途、高度与场地分区的组合，三套分区图的形式使得区划的使用变得尤其的复杂与难以理解（Voorhees Walker Smith & Smith，1958）。因此，《1916 纽约区划规例》已经过时了，需要进行重新分区。

总而言之，传统区划普遍存在用途分离、控制方式消极、缺乏灵活性等问题，在 20 世纪中期以后，传统区划的问题逐渐暴露出来，由此受到广泛批评。对区划的批评包括约翰·雷普斯的《区划安魂曲》（*Requiem for zoning*）（Reps J W，1964），巴布科克的《区划游戏》（*The Zoning Game*）（Hagman D G，Babcock R F，1967），曼德尔克的《区划困境》（*The Zoning Dilemma*）（Armstrong M F，1971）等。最初的补救措施在于提升区划的灵活性。在二战刚结束时，第一个引入的技术是"特殊用途"或"有条件使用"许可。1957 年，芝加哥为制造区引入了"释放标准"（Performance standards）。增加灵活性的其他尝试包括规划单元开发（Planned united development，PUD）和相关变体（PAD、PD、PCD 等）、叠加分区、浮动区、容积率，以及在英国简化的规划区（Simplified planning zones）。复杂的重叠区、规划单元条例和其他自由裁量审查（即使作为法律法规的一部分）意味着对于区划有足够的解释空间，之后自由裁量审查成为一种固有的方式（Talen E，2012）。

随着各类型新兴分区技术的兴起，美国许多城市都进行了重新分区，使得区划更加灵活、更加积极、更加有效。美国区划的历史经验表明，除了那些明确基于种族或阶级的区划法规，大多数区划法规都有利于土地使用的多样性。例如，自 1957 年芝加哥市新的区划条例颁布以来，美国各个地方政府在引入新的区划控制指标的同时，根据地方特点，不断引入新的区划技术和区划类型，以适应新的社会、经济、技术发展的要求和人们认识的变化（李恒，2007）。纽约于 1961 年进行了重新分区，把 1916 纽约区划决议的"三张图"合并为"一张图"，其现行区划条例仍是《1961 纽约区划规例》（以下简称"1961 纽约区划"）的修订版。

自 1980 年代以来，在反思城市蔓延而产生的各种问题时，精明增长和新城市主义有一个很重要的价值观就是如何实现可持续发展。新的基于形态的分区规则试图将新城市主义者的混合使用和可步行性原则纳入区划条例中，取代传统的基于用途的分区。采取横断面的概念作为条例制定的参考基准，它也是可持续发展观念在城乡规划中的重要落点（戚冬瑾，周剑云，2013）。

21 世纪，洛杉矶率先再次进行了区划的全面修订。洛杉矶现行区划是 1946 年的修订版，在 1946 年之后的 60 余年里，洛杉矶的人口增加了一倍多。在此期间，整个社区在人口和物质上都发生了彻底的变化，商业和活动中心已经多次转移。为了应对城市发展的快速变化，2013 年起，洛杉矶城市规划局开始着手创建一个现代化、高效的区划系统,其关键工作就是简化和澄清现有的区划条例。通过创新规划管制工具,即新区划体系,将原有"多层"分区对应的多重规则进行整合提升,通过规则的叠加组合,合并为"一张图"的综合分区,最终将形成一种更直观易用的新分区代码及代码对应的管制规则。新综合分区系统是一种可拓展、可组合的灵活的分区系统。既简化保留了原有用途的管制要求,又拓展了形态、沿街面等新的管制内容,模块化的组合形式相当于为土地分区集成了一个丰富的分区规则库,可以满足未来城市的多元性管理需求,在现有的综合分区的实践中,具有极大的先进性(陈璐,周剑云,庞晓媚,2022)。

事实上,作为一项土地使用的管制规则,和其他法律一样,为了应对城市发展的不同需求和快速变化,区划法规也需要不定时地修改,并最终被新的法律所取代。通过对美国综合分区的历史发展过程进行深入的研究,有利于更准确地认识分区工具与分区目的及城市发展目标之间的关联性。

7.2 区划的制度特点

7.2.1 区划的权力来源——警察权的拓展

区划和公共卫生法有着相同的祖先——州和地方警察权以及围绕公共妨害法的公共卫生原则(图7-5)。在公共妨害普通法的基础上,早期的公共卫生法令如上文提到的纽约《1901公寓住房法》,通过禁止某些对公众造成损害的活动间接管制土地使用。而警察权是保护国家及其人民免受公共健康和安全威胁的权力。"警察权"一词源于有组织的警察部队的发展,直到后殖民时期才发展起来。在殖民时期,警察权力被用来控制妨害,例如控制污染城镇空气和水的制革厂,防止销售劣质食品,以及隔离感染传染病的人。许多殖民地都有活跃的卫生委员会来管理警察权力。这是殖民时期的主要政府职能之一。

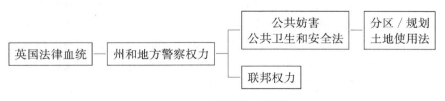

图7-5 区划的权力来源

来源:Schilling J, Linton L S, 2005. The public health roots of zoning: in Search of Active Living's Legal Genealogy[J]. American Journal of Preventive Medicine, 28(2): 96-104.

美国宪法将未明确授予联邦政府的剩余权力保留给各州。各州拥有广泛的管制权力（通常称为"警察权"）以保护公民的健康、安全、道德和普遍福利。当警察权力的行使受到质疑时，法院将审查这些州和地方法律是否与警察权力的有限目的有合理关系。随着警察权力的演变，各州将某些权力下放给地方政府。现在几乎所有的州都通过以下方式将区划权授予地方政府：①州宪法和法规授予地方政府对市政事务的广泛权力；②授权地方政府制定分区、细分条例，以及其他土地使用条例（Schilling J，Linton L S，2005）。规制分区是从公共权利的角度出发，旨在阻止不合理地干涉他人权利（即私人妨害）或公众权利（即公共妨害）的活动或行为。其中至关重要的一项公权力就是警察权。在美国宪法中，警察权是各州在其领土内规范行为和执行秩序以保护公民的健康、安全、道德和普遍福利的管制权力（Cook W W，1907）。

警察权本质上是行政权力，而不是立法或司法权力，即为了促进公共福利而行使控制权（Cook W W，1907）。作为一项国家授予政府的剩余权力，其目的主要在于促进居民的公共福利。例如州立法机构颁布法令，规定某一事物应被视为妨害，并且可以由适当的行政官员消除，那么这位官员在消除妨害时就行使了国家的警察权。因此，区划通过在空间上安排土地用途，以尽量减少潜在的公共妨害，被认定为警察权的行使（Bassett E M，1922）。

美国区划作为警察权的应用就意味着其核心的立法依据必然是保障公共利益，以显示分区权力的合宪性。区划基于"促进健康、安全、道德或者社区公共福利"等普遍性目的，根据用途、建筑高度、建筑体量以及院落开放空间等多种维度将城市划分为各个分区，在同一个分区内，建筑开发与土地使用相关活动的规则保持一致。区划不仅规制了公众的土地使用与开发行为，同时也规制了政府的行政行为及相关行为后果，赋予了其实体性的管理权。

7.2.2 区划与规划的联系与差别

规划与区划最初都是为了解决工业革命之后城市快速增长带来的一系列城市秩序失控的问题，二者的法律目的也基本一致，都是以公共利益为基础。如英国《1909住房与城镇规划诸法》的目的大致可以概括为确保家庭健康、房屋美观、城镇宜人、城市威严、郊区卫生（Cullingworth B，Nadin V，2015）。而1926年美国商务部颁布的《标准州区划授权法案》则明确了制定分区的目的是"为了促进健康、安全、道德或者社区公共福利，授权城市对建筑物和其他构筑物的高度、层数、规模、占地比，院、庭和其他开放空间的大小，人口密度，建筑物和构筑物的位置和使用，用于贸易、工业、居住和其他用途的土地等方面制定相关的规则和限制性条款"。英国城市规划和区划几乎同一时间诞生，作为解决社会秩序的管制工具，两者出发点是一致的；但在美国，这是两种不同的工具，这一点从美国1920年代先后颁布的《标准州区划授权法案》及《标准州城市规划授权法案》可以看出。但事实上，规划与区划的关系非常紧密，随着历史发展不断地交流碰撞。

简而言之，区划不是规划，而是一种可以直接进行土地使用的管制工具，可以独立于规划而存在，是美国土地使用管制的典型法律。美国区划的本质是一种规制分区，通过划分分区建立不同的分区规则，作为法律实施管制。并且，区划即可以作为独立于规划的法律类型，直接用于土地使用管制，也可以作为落实规划目标的规制工具。例如，纽约区划就是一部独立于规划的法律形式，不仅约束土地开发与使用行为，同时也约束开发管理行为，如城市规划委员会与标准及上诉理事会批准特别许可的行为（黎淑翎，陈璐，于萍萍，2018）。而洛杉矶的区划历史显示了其从一种直接进行土地使用的、较为被动的管制工具，逐渐演变成为更加主动的规划管制工具（陈璐，周剑云，庞晓媚，2022）。只要有一个目标就可以设立一个分区，制定相应的分区规则。例如，1904年洛杉矶为保护其居住区免受工业的侵害而出台了居住区法令，设立了三个居住区，建立了相应的管制规则。对于许多美国城市而言，早期只有土地使用分区，而并没有全面的总体规划。

区划条例并不是以土地利用规划为基础的，即并没有用来帮助实施社区发展规划，而仅仅是面向实际问题。但随着时间的推移，区划也可以作为实施规划的管制工具，落实规划目标。美国的宪法会通过权力在不同层级政府中的分配，有效保障区域和地方政府的自治权。美国没有国家层面的规划体系，制定规划和实施规划基本是地方事务，土地利用控制是地方的责任。当然，对于一些区域和国家层面的基础设施和规划事务，地方政府的决策是不够的，还是需要上级政府的协调和决定。近年来，联邦政府对公路、水和环境事务的参与越来越积极，州也开始介入土地利用规划（黎淑翎，陈璐，于萍萍，2018）。而如今，规划与区划的联系已经非常紧密，规划和区划是分开的功能，但作为实现高质量社区计划的一部分，它们是一起工作的。规划为城市或社区提供发展愿景，有着更广泛的内涵，而区划只是帮助实现这一愿景的几种工具之一。

7.2.3 区划制度的普适性

区划法规最初被设计为一项"自我实施"（Self-executing）的制度，即区划法规条文和区划图本身就能清晰、详细地表示允许的土地使用，疑问或裁量的空间很少(Cullingworth B，Caves R，2013)。在"自我实施"的区划制度下，对区划法规的采纳就意味着地方政府已经做出了土地开发的决策(Faludi A，1986)

1961纽约区划把区划制度"自我实施"的特征内容明确为一种"当然权利"(As-of-right)，也被称为规制型分区(Regulatory zoning)，是基于文本和图，以规范性规则的形式来明确地块上允许的开发活动，即符合当然权利的开发不需要获得行政许可。改变的唯一途径是区划条例的修正或变通。规则式分区最大限度地提高了确定性，将具体的开发决策与预先设定好的法规联系起来，在分区文本中有明确和精确的规定，使用的是规范性规则。

基于规则的分区被称为"当然权利"(As-of-right)分区，这一点与英国《1947城乡规划法》确立开发权国有化后设立普遍性"规划许可"制度不同。柯武刚和史漫飞认为"有效制度"(Effective institutions)的一个基本属性是"普适性"(Universality)，包含了三个准则：通用性、确定性和开放性(Kasper W，Streit M E，1999)。基于这三项准则，下文将分析区划"自我实施"制度需要哪些特点以保障其制度的有效性。

有效制度普适性的第一个准则是"通用性"(Generality)，即对未知的、数目不确定的个人或情况无差别地适用。对于区划而言，法律保护的平等原则要求区划法规具有综合性(Comprehensiveness)和适用的一致性(Uniformity of application)，避免任何团体受到过度的偏袒或歧视(Rose J G，2013)。因此，区划法规是一种通则式的规定，对所有同类分区，具有相同管控目标的建筑或土地都采用一致的规则。个案式的、临时性的决定，与综合规划不相符的，或以个别财产权益凌驾于公共利益之上的情况，如"点状区划"(Spot zoning)，都违反了一致性条款(Uniformity clause)。

有效制度普适性的第二个准则是"确定性"(Certainty)。确定性的最大化依赖于可认知的(Knowledgeable)、清晰的规则，对未来情况的可靠指引，让人们知晓违反规则的后果。基于这一准则，不难理解，区划的"自我实施"制度要求法律规则是规定性的(Prescriptive)，这种预先规制的条文必须具体、精确和严谨。这就决定了区划法规必须采用严谨的法律语言，并且明晰违法和处罚的认定。同时也要求区划法规的文本结构和条文编排清晰易懂，索引查阅方式便捷，使法规的广泛使用者容易理解相关的规定，鼓励合法的开发活动和广泛的公众参与。

有效制度普适性的第三个准则是"开放性"(Open)，允许行动者在遇到新情况时采取创新的行动。这一点对于区划法规而言尤为重要，也与上述"一致性"的特征关系密切。两项宪法原则使区划的运作产生矛盾，一是在法律保护的平等原则要求下,区划法规的综合性和一致性不可避免的形成僵化的规则,二是正当程序(Due process)原则要求避免过于严苛或不合理的规则剥夺私人财产的使用权利(Rose J G, 2013)。同时,区划作为一种"规制型体系",预先制定的规则不可避免地与城市发展的不确定性和不可预见性产生冲突。因此,区划必须具有开放性,或者"灵活性"(Flexibility)(Faludi A, 1986),如变通和修正等裁量机制。法卢迪(Faludi)指出,没有任何其他地方政府的法规如区划这般,旗帜鲜明地赋予个人提出改变规则的权力。同时他还提出,他所指的灵活性应当严格区别于机会主义(Opportunism)。灵活性是接纳不确定性的,并且对其进行提前思考,在不断变化的世界中尽可能实现确定性。机会主义仅仅是在不确定性发生时作出反应,不能够预见不确定性,不能为之制定规则,并且只能够增加不确定性。机会主义的决定是不愿意或者不能够意识到决策应用的更广泛的影响,不愿意或者不能够同时思考土地制度的整体和单个地块两个层面的问题。由此,本文将区划所需的开放性或灵活性称为"适应性",强调其以稳定的框架适应城市发展不确定性的需求。

纽约区划法规具有严格的违法与处罚规则和清晰、严谨的法律语言,有助于提高它的确定性;提高纽约区划的适应性的方法,譬如特殊情况的预设以及裁量机制,其目的是保持区划的开放性,这也是区划的通用性和确定性的两个特点共同要求的。

7.3 美国区划多层级的裁量机制

作为一种"自我实施"制度,区划制度要求其法规有预先设定的精确的规则,公平性原则也要求其规则的应用是具有普遍性和一致性的。但是,区划制度管控的土地利用和城市开发具有不可预知性、可变性和多样性,预先制定的通则式规则必然会因其僵化的规定导致不适用性,甚至不合法、不合理和不公平。为了避免这些问题,区划法规必须尽可能全面地预设各种可预见的特殊情况,同时形成裁量机制以处理不可预见的或需要谨慎考虑的特殊情况。

以1961纽约区划为例,其条文设置基本上符合它保护公共利益的立法目标,有清晰明确的法规条文界定各类特殊情况和裁量空间,尽可能弥合通则式规则和个体实际开发之间的"空间差异"和"时间差异"。它的裁量规则主要是针对裁决标准等实体性问题,程序性规定比较简洁,更多的是依靠法律效力更高的、主要用于规制政府机构职权的城市宪章来管理。它的裁量机制层级丰富,基本原则是:条件清晰、裁量权小的,程序可以从简；条件宽泛、裁量权大的，需要严格程序来保障。从特殊规则的认定、变通、特别许可到区划修正，裁量权由小及大，而所遵循的程序从简到严(图7-6)。这样既能提高区划法规的灵活性和适应性，保护私人财产的权益，又能保障公共利益和公平性。

同时，在区划法规以外，有控制城市机构职权和程序的各项法规，如城市宪章；有完备的救济和司法审查制度；判例法体系又给法院的审判提供丰富的依据和法律原则；分权体系对各个组成部分形成有效的权力制衡，这些都进一步保障了私人和公共的权益以及公平性。

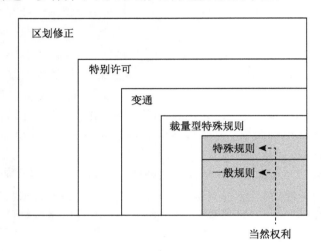

图7-6 纽约区划裁量机制层级
来源：作者绘制

7.3.1 一般规则

1916纽约区划采用的是三套独立的、平行的分区系统：①用途分区(Use districts)，用于管理土地上的建筑用途；②高度分区(Height districts)，旨在控制建筑的体块和高度；③场地分区(Area districts)，是为确定庭(Court)、院(Yard)和开敞空间而设立的(Mandelker D R, et al., 2016)。任何一个开发项目都需要同时服从这三套规则及分区要求(图7-7)。

一个城市的区划管理采用三套不同的分区图，使得查阅特定地块的规划信息变得十分困难，并容易产生混乱。而且，三个地图的分区叠加在一起，实际产生了864种可能的组合(图7-8)，但是其中大部分的组合是毫无意义的(Angotti T, Hanhardt E, 2001)。同时，三套规则体系使法规文本的编排非常复杂。法规使用者必须查阅三套规则的所有条文才能完全掌握一个地块适用的开发规则。

7 典型开发控制形式：美国区划

用途规则	高度规则	场地规则
用途分区图 	高度分区图 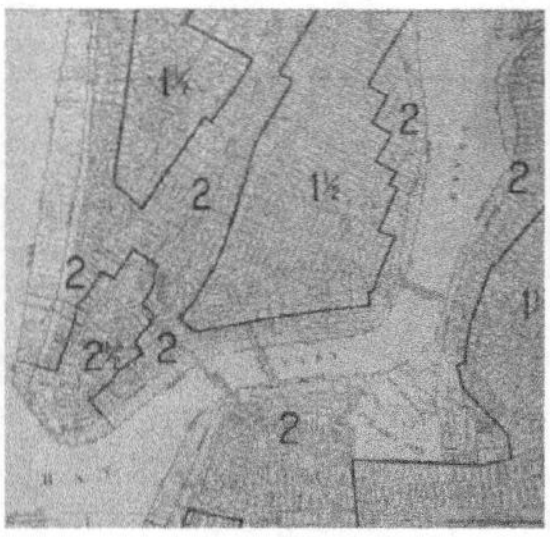	场地分区图 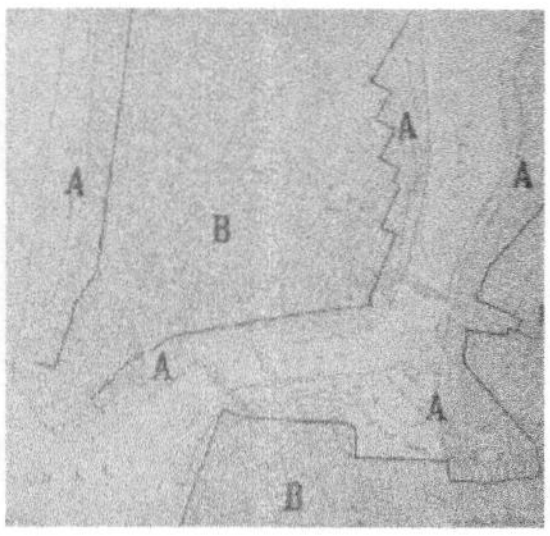

图 7-7 1916 纽约区划的分区体系
来源：作者绘制

图 7-8 1916 纽约区划的三套独立、平行的分区体系
来源：作者绘制

1961 纽约区划采用的是基于用途的"一张图"综合分区体系。分区的基本方法分为三个层次（图 7-9）。

第一层是将城市主导用途分为居住区（R）、商业区（C）和工业区（M）三个大类。这一层的分类没有落实到具体的空间分区，在分区地图上也没有代码为 R、C 和 M 的区域。主导用途分类是制定分区规则的基准和起点。

第二层是在主导用途分类的基础上基于用途特征的分区：①针对居住区的细分标准是按照住宅的类型，将单户独栋住宅分为一类，命名为

119

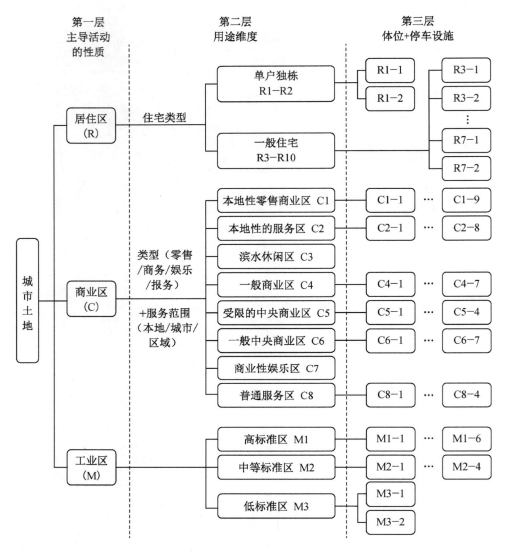

图 7-9 1961 纽约区划"一张图"综合分区体系
来源：作者绘制

R1 和 R2，单户独栋住宅以外的一般住宅分为一类，命名为 R3 至 R10；②针对商业区按照两个维度进行分区，第一个维度是依据"零售"和"服务"两种类型，第二个维度是本地性、一般性（片区、组团）和城市中心三个服务范围，分别命名为本地性零售商业区 C1、本地性的服务区 C2、一般商业区 C4、受限的中央商业区 C5、一般中央商业区 C6 和普通服务区 C8 六种分区类型，考虑城市地段的特殊性增加了滨水休闲区 C3，考虑使用活动的特殊性增加商业性娱乐区 C7；③针对工业区则是按照工业生产过程以及所生产的产品对外部的影响来分区,分别制定了高、中、低三类释放标准,命名为高标准区 M1、中等标准区 M2 和低标准区 M3 三类分区。第二层分区不是用途维度的深化分区,其针对居住区是依据居住空间的特征进行细分,针对商业区是依据空间的目的与作用进行细分,而针对工业区主要是考量空间之间的影响程度进行细分。这种分区建立了用途活动所在的空间之间的关系准则,包括空间的包容性、临近性、隔离等关系规定,也就是说将空间使用活动的关系转化为空间关系。

第三层是按照体位(Bulk,意为"体量和位置")和停车设施控制标准进行分区。比如,R1-1 和 R1-2 均为单户独栋住宅区,两者的区别是户均用地面积标准不同,R1-1 分区中每个居住单元要求 9500 平方英尺的用地,R1-2 分区中每个居住单元要求 5700 平方英尺的用地;R1 至 R10 各分区的建设强度也按分区编码由低至高而增加;C4-1 和 C4-2 的容积率和居住项目的开敞空间率要求不同;M1-1 和 M1-2 的分区标准差异则是容积率和天空曝光面的差异。

1961 纽约区划共有 3 个分区大类(第一层),21 个分区小类(第二层)和 57 个分区亚类(第三层);其中 9 个分区小类未进行第三层次的分类。因此,标记在 1961 区划图上的分区类型共有 66 个。这 66 个地块代码实质上就是开发规则的索引代码,是将地图上的分区与其对应的开发规则进行联系的方式。

1961 纽约区划的分区编码体现了它的综合分区体系的特点。分区编码的第一位分别以"R""C"和"M"代表居住区、商业区和工业区。在居住区中,"R"后面的数字代表它们适用于不同的体位和密度规定,第二位数字代表不同的停车要求。在商业区和工业区中,字母后面的第一位数字代表它们所许可的不同用途,而第二位数字则代表它们允许的最大体量或采用不一致的停车配建标准。例如,C1-2 与 C1-3 分区许可的用途是一致的,但体位或停车规定不相同;在没有第二位数字的分区中,如 C3,则表明所有 C3 分区采用相同的体位和停车规定(Anonymous, 1961)如图 7-10。各类分区的编码在区划图上会重复出现,一个分区类型会覆盖多个边界闭合的地理范围。

1961 纽约区划的各分区规则是统一规则,即全市范围内相同的分区类型采用一致的规则。然而,到了 1960 年代中期,实践证明统一的规则过于僵化,无法适应特定地区的规划目标,需要提高区划规则的灵活性。叠加分区(Overlay zoning)就是一种提高区划灵活性的工具。它设立特别分区(Special districts),针对具有特殊性质的区域制定不同于一般规则的区划规定,以达成特别的管制和规划目标(Barter P A, 2012)。在纽约,叠加分区有两大类,分别是"特别区域规则"(Special area rules)和"特别意图区"(Special purpose districts)。叠加分区的管控技术是美国区划应用比较广泛的一项改良技术,在基础分区之上叠加特别分区,目的是更好地实现更具体的发展目标,由此也可看出,区划是实现规划目标的一项工具。

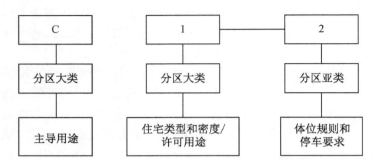

图 7-10　1961 纽约区划分区编码特点
来源:作者绘制

7.3.2　特殊规则

1961 纽约区划中制定了 4 种针对预设的特殊情况的特殊规则,它们是"特别规定"(Special provision)"修订或修改"(Modification)"免除"(Waiver)和"例外"(Exception)。其中部分条款是"当然权利",即它们不需要通过管理机构的裁量,文本中清晰列明了适用条件和特殊指标。这些法定权利中的特殊规定通常是体位规则、停车要求、装卸泊位要求或释放标准,主要针对个别地块由位置、形状和尺寸等物理因素构成的、不能或不宜适用一般规则的特性。

通则式的规定无法全面地囊括所有应该被考虑到的情况,而规则条文的设计必须充分认识到其中的空白,通过特殊规则或特殊程序尽量填补这些空白。1961 纽约区划针对预设的特殊情况制定了 4 种特殊规则,其目的主要有:协调不同规则对同一地块的适用性;保障规则的合理性;使区划法规更好地落实管控目标。这些特殊情况比较容易预测,且适用的条件易于规范,无须施行机构的评估和裁定;另外,这类特殊规则所造成的负面影响较少,不需要施加额外的要求,因此不需要施行机构进行裁量。

(1) 特别规定

"特别规定"主要针对 4 项地块因素:①分区边界线与地块的位置关系;②地块或建筑中的用途组合;③地块尺寸;④地块与街道或公共场地的位置关系(图 7-11)。

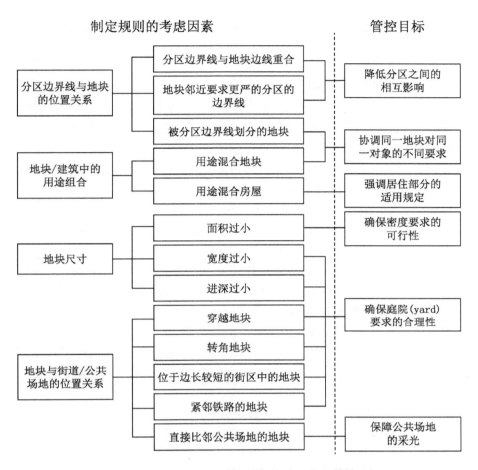

图 7-11 纽约区制定特别规定的考虑因素和管控目标
来源：作者绘制

（2）修订或修改

1961纽约区划中不须经过裁量的规则修订或修改主要针对路外停车要求、院规则、高度及退缩规则，是指在指定的条件下，这些规则与一般性的规定有所差异。

（3）免除

如果某一地块按一般规定计算出的路外停车位数量少于相应的标准，则该地块可以被免除。其原因可能是，这类规定涉及的车位一般处于集合停车设施当中，车库出入口和车行道具有一定的空间需求，车位过少会降低地块空间的利用效率。

（4）例外

"例外"规则指明了特定条文不适用的情况。非裁量型的例外规则基本上是与上述"免除"规则搭配,如指定车位要求不适用免除规则的情况。

7.3.3 裁量型特殊规则

部分特殊规则(特别规定、修订或修改、免除和例外)所造成的负面影响较小,不需要施加额外的要求,因此不需要施行机构进行裁量;另一部分特殊规则的适用条件难以规范和评估,产生的负面影响较大,需要施行机构进行裁决并指定额外的条件和防护措施。行政裁量行为主要由三个部门作出:房屋局(Department of buildings,DB)、标准及上诉理事会(Board of standards and appeals,BSA)和城市规划委员会(City planning commission,CPC)。

(1) 由房屋局委员裁量的特殊规则

由 DB 委员作出裁量的特殊规则主要针对路外停车位的要求:一是在裁定项目符合 1961 纽约区划所列的条件后,许可突破非单户独栋住宅、社团设施和商业用途等集合停车设施的车位上限规定,并设定适当的设施设计的附加规则,以尽可能减少"对周边环境特征"造成不利影响;二是在认定房屋或地块无法为路外停车位或装卸泊位提供合规的连通街道的出入口时,免除其路外停车位或装卸泊位要求,必要时可向城市交通局咨询。

(2) 由标准及上诉理事会裁量的特殊规则

由 BSA 裁量的特殊规则比 DB 委员的多,且相关的适用条件和防护措施要求更为复杂,因此,1961 纽约区划将这些相关规定详细列明在第七篇"施行"中,而不是罗列在各分区的篇章中。

7.3.4 变通

"变通"自第一部综合区划条例(1916 纽约区划)诞生就已被植入其中(Cohen J E,1995)。但是,变通这种模式并不是区划制度首创的。区划变通的模式源于 1862 年的纽约市建设准则,它赋予了房屋局在保障公共安全和利益的情况下基于公平的原则对特别案例变更或变通准则中的规定的权力(Owens D,Brueggemann A,2004)。

"变通"是一种"安全阀",用以使区划条例免于违宪的法律挑战(Cohen J E,1995)。业主在向法院寻求救济之前,必须先申请变通;变通可以有效地减少区划条例面临司法审查的情况,现在已经成为区划的普遍特征(Zhao J,2011)。可用作"安全阀"的规则还包括:绩效标准、特别许可、灵活标准、开发权转移、摊销程序、业主的自愿措施和税收(Cohen J E,1995)。

"变通"这一许可方式在某些州被称为"特别例外"(Special exception),如北卡罗来纳州和内华达州。这一名称必须与"特别许可"(Special permit)严格区分(Cohen J E,1995)。变通一般可以根据其影响的对象分为两类:一是用途(Use)变通,批准区划条例中不许可的用途;二是场地(Area)变通或体位(Bulk)变通,包括除用途以外的其他规定,如庭、院、高度、密度等体位规定以及停车规则。

传统上,法院不倾向于支持用途变通,因为他们认为,与场地变通相比,用途变通会对区划的整体性和公平性造成更大的威胁。这种倾向的主要目的也是强化区划隔离用途的基本方法。而且,用途变通通常可以使获得许可的业主比其他没有变通许可的业主得到更大的经济回报。因此,在某些州,即使区划授权法没有明确限制,但是在实际审理中,法院几乎不支持用途变通,如康涅狄格州。

用途变通的优点之一是增强区划系统的效率和灵活性。相对于区划修正或再区划(Rezoning)而言,变通可以节省时间和成本,并且它所要求的书面工作和听证工作及其涉及的主体更少。尤其是在纽约市这种高速发展的地区,越来越多的再开发也让变通的需求日益增加。在2001—2002年,约有64%的变通申请是用途变通,而这一比例在1976年只有28%。

虽然,单个区划变通,特别是场地变通,对社区的影响并不明显,但是社区中所有变通的累积效果却可能十分显著。变通程序的"准司法"属性使变通授权机构常常更加关注申请者的需求以及其对邻近区域的影响,而忽视了对更广阔的社区的利益的累积影响(Zhao J,2011)。他们直觉认为只要业主获得的变通是最小变通,那么当地的区划结构就不会受到影响。在纽约,研究显示变通许可集中在某些社区中,导致同一地区产生更多的变通以及各种更大的区划修正的可能性。BSA在一定程度上决定土地利用,变成某些社区中不可预测的变化的来源。这是法律没有赋予BSA的权力。还有批评者认为,场地许可可能提升周边物业的价值,基于财务证据的不恰当的决定很可能导致排他性(Durkin C,2006)。

7.3.5 特别许可

自1950年代以来,区划法规中的某些问题开始凸显,譬如部分用途显然是有必要置于居住区当中的,但由于这些用途影响了居住区的特征而一直被排除在外。而且,变通或区划修正程序似乎都不适用于这种情况。于是,区划体系引入了有条件用途(Conditional use)或特别用途(Special use),其涵盖了需要设置在社区中的,但必须通过审查来保障其设计和位置不会对社区的主要用途有重大影响的用途。

这类工具成了部分地区实现区划灵活性的主要动力,与澳大利亚的体系有相似之处(Faludi A,1986)。澳大利亚的区划规则一般把分区中的用途分为三类。以澳大利亚新南威尔士州为例,其住宅区内定义了三类用途:①不需申请开发许可的用途——住宅;②禁止开发的用途——广告构筑物、农业、娱乐中心等;③必须申请开发许可的用途——上述两类用途以外的其他用途。实际上,这也与英国的《一般开发规则》有相似之处。英国《用途分类规则》规定了各类用途之间的转变是否构成开发,其中同类用途之间的转变一般不构成开发,因此不需要开发许可;不同类用途之间允许的转变则构成开发,需要申请开发许可(戚冬瑾,周剑云,2011)。

在美国区划制度中,"特别许可"的一般标准或条件包括:①区域中有足够的市政服务设施支持特别许可用途;②特别许可用途不会加剧交通拥堵,尤其是要保障公共安全;③该用途不会严重削弱周边物业的价值,这一点需要有充足的证据证明。上述标准或条件一般能得到法院的支持,但另一些则难以得到法院的认可,譬如为了限制竞争而限定某些用途类别。此外,部分特别许可的标准比较清晰而客观,例如设定一个具体的数值指标;另一部分标准则比较宽泛,给予许可机构较大的裁量空间。如果标准过于宽泛,则容易受到法院的挑战,法院可能认为这使政府行为有武断的倾向,因而损害了个人的正当程序权利(Lindberg N,1992)。

7.3.6 区划修正

区划修正(Zoning amendments)或重新区划(Rezoning)是对区划法规的规则和分区进行调整,包括文本和其附带的区划图。1961纽约区划中对于区划修正的规定很简洁,仅规定区划修正由CPC采纳,并且预算委员会应按城市宪章的规定行动。也就是说,与区划修正相关的其他规定,特别是程序性规定,都依据城市宪章:经CPC采纳的修正案将提交至预算委员会,由预算委员会通过投票作出最终的决策,若预算委员会在指定时间内未作出决定,则视为对修正案的批准。其中还包含了关于受影响业主的界定方式,和支持者或反对者的比例要求(Voorhees Walker Smith & Smith,1958)。区划修正的必要性很早就得到认同。首先,由于土地条件的多样性,即使在相对有限的地理区域(如市镇范围),区划规则的编制者无论做多深入的调查和细致的考虑,都无法制定出完全适用于全市的理想的规则;另外,城市和经济发展的变化也难以预期,土地利用不可能一成不变(Williamson C J S,1931)。因此,区划修正为个人提供了申请救济和变更的权力。美国《标准州区划授权法》认为,区划法规的规则、限制和分区边界应不定期地被修正、补充、改变、修改或废止,否则,区划法规就会变成"束身衣"(Strait-jacket),对社区而言是一种伤害而非有价值的事物(Advisory Committee on Zoning,1926)。几乎任何人都可以提出区划修正申请。

但是,区划修正通常是针对少数地块,未必对全市有综合的考虑,往往会削弱整体区划目标的实现(Williamson C J S,1931),并且可能由此产生不公平的情况。因此,并不是所有区划修正的决策都能得到法院的支持。如果法院认为区划修正是为了私人获利而非基于社区的整体福祉,这种修正会被认为是"点状区划"而被判无效。某些法院还运用"错误-变化"(Mistake-change)原则,即预设原区划法是基于综合规划而须保持较长的有效期,因此区划修正只有在两种情况下才可以成立:①区域中的条件发生"变化";②原区划中包含"错误"。也有州法院采用"综合区划"原则,支持那些符合综合规划并旨在增进公共福祉而非个人利益的区划修正(Rose J G,2013)。

7.4 本章结语

从分区的历史演变来看,分区的发展几乎贯穿整个人类文明史。早期在依托神权的王权统治下,管制分区成为统治阶级实现社会管制的工具,分区规则也即统治阶级意志的体现,隔离墙作为特定的物理分区边界为社会管制提供基础。随着中世纪西方市政制度的逐步建立,城市开始成为一个政治实体,公共契约与公共管制的思想与实践开始成型,妨害法与建筑法逐步拓展到土地使用管制,为规制分区的建立奠定了基础。但美国区划最初并非建立在规划的指导下,而是直接采用分区的方式作为土地使用管制的工具,其目的在于解决土地开发的外部性问题。

纽约区划对世界许多城市的规划管理提供了有效的参考样本,是美国区划的典型代表;纽约区划的四项基本管制内容为用途、体位、标牌和停车,同时包含了特殊情况的预设和多层级的裁量机制,建立了市域统一的"一张图"的综合区划,区划图与法规条文紧密联系。为提高区划的适应性以应对城市发展的不确定性,纽约区划细致预设特殊情况并制定清晰的特殊规则和多层级的裁量标准,从而提升规划管制的合理性和公平性。

纽约区划构建了一条不同空间尺度的传导链条。通过设立分区及分区的具体目标,分解区划的总体立法目的,为各类分区指定适合分区特色和目标的用途组合,根据分区和建筑用途选取差别化的、针对性的体量和强度控制指标体系。

纽约区划是独立于规划的法律类型,在纽约过去百余年里,规划的重要意义远不及区划,但同时可以预见,纽约规划的作为正逐步加强,未来规划与区划的关系将更为密切,区划也将更多地反映规划目标。美国区划是对市场投资行为的约束,也是成熟市场经济体制下的一种城市开发控制与管理的经验,对于国内相关领域的研究具有重要的借鉴意义。

8 典型开发控制形式的程序

从第 6 章的研究可以概括出目前世界上所采用的 6 种开发控制方式,本章选取代表性国家和地区对其开发控制程序进行剖析。英国规划许可以自由裁量为特点,其规划许可制度被许多国家学习,通过协商形成的规划协议是典型的行政协议模式;我国香港的土地契约以竞标为主,新加坡的土地批租以投标为主,这两个地区提供了土地契约许可程序的对比;美国的规划许可不仅包括区划赋权的开发许可,也包括建筑许可,具有代表性;澳大利亚虽然采取区划的规划形式,但规划许可具有相当的灵活性;日本的工程认可制度体现了中央集权下对公共项目的行政认可。

8.1 英国的规划许可程序

8.1.1 规划许可的程序构成

英国开发控制体系具有高度的灵活性,规划并不是开发控制决策的主要依据,最终决策是各种"实质性因素"的综合考虑,这被许多国家和地区借鉴,具体程序见图 8-1。

(1) 咨询

在英国,开发控制的第一步是判断是否构成开发行为,因为活动可能不构成开发,或者活动被《一般开发规则》认定为法律授权许可。因此为了明确需要申请的许可类别,申请者本人可以到地方规划部门咨询,通过"合法性证明"界定其活动的性质。为了应对众多规划申请咨询,规划管理部门研发了"信息公示和申请管理系统"(Planning portal),以互动式的界面,给市民直观展示了开发活动的开发控制要求和申请审批流程,例如点击住宅建筑的某个部分就能出现该部分需要申请规划许可的情形。

(2) 预申请讨论

大部分规划申请都要与地方规划部门进行预申请讨论。这对于规划部门来说是非常重要的,通过这种形式他们能知道申请是否达到要求,以便将过程中的贻误减到最少。

(3) 申请及确认

在确定开发活动需要申请后,申请者可以选择进行"概要申请"

```
┌─────────────────────────────┐          ┌─────────────────────────┐
│ 需要规划许可的内容          │          │ 合法性证明              │
│ •申请的提案可能没有构成开发 │──────────│ •当不能确定是否需要     │
│ •申请的提案可能已被《一般   │          │  规划许可时，土地所有   │
│  开发规则》许可             │          │  者必须申请合法性证明   │
└──────────────┬──────────────┘          └─────────────────────────┘
               │
┌──────────────┴──────────────┐
│ 申请之前的讨论              │
│ •关于提案与地方规划机构的政策│
│  之间的关系                 │
│  （见通告28/83）            │
└──────────────┬──────────────┘
               │
┌──────────────┴──────────────┐    ┌─────────────────────────┐    ┌──────────┐
│ 申请与确认                  │    │ 概要申请                │    │ 可能还   │
│ 申请必须包括：              │    │ •一些保留的事项可       │    │ 需要其   │
│ •规划                       │    │  以随后再申请通过       │────│ 他方面   │
│ •在申请提交之前的21天已经通知│    │ 完整申请                │    │ 的同意   │
│  土地所有者或者承租人的证明 │    │ •地方规划机构可以要求   │    └──────────┘
│ •相关费用                   │    │  一份完整的规划申请     │
└──────────────┬──────────────┘    └────────────┬────────────┘
               │                                 │
┌──────────────┴──────────────┐    ┌────────────┴────────────┐
│ 如果该项申请在之前的申诉中已被│    │ 登记                    │
│ 驳回或在国务大臣抽审中已被拒绝│    │ 所有的规划申请都必须登  │
│ ，地方规划机构可以拒绝该申请 │    │ 记在案，以便于公众监察  │
└──────────────┬──────────────┘    └─────────────────────────┘
               │
┌──────────────┴──────────────┐
│ 公示                        │
│ •一般提案（需要公示的情况） │    ┌─────────────────────────┐
│ •开发提案需要作环境评价报告 │    │ 刊登广告以及张贴场地告示│
│ •与开发规划不符             │    └─────────────────────────┘
│ •影响了别人的通过权         │
│ •大型开发（需要公示的情况） │    ┌─────────────────────────┐
│ •10套以上的住宅或者场地大于 │    │ 刊登广告以及张贴场地告示│
│  0.5公顷                    │    │ 或发出邻里通             │
│ •建筑物基地面积大于1000平方米│    │      告信               │
│  ，场地面积大于1公顷，见通告│    └─────────────────────────┘
│  15/92                      │
└──────────────┬──────────────┘
               │
┌──────────────┴──────────────┐    ┌─────────────────────────┐
│ 通告                        │    │ 违反开发规划            │
│ •当开发影响到重要的道路时   │    │ 地方规划机构必须通知国务│
│  向交通大臣通告             │    │ 大臣那些违反了开发规划，│
│ •教区或者社区议会要求的情况 │    │ 但他们不打算拒绝的规划申│
│  下向他们通告               │    │ 请，并告知其相关细节    │
│ •当开发影响到保护区域时，   │    │ •超过150套住房或公寓    │
│  采取场地告示的方式         │    │ •首层零售面积超过10000平方米│
│ •当开发影响到登录建筑时，   │    │ •地方规划部门涉及其中的利益│
│  采取场地告示和广告的方式   │    │ •规划会明显受到损害     │
│ •涉及郡的事务时，向区议     │    │ 如果国务大臣没有要求"抽审"│
│  会通告                     │    │ ，那么地方规划机构可以在│
│                             │    │ 通告上交31天后批准      │
└─────────────────────────────┘    └─────────────────────────┘
```

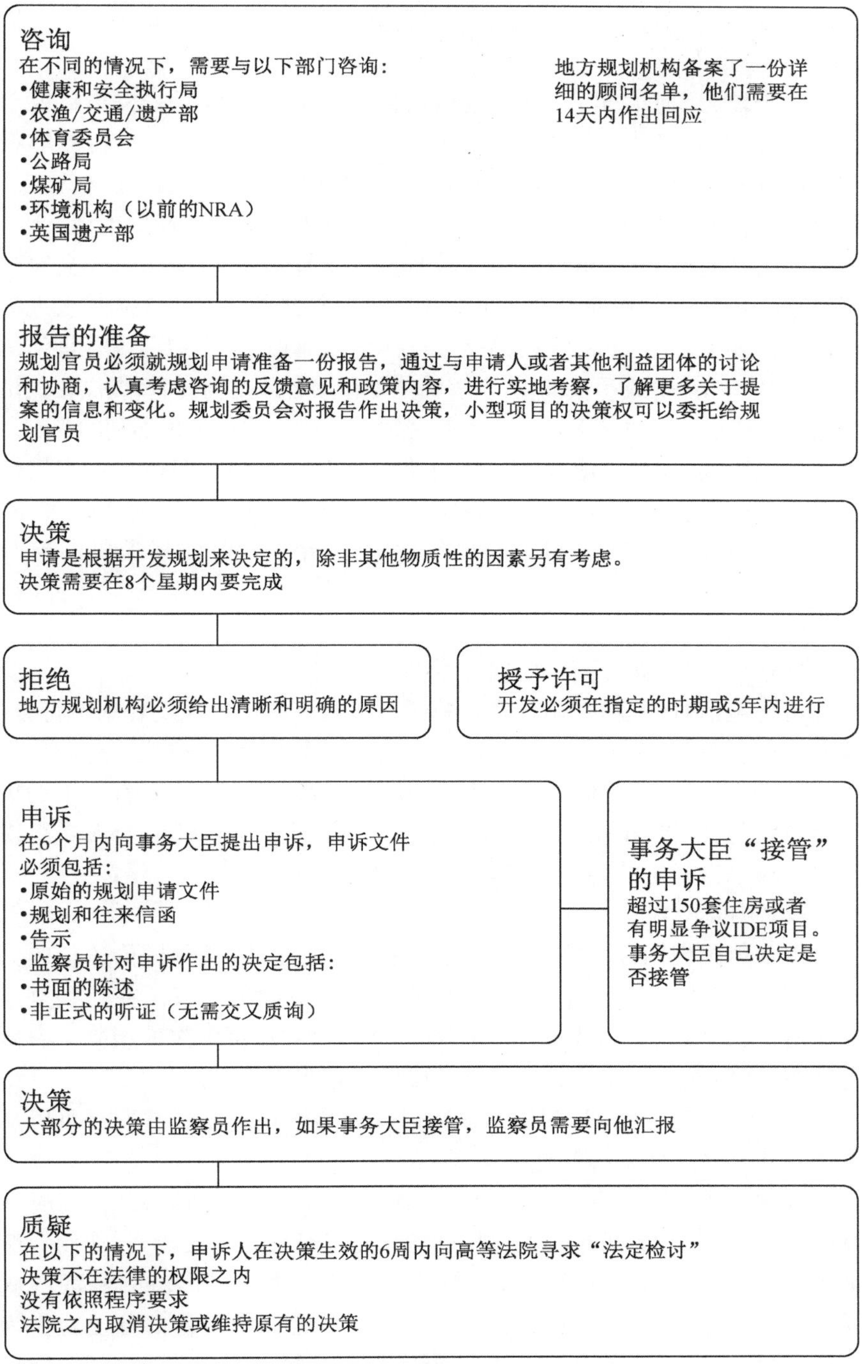

咨询
在不同的情况下，需要与以下部门咨询：
- 健康和安全执行局
- 农渔/交通/遗产部
- 体育委员会
- 公路局
- 煤矿局
- 环境机构（以前的NRA）
- 英国遗产部

地方规划机构备案了一份详细的顾问名单，他们需要在14天内作出回应

报告的准备
规划官员必须就规划申请准备一份报告，通过与申请人或者其他利益团体的讨论和协商，认真考虑咨询的反馈意见和政策内容，进行实地考察，了解更多关于提案的信息和变化。规划委员会对报告作出决策，小型项目的决策权可以委托给规划官员

决策
申请是根据开发规划来决定的，除非其他物质性的因素另有考虑。
决策需要在8个星期内要完成

拒绝
地方规划机构必须给出清晰和明确的原因

授予许可
开发必须在指定的时期或5年内进行

申诉
在6个月内向事务大臣提出申诉，申诉文件必须包括：
- 原始的规划申请文件
- 规划和往来信函
- 告示
- 监察员针对申诉作出的决定包括：
- 书面的陈述
- 非正式的听证（无需交又质询）

事务大臣"接管"的申诉
超过150套住房或者有明显争议IDE项目。事务大臣自己决定是否接管

决策
大部分的决策由监察员作出，如果事务大臣接管，监察员需要向他汇报

质疑
在以下的情况下，申请人在决策生效的6周内向高等法院寻求"法定检讨"
决策不在法律的权限之内
没有依照程序要求
法院之内取消决策或维持原有的决策

图8-1　英国规划许可的程序

来源：Barry Culling worth，Vincent Nadin，2014．Town and Country Planning in the UK(作者翻译)

(Out-line planning application)或者"完整申请"(Detailed planning application)。

对于较为大型的开发项目或把握性不大的项目，可以先提出概要申请，包括开发类型和规模等主要方面，看看开发项目大体上是否能够批准，以免这些调整导致整个设计的修改，耗费大量时间和金钱在准备细节内容上。在获得概要规划许可的3年之内，必须提出详细规划申请。

如果是完整申请，申请者或者代理人需要向地方规划部门提交完整的申请材料并支付相应费用，申请材料包括规划设计方案（标明土地界线，包括建筑物的平面和外观、基地布置、车辆通道、绿化和围墙等具体细节）、邻里影响评价或产权证明，以表明他是租用者还是拥有者，提供相关证明的作用在于防止决策对那些毫不知情的邻居或者租户带来不利的影响。

提出正式申请后，地方规划部门要对其进行审核。但这种审查仅仅是审查其材料是否齐全，对于材料中的内容是否属实则没有过多的关注，这是因为申请者在提交申请时已经签署承诺书以保证其提供的材料属实。

(4) 公示

规划部门收到申请后，根据开发活动的类别判断是否需要公示。公示的情况包括对环境的影响（需要做环境影响评估）、与开发规划不符合、涉及邻里利益（如影响比人的通过权），以及大型开发（如建筑基地面积大于1000平方米或者场地面积大于1公顷）。规划部门对公示有详细的规定，包括刊登广告、张贴场地告示或者发出邻里通告信，任何个人或组织都可以在公告规定的期限内向规划部门提出反对意见。

(5) 协商谈判

由于英国规划许可的依据缺乏绝对的确定性，协商和讨价还价成为开发控制过程的关键程序，并通过协商谈判形成规划协议。在一些复杂的、综合性的项目中，申请方与规划部门官员会举行更多次的谈判。有研究表明，这种谈判所涉及的内容及其成果是相当广泛的。

1980年代后，英国通过协商谈判形成规划协议越来越普遍。可以从其内容和程序方面来理解这种谈判。

开发商通常委托专业的咨询公司作为代理。代理制订方案，同时估算出造价，并且向规划部门表明其目的。凭着经验和个人能力，他们一般都谙熟地方规划部门的要求；同时，也非常明白客户（开发商）利润的底线，在这两者之间，代理与规划官员进行谈判，比如承诺将部分土地作为开放空间，当接近利润的底线时，代理将与开发商沟通。讨论是否撤回投资。开发商明白如果申请被拒绝，将会拖延投资进度，因此会作出部分妥协而将问题解决。

与此同时,地方规划部门也很清楚他们应该如何对申请作出反应。他们首先关心的是如何能使开发得到顺利的实施;其次是如何能够避免开发可能带来的不利影响,如视觉污染和交通堵塞;再次则是寻求更广泛的社会效益,比如增加社会性住宅等。

这些总的策略框架掩盖了谈判时应对具体情况的技巧,在经济繁荣的时期,地方规划部门的意志会更强硬一些;而在较萧条的时期,开发商则可能会更容易占到一些便宜,但规划部门却要预防开发商可能发生的破产,而项目也随之东流。

在协商的过程中,所有细节和取得一致的地方都将以笔录进行记录,以免造成任何的疑义。开发商取得许可证后,地方规划部门将对实施情况进行监督,以保证其真实性。

(6) 咨询其他部门同意

许多规划申请都需要获得其他部门和机构的同意,特别是要符合"建筑物条例"(Building regulations)的规定。为了提供更高效和优质的服务,地方规划当局将提供详细的顾问名单,这些部门包括健康和安全执行局、农渔/交通/遗产部、体育委员会、公路局、煤矿局、环境机构英国遗产部,相关部门需要在 14 天内做出回应。规划部门将这些内容整合为"一站式服务"(One-stop shop approach)。

(7) 准备报告

在决策之前,根据咨询的反馈意见、相关的国家和地方政策、以前的决策以及现场调研,规划官员会做出一份报告递交给规划委员会,其中包含了推荐的决策。这份报告以及委员会的日程安排和咨询的反馈意见都属于公开文件,委员会会议最终决定申请是否能获得通过。

(8) 决策

规划许可的申请需要在 8 周内作出最后决议(复杂的申请可以延长至 13 周),如果要延期则要和申请者进行协商。不作决策实际上被认为是否决的另一种形式,这经常是由于地方规划部门想要避免一些政治纠纷而采取的一种做法,将问题留给事务大臣来解决。

在进行规划许可决策时,开发规划不是唯一的考虑因素。据统计数据分析,大部分规划许可都不得不在没有正式的规划文本的条件下进行决议,规划委员会往往依据一些非正式的文件、当地传统习惯以及个人经历等进行决策,可以说每个规划申请的决议都是唯一的。那些在决策时要考虑到的因素通常被称为"实质因素"(Material considerations)。

(9) 拒绝或授予许可

规划许可的申请分为拒绝或者授予两种情形。一旦规划部门拒绝申请,决议必须清楚、准确地陈述拒绝的理由,并用书面通知的形式发送给申请者。如果授予许可,通知签发之日即为"批准日期",开发必须在指定的时期或者5年内进行。

(10) 抽审

在英国,开发控制是一项地方性很强的事务。但即使由地方政府对规划申请作出决策,仍然要通过法律保证中央政府对地方政府的监督,使中央具备宏观调控能力,以制约地方政府的自由裁量权。

英国《1990城乡规划法》第七十七条规定:事务大臣可以作出指示要求某类项目需要规划许可或抽审地方的规划申请。英国中央政府具有很大的权力来抽审地方决策,甚至可以取消地方规划部门已经作出的规划许可而颁发新的规划许可,该权力的使用没有法定的标准和公众参与的程序限制。抽审的情况通常是针对重要的议题,包括:某些重要事件也许会与国家政策相冲突;对当地立刻产生重要影响;引起国家或地方实质性的争论;产生显著的建筑或者城市设计结果;牵涉国家安全或者外国的利益等。

所有这类开发申请,包括与开发规划的要求不相符但地方规划部门试图许可的规划申请,都必须将申请的理由呈交给督查署,督查署通过对申请理由作出评价,判断其是否足够重要以需要抽审(郝娟,1996)。

(11) 修改许可条件

"英国的开发控制对申请者而言没有任何的确定性"不但体现在决策时的考虑因素,也体现在规划许可条件的撤回、修改命令中。由于城市发展中的不确定因素很多,已发出的规划许可条件很可能因现实条件的转变而需要调整,这从另外一个角度体现了英国开发控制的灵活性。

地方规划部门在修改的许可条件中必须"考虑开发规划和其他实质性的因素",同时要向受到影响的土地业主、承租者以及其他利益相关者发出通告。在通告期限内(不少于28天),利益相关者可以申请会面和聆询,如果该命令遭到反对,地方规划部门必须将其交给事务大臣审批。

(12) 中止已有许可

当地方规划部门认为有利于促进公共利益时可以作出中止命令(Discontinuance order)。中止命令不但可以中止任何现有的土地用途,无论是合法的或不合法的;也可以对目前的使用增加条件,例如要求移除建筑物或构筑物;甚至可以对符合特定条件的开发授予许可。中止命令必须获得事务大臣的通过,同时根据规划法的赔偿要求,政府需要赔偿执行该命令时产生的各种费用。因为涉及的赔偿费较高,因此规划部门对于大型项目的审批必须非常慎重,避免中止命令而引起高额赔偿(郝娟,1996)。

(13) 申诉及诉讼

若申请者对规划部门的许可决策有异议,有权在期限内(一般是6个月)提起申诉。申诉的文件包括原始的规划申请文件、规划和往来信函、告示等。监察员针对申诉分别听取各方的陈述,并判断是否需要进行非正式的听证(Hearing)或者公开聆讯(Inquiry),然后作出决定。对于重要项目或者有明显争议的申诉,环境事务大臣可决定是否"接管"并作出最终裁决。

申请者如仍有异议,则需诉诸法律,可在6周内在最高法庭对事务大臣的裁决提出诉讼,但最高法庭不对裁决是否合理作出审判,只审查相关程序是否合法。

(14) 强制执行

当规划部门发现开发活动可能违反规划许可条件,或者规划部门要求获得开发行为的信息而发现了开发活动隐藏的利益时,可以发出"违反规划通告"(Planning contravention notice)。在这种情况下,规划部门可以与开发者进行协商,并达成协议。如果没有达成协议,地方规划部门在充分考虑并确认开发者触犯了公共利益后,可以发出"强制执行通告"(Enforcement notice),给出补救违法行为的时间限制。在此期间,开发者可以向事务大臣申诉。如果开发者没有申诉或者申诉后被事务大臣否决,而开发者仍然拒绝履行规定时,违法行为将构成刑事犯罪[①],同时最高罚款可达2万英镑。

为了避免由于程序的延误导致违法事实产生,规划部门可以发出"中止通告"(Stop notice)。收到通告后,开发者必须中止一切开发活动,否则即构成刑事犯罪。但是如果开发者对强制执行通告的申诉获得事务大臣的支持,而中止通告又已执行,地方规划部门需依法支付赔偿金。

对于完全没有遵守规划许可条件的开发活动,如造成环境危害和公共安全问题等,规划部门可以通过简单程序发布"违反条件通告"(Breach of condition notice),该通告没有赋予开发者向事务大臣申诉的权利。如果在规定的28天内依然不服从通告要求,将会被地方法院进行罚款。

8.1.2 规划许可的程序特点

(1) 注重规划许可程序分类

英国建立了一系列的开发规则,如用途分类规则、一般开发规则和专项开发规则。作为英国开发权国有化的配套法规,用途分类规则通过法律概念规则化对现状土地使用权作出界定[②]。因此,在进行开发活动的

[①] 《英国公共法》(Puhlic Law 1971)和《城市规划(强制执行通告和起诉)法》[Town and Country Planning (Enforcement Notice and Appeal) Regulation 1981]对强制执行作出规定:违反开发控制本身并不构成犯罪,但是如果开发者拒不执行强制执行通告,则构成刑事犯罪。

[②] 苏章娜,周剑云,庞晓媚《用途分类标准作为土地使用权界定的工具——英国用途分类规则的建立、演变和启示》,已被《城市规划》录用,拟于2024刊登,网络首发网址为:https://link.cnki.net/urlid/11.2378.TU.20240124.1702.002

申请时,首先要明确开发活动是否被纳入控制的范畴,以及需申请哪一类型的许可。

(2) 高度自由裁量

与世界其他国家的开发控制体系相比,英国自由裁量式的规划许可独具一格。英国的开发控制制度是一套规划部门和开发申请者共同遵守的契约准则,体现双方的权利、义务和责任。地方规划部门所具有的自由裁量权如同"面包圈中间的那个洞",受到一套严密制度的制约;同时地方规划部门也必须为其作出的规划决策负责,中央通过保留"抽审"的权力实现对地方的监督;同时,当规划许可决策的合法性受到质疑时需要接受司法性的审查。

(3) 高度灵活性

由于英国开发控制的依据缺乏绝对的确定性,因此协商和讨价还价成为开发控制过程的关键部分。英国的开发控制十分重视协商这个程序,例如在申请初期就开始"预申请讨论",让管理者和开发者清晰了解双方各自的要求,为往后的讨价还价奠定基准。而具体项目的规划条件和规划协议都可以协商,协商也有可能暗含权力寻租的行为,因此程序的透明度十分关键,公示、聆讯等程序因此成为法定程序。

英国的强制执行也贯彻开发控制体系的灵活性,针对不同的对象行使不同的强制执行权力。在强制执行中,关键的考虑因素是违反控制的行为是否真的不能被公共利益(如公共的宜人环境、受保护的历史建筑)所接受。强制执行体制提供了一个灵活的、混合性的机制,许多小型的违法行为可以通过协商和说服去解决,而不必动用正式的强制执行资源。但针对一些复杂的、明显有意的违法行为就必须采取正式的强制执行。

8.2 香港的土地契约程序

8.2.1 土地契约的程序构成

(1) 准备卖地条款

目前世界上采取土地契约的国家和地区相对较少,这一制度在我国香港地区的应用较为完善。

香港特区政府每年都编制土地储备计划,土地储备计划能够帮助政府勾选出公开拍卖的地块。通过土地储备计划,政府有计划地向私人开发商提供批租土地,实现城市发展的战略目标(注释8-1)。

注释 8-1　香港勾地表制度下的卖地程序

　　地政总署会根据每年的卖地计划,编制一份可供申请售卖土地的列表(下称"勾地表")。勾地表载有可供申请售卖土地的地段编号、地点、用途、土地面积及预计最早可供售卖日期等资料。

　　任何人士或公司,如有意申请勾地,应向地政总署总部递交下列文件:

　　(i) 申请表格,表格内须列明愿意付出的"最低价格";

　　(ii) 拍卖或招标个案协议书(下称"该协议书"),该协议书必须由申请人妥为签署或盖章;

　　(iii) 相等于"最低价格"5%款项的支票或本票,以作为按金,唯金额最高以港币两千五百万元为限,支票或本票的抬头人为香港特别行政区政府,并可在一间根据《银行业条例》第 16 条获发牌的银行提款。如以支票缴付按金,必须由付款银行证明由申请日期起计 3 个月内支票仍可兑现。

　　关于上文第(iii)段所述的按金,申请人亦可选择提交银行保证书,以保证履行申请人根据协议书所承担的责任。银行保证书须由根据《银行业条例》第 16 条领有牌照的银行发给香港特别行政区政府,并且在提出申请日期起计的 3 个月内有效。

　　须注意的是,申请人如递交银行保证书并且获得接纳,下列条款将会适用:

　　(a) 在参与公开拍卖前,申请人必须履行由地政总署发出的拍卖土地程序;及

　　(b) 就公开拍卖或公开招标承投有关土地而言,申请人必须按照卖地条件或招标公告规定的方式缴付按金。

　　地政总署收到申请后,通常会在 2 个星期内以书面通知申请人是否接纳其提出的"最低价格"。倘若"最低价格"获得接纳,地政总署会在该协议书上签署并注明日期,然后去信通知申请人,信中付上该份已签署的协议书,并同时通知申请人政府拟采用拍卖还是招标的方式出售有关土地,以及拍卖日期或截标日期。有关日期距离签署该协议书的日期,一般约为 5 星期。此外,地政总署亦会在传播媒介发布广告,刊登宪报公告并分发卖地条件或招标公告(地政总署网址 http://www.landsd.gov.hk 亦载有该等文件)。一般而言,在拍卖日期或截标日期之前,会刊登宪报公告 2 次。

　　若"最低价格"不获接纳,申请人可获退还支票或本票(不附加利息)或银行保证书,当局亦不会进一步处理有关申请。

　　来源:香港地政总署《摘要说明:勾地表制度下的卖地程序》

　　土地储备计划完成后,针对将要进行拍卖的土地,由地政署(Land department)起草《卖地条款》(Conditions of sale),该条款初步确定地块基本信息如出让年限、拟出让金额、位置、面积以及土地使用用途,并附加限制条款如建筑物高度、停车、公共设施、规划布局要求、建筑设计要求等,形成租约与开发控制的双重契约(表 8-1)。

表 8-1　香港《卖地条款》内容

主要部分	具体内容
招标公告 (Tender notice)	• 地块详情——地块注册号、位置、平面图、面积及租金 • 投标资料(投标书、支票等)及递交时间 • 按金支付细节
投标书 (Form of tender)	——

续表8-1

主要部分		具体内容
一般条件 (General conditions)		• 如何完成投标 • 租金 • 建筑建造、维修或重建的总体要求 • 边界石的设立 • 私人街道、公路及车道的建设费用(包括路面铺设、照明安装、排水渠修建等) • 政府的检查权(建筑建造是否违约、是否造成环境污染等)
特殊条件 (Special conditions)		政府关于基础设施(政府拟建道路和市政设施)建造工程带来的影响的说明
	地块建设条件	• 买方须进行噪声影响评估并建造隔音构筑物 • 对工程固体废物处理的要求 • 买方在开发前须进行地质勘察和岩土工程研究
	植物	• 树木保留 • 绿化美化要求
	新建、改建或重建的建筑物	• 建筑用途;相关法规;总楼面面积;建筑后退;建筑间距;连续外墙长度;绿地布局与面积;提供育婴室 • 非建造区域 • 总楼面面积的计算方法
	交通设施	• 买方须建设人行天桥在地块内部分的支撑结构 • 买方须修建拟议人行通道(包括无障碍设施) • 对地块停车位个数、尺寸的要求(包括普通小汽车停车位、残疾人停车位、摩托车停车位) • 对上落客区及货物装卸区的要求
	市政设施	• 对现有市政设施的保护要求 • 买方须修建排水渠并连接排水渠和下水道 • 买方须进行污水收集系统和排水系统的影响评估,并提出改善方案 • 买方须修建变电站
	其他	• 对斜坡、挡土墙等土方工程的费用说明 • 对地块转让、按揭、抵押等的规定 • 地块内不允许有坟墓和骨灰安置处
地块图则		——

来源:作者根据资料整理绘制

基本条款与一般租约大致相同,而限制性条款则以规划设计条件为主,限制性条款有时还可以附加社会性条件,如对户型的面积、套数、户型比例提出要求,引导社会阶层的融合,实现开发控制的多元目标。

(2) 部门协商

在《卖地条款》制定的过程中,地政署还要就《卖地条款》与其他部门进行磋商,如规划署(Planning department)、工程局(Works bureau)、交通局(Transportation bureau)等。这些部门都需要详细地审查条款中与自己部门相关的内容,并在期限内提出修改建议。这个程序其实等于将规划许可中的部门协调程序前置,由地政署负责实质性的"一站式"服务,通过部门的磋商以及对卖地条款的完善,可以确保租约能够有效地指导实际的土地开发,实施城市的总体规划。

(3) 协商谈判

对相关部门的建议收集整理后,根据具体的建议措施,地政署的官员可以与意向开发商进行谈判,在谈判过程中对于停车需求、市政道路、公共设施等需要开发商负责建设的设施多次沟通,了解市场的接受能力,同时也为政府调整条款作出准备。这个程序相当于英国规划许可申请阶段的协商谈判。

协商谈判的程序对大型住宅小区的开发非常重要,通过明确开发商的义务可以减轻政府公共财政的压力,也是实现公共还原的有效手段。在某些地块的开发中,私人开发商有可能被要求整体开发建设,承建整个社区的公共设施,从而保证开发完毕后公共配套设施马上投入使用。

(4) 土地竞标

地政署准备好《卖地条款》后,即公开向开发商发出邀请并公开合同条款,设定拍卖底价。根据合同中的条款,开发商估算能够接受的价格,在公开拍卖时对土地开发权进行竞标,价高者获得开发权(注释8-2)。

注释8-2 香港土地契约完成证明书相关说明

当批地/卖地文件内一般及特别条款所订明必须履行的责任(Positive obligations)已按照协议完成,分区地政署便会向土地承批人/买方发出"合约完成证明书"(Certificate of compliance)(又称"完工证"或"满意纸")。一般来说,本署收到要求发出"合约完成证明书"的申请后,在适用情况下,其处理可与屋宇署处理发出"占用许可证"(Occupation permit)(又称"入伙纸")同时进行。

来源:香港地政总署

(5) 更改条约

土地契约赋予政府对项目进行行政控制的权力,同样也赋予承租人变更租约条款的权利,但是变更条款必须进行申请,由地政署和建设署两个部门共同决定是否批准。如果变更申请得到批准,政府将对申请后的条件进行新的地价评估,承租人需补交土地溢价才能获得新的开发权(图8-2,图8-3)。

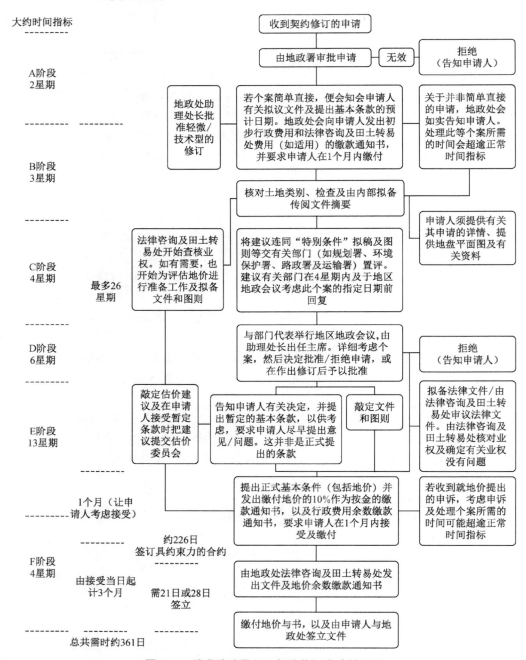

图8-2 香港地政署处理契约修订申请的程序
来源:香港立法会秘书处资料研究及图书馆服务部

8 典型开发控制形式的程序

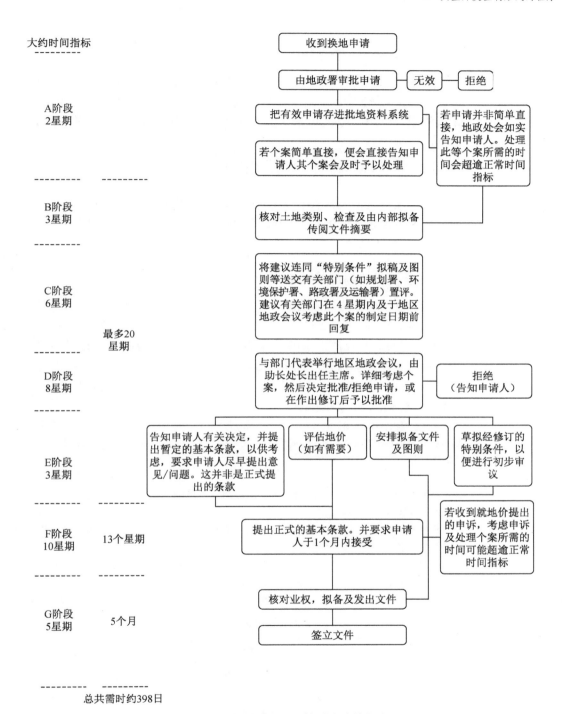

图 8-3 香港地政署处理换地申请的程序
来源:香港立法会秘书处资料研究及图书馆服务部

8.2.2　土地契约的程序特点

土地契约是一种灵活性很高的控制方式。在市场经济下,土地市场的波动很大,香港特区政府重视与开发商的沟通,通过协商谈判程序了解市场需求,从而有针对性地制定土地契约条件,以实现开发控制的目的。

8.3　新加坡的土地批租程序

新加坡的土地制度类似英联邦国家的批租制度,与香港十分接近。政府向开发商批租土地有两种期限,即99年和999年,土地批租采取招标的方式,其程序如下。

8.3.1　土地批租的程序构成

（1）确定批租的具体地段

市区重建局根据概念规划、开发指导规划等规划,结合政府的发展计划,确定需要向开发商批租的具体地块,与香港的土地储备计划类似,每年由市区重建局提前进行批租计划(注释8-3,表8-2,表8-3,注释8-4)。

注释8-3　新加坡卖地计划相关说明

卖地程序由"政府卖地计划"(Government Land Sales,GLS)开始。每个GLS项目每6个月计划和宣布一次,包括确认名单(Confirmed list)及预留名单(Reserve list)上的土地,以提供更灵活的发展用地供应。

确认名单(Confirmed list):

经确认名单上已选定出售的土地会在预定日期推出发售,而大部分土地是透过招标出售。

预留名单(Reserve list):

预留名单上的土地不会即时公开招标,而是可供申请。当开发商表明最低售价并获得政府的接纳时,政府便会招标出售预留用地。

政府亦会考虑在获得足够市场兴趣的情况下,推出一个预留名单用地进行招标。这种情况是有多个无关联方在合理的时间内提交了接近政府底价的最低价格。

来源:https://www.ura.gov.sg/Corporate/Land-Sales/Land-Sale-Procedure(作者翻译)

表8-2　新加坡政府卖地计划确认名单

编号	地址	场地面积(ha)	总容积率	现状
居住地块				
1	Tanah Merah Kechil Link	0.88	2.8	招标结束
2	Northumberl and Road	0.83	4.2	公开招标
3	Ang Mo Kio Avenue 1	1.26	2.5	2020年11月*

续表8-2

编号	地址	场地面积(ha)	总容积率	现状
商住混合地块				
4	Jalan Anak Bukit	3.21	3.0	公开招标

* 预计发布日期。

详细的销售条件将在网站发布销售时提供。名单上的场地计划在预定日期出售,且大部分土地都是通过招标出售的。当网站开始销售时,详细的销售条件将在 eDeveloper 数据包中提供。

表 8-3 新加坡政府卖地计划预留名单

编号	地址	场地面积(ha)	总容积率	现状
居住地块				
1	Dairy Farm Walk	1.56	2.1	可申请
2	Dunman Road	2.52	3.5	可申请
3	Hillview Rise	1.03	2.8	可申请
4	Lentor Central ♯	1.72	3.5	2020年12月
白地				
5	Marinaview	0.78	13.0	可申请
6	woodlands Avenue 2	2.75	4.2	可申请
7	Kampong Bugis^	8.29	—	可申请
旅馆地块				
8	River Valley Road	1.02	2.8	可申请

^ 这是一个总建筑面积为390000平方米的主开发商场地。

♯ 场地尚未准备好招标。详细的销售条件将在指定月份公布。只有在成功申请后,预留名单上的土地才会开始招标。一旦详细的销售条件在 eDeveloper 数据包中公布,开发商便可以申请预留名单上的土地。

来源:https://www.ura.gov.sg/Corporate/Land-Sales/Current-URA-GLS-Sites(作者翻译)

注释 8-4 新加坡申请购买地块的程序

如开发商在其申请表上所列明的最低售价获得了政府的接纳,预留名单上的土地便会被出售。如果预留名单上的某个地块得到足够的市场兴趣,即在合理期限内,超过一个无关联人士提交接近政府底价的最低价格,政府亦会考虑将其推出销售。

1. 申请购买预留名单上的地块

如果你向政府申请预留名单上的土地作招标用途,你需要:以 $181.90(w GST)、$170.00(w/o GST)的价格购买电子开发商资料袋(eDeveloper's packet),列印后以密封信封递交市建局(卖地代理),并在申请表格上注明如该土地作招标用途,你愿意投标的最低价格。填妥的表格必须以密封信封封好,并附上从电子发展商资料袋取得的标签,然后亲身送交销售地点的有关人员。申请人无须缴交任何申请费用,并会在递交申请后2周内获通知申请结果。

接受申请后,您必须在2周内签订协议,提交不低于申请书所列最低价格的投标价格,并透过银行本票、银行担保或银行转账缴付最低价格3%的按金。最低价3%的按金以500万新元为上限。在你签订招标协议及提交按金后,该用地的成功启用日期将会公布。不过,申请人的身份不会向公众披露。

2. 预留名单地块的招标过程

提交申请:仅当您打算购买土地时,才应提出申请。如果您的申请成功,但是您(由于政府不可接受的原因)未能执行协议并在2周内或延长的任何时间内支付定金,则您以后申请购买预留名单上的土地时将面临额外的要求。如果申请人是合伙企业或公司,则根据情况,该合伙人或公司今后的申请也必须满足附加条件。

投标期间:市建局通常会在签署协议之日起的2周内启动该地块的销售。大多数地块的招标期为4周,即招标将在启动后4周内关闭。大型复杂地块的招标时间将有所例外。

招标协议:根据协议,如出现以下情况,按金将被没收:没有在招标中投标;出价无效;出价低于最低价格。而中标者的投标价格可能高于投标书内的最低价格。你可以使用协议的按金作为投标按金的一部分。即使投标书是与另一方共同递交,亦同样适用。如果你按照协议投标,但不是投标中出价最高的投标人,你的保证金将被退还。

来源:https://www.ura.gov.sg/Corporate/Land-Sales/reserve-list-procedures(作者翻译)

(2) 拟定批租地段的规划设计条件

市区重建局为批租地段拟定批租条件,条件不但包括规划设计要求,如土地用途、建筑密度、道路交通与车辆进出口的安排等;同时也对建筑设计提出要求,例如建筑的风格与高度、外观要求等等;并根据规划与建筑设计条件初步制定城市设计概念图,供开发商的建筑师参考(表8-4)。

表8-4 新加坡重建局出让地块信息

位置	场地面积	租赁期	允许发展	最大总建筑面积	最大建筑高度	项目完成期
诺森伯兰路	8732.9m²	99年	第一层有商业住宅	36679m²	83mSHD	60个月
(1)	建筑高度基于新加坡高度基准					
(2)	从管理局接受投标之日算起,直至整个拟议开发项目的临时占领许可证签发为止					

来源:https://www.ura.gov.sg/Corporate/Land-Sales/Sites-For-Tender(作者翻译)

(3) 拟定招标标书

完成土地招标地段的规划设计条件后,重建局部门拟定招标的标书,然后在报章等公开途径公布招标消息,同时为投标者准备详尽的资料,包括各种必要的图纸和规划设计要求。通常给投标者3个月时间准备规划与建筑设计方案(注释8-5)。

注释8-5　新加坡重建局发布的投标流程

一旦电子开发商(eDeveloper)的数据包中发布了详细的销售条件,开发商就可以申请买地。这个文件包括：
- 投标条件；
- 投标技术条件；
- 投标表格/申请表格；
- 其他有关投标及包裹的文件及资料。

投标流程：

1. 投标书的递交

投标者须提交填妥的投标书(装在一个密封的信封内,信封上贴有电子发展商资料袋内的提交标签)。

2. 投标存款

每个投标者须支付投标价格的5%或以上的投标按金。投标按金可以下列任何一种或多种方式支付：银行汇票；银行转账；银行保证；保险保证。

如果投标者在递交投标书的日期和时间之后撤回投标书,则没收投标按金。没有投标按金的投标书将被取消资格。

3. 接受投标书

投标书自上述提交投标书之日起4周内有效。但是,重建局可通过书面通知各投标人,将其投标有效期再延长不超过2周。中标者的选择将基于招标价格。但是,管理局保留拒绝最高价或任何投标的权利。

4. 支付销售价格

中标者应通过出纳员条款按以下方式支付投标的销售价格和商品和消费税(GST)：
- 在管理局接受招标后的28天内,支付25%销售价格(减去投标保证金)和25%的标价销售税；
- 在投标书获接纳后90天内缴付剩余75%销售价格和商品和消费税

来源：https://www.ura.gov.sg/Corporate/Land-Sales/Land-Sale-Procedure(作者翻译)

（4）投标方案评选

开发商完成投标文件后,由政府组织进行方案评选,评选分两个阶段进行。

第一阶段是对规划建筑设计方案的评选,该阶段的评选委员主要由建筑师组成,通过建筑师的专业决策来确定入选作品。

第二个阶段是对投标文件的其他内容进行评选,包括开发商的报价、开发模式、资金组织、企业业绩等。由市区重建局组织其他有关部门的高级政府官员作为评选委员会,并在该阶段决定中标者。

8.3.2　土地批租的程序特点

新加坡在土地批租中非常重视规划设计方案在地块开发中的作用,鼓励建筑师发挥想象力与创造力,通过优秀的建筑设计提升城市空间整体形象,因此项目的规划设计方案在评选中占有很大的比例(表 8-5,图 8-4 至图 8-6)。

表 8-5　新加坡希尔维尤地块批租过程

新加坡希尔维尤地块批租过程		
2017.06.29	URA 发布 2017 年下半年政府土地出售计划(GLS)中的住宅、商业和酒店拟议地点	• 地块名称、位置、面积 • 规划用途、指标 • 计划开始招标时间
2017.12.28	URA 发布希尔维尤地块招标信息	• 详细的规划条件
2018.05.03	URA 发布希尔维尤地块招标结束公告和方案评选标准	—
2018.07.03	URA 发布希尔维尤地块最终中标方案及其理由	• 获胜方案同时也是出价最高的

来源:作者根据相关资料自绘

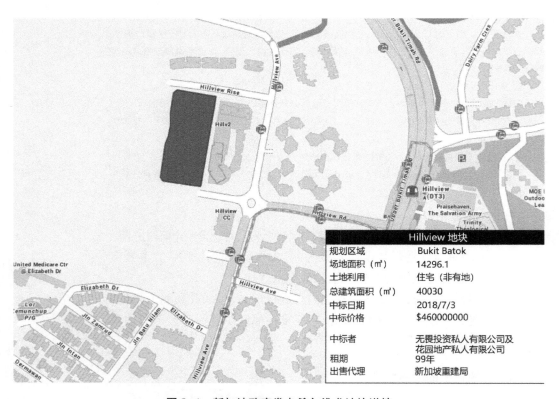

图 8-4　新加坡政府发布希尔维尤地块详情

来源:新加坡重建局 Land Sales(ura. gov. sg,2020)(作者翻译)

图 8-5　新加坡政府发布希尔维尤地块招标结束公告

来源：新加坡重建局 Land Sales（ura.gov.sg，2020）（作者翻译）

图 8-6　2020 年 8 月正在施工建设住宅的新加坡希尔维尤地块及效果图

来源：新加坡重建局 Land Sales（ura.gov.sg，2020）

8.4 美国的区划修正及建筑许可程序

美国规划许可的类型主要有开发许可(即区划修正及特殊许可)与建筑许可。如果一项开发符合所有适用的区划规范及相关法律,并且不要求城市规划委员会或标准与申诉委员会作出自由裁量权决定,这项开发即为"当然权利"(As-of-right),无需通过开发许可程序即可直接申请建筑许可(注释8-6,图8-7)。

注释8-6 美国规划许可相关说明

一般来说,建筑物在现行分区条例的规定内容下进行建设、扩建或改建时,只要向建筑部门申请建筑许可证,按规定进行建设即可。如果需要对分区法规进行修改(以分区决议中规定的特殊权限的形式或对适用的法规本身的修订),就需要政府规划机构通过公开审查程序,对所申请的许可进行判断。

来源:Zoning Handbook 2018(NYC planning)(作者翻译)

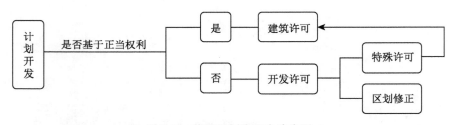

图8-7 美国规划许可申请类型

来源:作者整理自绘

8.4.1 区划修正许可的程序构成

美国的城市政府认为区划需要保持一定的灵活性,以适应快速变化的城市发展,并更有效地指引开发,这就决定了城市政府对区划修正申请的开放性。在纽约,任何人,包括个人或城市机构,都可以提出区划修正。对于指定地块的申请,业主必须同意申请事项。

但是,作为一个法律文件,区划的修正程序非常严格,因为区划文本或区划地图修正是一项立法行为。区划修正可以是面向全市的,如可能涉及公共土地利用政策变化的全市行动;也可以是针对一个区域或区划分区的,如在政策考虑充分的情况下允许一项开发处于现在不允许的位置或形成现在不允许的形态。

区划地图修正必须得到城市规划委员会的批准，由市议会采纳，并经过正式的公众审核过程才可以生效。这个公众审核过程称为"统一土地用途审核程序"（Uniform land use review procedure，ULURP），为公众参与地方及全市审核土地用途的行动提供时间框架。区划文本修正也有相似的程序，必须得到城市规划委员会的批准，由市议会采纳，但对城市规划委员会的审核没有时间限制。两者都必须根据州环境质量法案（State environmental quality act）及城市环境质量审核（City environmental quality review）进行环境影响评估（注释8-7，图8-8）。

注释8-7　美国统一土地用途审核程序前的环境影响评估

在正式的公众审查程序开始之前，通常需要进行大量的研究、分析和讨论，以确定需要采取何种行动以及准备土地用途申请、环境审查申请。此外，申请人需要经常参与社区对外活动，以便居民帮助提出或理解建议。

当城市规划部（DCP）本身提议进行分区更改时，部门人员将要与议员进行沟通并举行新闻发布会、研讨会或其他类型的对外会议，以征求意见并帮助提出建议。DCP还在其网站的"规划/研究"部分共享信息，以便公众获得更多详细信息并参与该过程。DCP建立了一个正式的流程，并提供可下载的文档，以帮助申请人汇总、确定其土地使用申请并进行必要的环境审查。

自由裁量行动需经过城市环境质量审查（CEQR）程序。根据州和地方法律，CEQR预测该行动将对环境造成的不利影响，评估其重要性并提出消除影响的措施。被称为II型行动的小型申请（例如可能影响单户或两户住房的申请）不受这些审核要求的约束。

CEQR审查了一系列环境话题，包括分析该开发行为可能产生的交通、噪声和阴影，以及其对下水道或学校等公共设施的影响。CEQR还评估了开发行为将如何影响周围地区的社会经济条件和邻里特征。环境分析将批准开发后可能发生的情况（"进行开发后的未来"）与不进行开发的情况下预期的结果（"不进行开发的未来"）进行比较，将重点放在开发行动所导致的结果上，而不是其他趋势、因素或项目上。

CPC在公众审查期间进行投票以决定批准、修改或不批准某个开发申请时，必须考虑所有可能导致的环境影响。因此，在正式的公众审查过程开始之前，必须基本完成环境分析。

环境审查委员会要求进行或批准自由裁量行动的"主导机构"负责协调环境审查并确定其潜在环境影响的重要性。以区域城市规划委员会为人员组成的城市规划委员会，是大多数自由裁量土地使用行动的主导机构，包括那些需要通过统一土地使用审查程序的开发行为。

来源：Zoning Handbook 2018（NYC planning）（作者翻译）

8.4.2　建筑许可的程序构成

在美国，由于区划对土地开发的条件作出了详细的规定，对于建筑许可的程序较为简单（注释8-8，图8-9）。

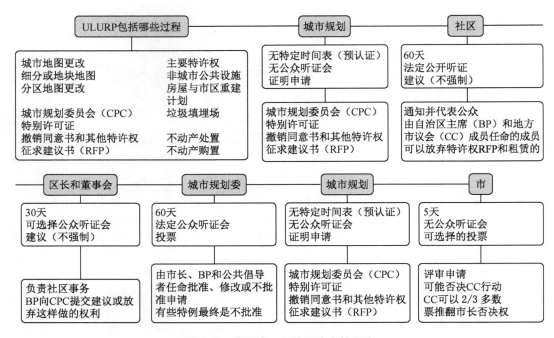

图 8-8　美国统一土地用途审核程序

来源：Zoning Handbook 2018（NYC planning）（作者翻译）

注释 8-8　美国建筑许可相关说明

大多数建筑都需要建筑部门的许可。通常，一个纽约州的注册专业工程师（PE）或注册建筑师（RA）必须在工作开始前提交计划和申请许可证。

许可证有许多种类，例如建筑、锅炉、电梯和管道。主要许可证申请包括新建筑物（NB）及第 1、2 及 3 类改建工程。

NB 类：新建筑的建造

1 类：改变用途、出口或占用的大型改建；

2 类：多种工作类型，不影响使用、出口或占用；

3 类：一种小型工作，不影响使用、出口或占用。

纽约州注册专业工程师（PE）或注册建筑师（RA）必须提交建筑计划以获得许可。部门图纸审查员会审查图纸，看是否有法律或区划上的反对意见。如获得同意，建筑署会批准有关申请。PE 或 RA 也可以证明计划符合所有适用的法律。

某些较小的建造活动不需要许可证；PE、RA 或部门行政办公室的经理可以解释例外情况。例如，安装新的橱柜不需要许可证，但是建造者必须拥有消费者事务部家庭装修建造许可证。

来源：https://www.nyc.gov/site/buildings/business/how-to-obtain-a-permit.page（作者翻译）

8 典型开发控制形式的程序

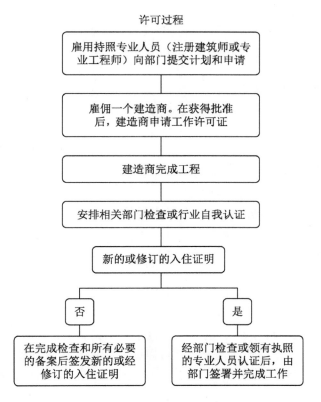

图 8-9 美国建筑许可程序

来源：https://www.nyc.gov/site/buildings/business/how-to-obtain-a-permit.page（作者翻译）

（1）查询

在公众网页可以查询到所有区划地块上曾经被批准的或被拒绝的建筑许可及其详细情况，譬如申请人、申请事项、审批状态、完成状态等。

申请区划修改前的查询程序是为了收集地块及开发计划的重要基础信息，使规划部门可以向申请者建议土地利用申请的类型及环境分析需要的级别。

（2）申请与受理

建筑许可申请应提交至项目所在地的规划部门如房屋局进行申请。房屋局只接受有完整图纸的申请，如果申请的图纸不完整，首席规划审查员（或指定人员）会核对清单，并发出拒绝申请通知。

申请文件中的建设文件应包含：地块总平面、建筑分类说明、出口规划、建筑设计、机构设计、土地整理、消防系统、标志安装计划、排水及雨水管理、拆除前的照片、能源效率、机械及燃气计划、水管系统等。

151

(3) 决定

如果完整的申请文件符合相关规定,房屋局应在申请提交后 40 个日历日内签发许可批准并送达申请人,在第 40 日之前,房屋局可根据充分理由通知申请人延长 20 个日历日,其他有明确规定的情况除外。如果申请文件未符合相关规定,房屋局应在上述时间内签发拒绝通知,说明拒绝原因并阐明申请者具有申诉的权利。

(4) 公布及送达

房屋局需每周向市议会议员及社区委员会发送前一周收到的所有要求新使用许可项目的完成申请文件或首次被拒绝的通知,而且房屋局需每周将这些信息在网页上发布。

房屋局与消防局之间设立许可通告程序,当房屋局为要求新的或修改的使用许可或物业用途和使用情况有变化的项目颁发许可后,在 1 个工作日之内必须向消防局发出通知。

(5) 公示

建筑许可或其复印件应张贴在施工地,在施工期间或设备使用及运作期间或在许可有效期内向公众展示。如果许可置于露天环境,需制成展板或密封在塑料包装内,防止天气因素的不良影响。

另外,在房屋局的网页上必须可以查询到所有区划地块上的曾经被批准的或被拒绝的建筑许可及其详细情况,譬如申请人、申请事项、审批状态、完成状态等。

(6) 公众审查

在建筑许可的规划申请过程中,美国通过公众审查的程序,举行公众聆讯,收集公众意见作为决策依据。

(7) 撤销许可

如果规划部门发现申请文件不符合适用的法规,或者有材料显示申请文件有错误或有不应被许可的情况,规划部门可以在通知申请人及说明详细原因后撤销许可。如果认定建筑开发活动即将发生严重威胁,也可以先暂停许可再通知申请人并说明原因。

(8) 批准后修改(Post-Approval Amendment,PAA)

规划部门批准申请和规划之后,随着工程的进行,可能会产生变化,如工程可能会有微小的调整,或者发现最初的申请有错误需要修改。在工程完工之前,申请人可以提出修改申请文件的建设文件,房屋局可以在完工之前审查修改的部分并作出决定。如果获得批准,修改部分则被归入最初的申请文件。

(9) 许可申诉

当业主、开发商、受影响的居民等相关个人和团体对房屋局、规委会、标准与申诉委员会或其他城市机构作出的土地用途、建筑或其他构筑物的用途和体量的决定有异议时,可以向标准与申诉委员会提出申诉。标准与申诉委员会经过审理,可以推翻、重申(全部或部分)或修改此类决定。所有申诉必须在机构作出决定后30天内提出。如果申诉人不服标准与申诉委员会的决定,可以向法院提出诉讼,主张委员会的决定违法。

当利益相关方认为某项区划条例或修正案侵犯了他们的权利,也可以直接向法庭提起诉讼,主张某项区划条例不合(宪)法。但法院对此作出的判决仅对相应的条文有效,其他条文不受影响,即区划条文的可分离性。

美国法院判决依循案例法原则,主要考虑同类案件以往的判决意见。

8.4.3 美国规划许可的特点

(1) 重视申请前的磋商、查询

纽约的开发许可有事前磋商、查询的制度。申请区划修改前的查询程序是为了收集地块及开发计划的重要基础信息,使规划部门可以向申请者建议土地利用申请的类型及环境分析需要的级别。在规划申请过程中,通过公众审查的程序,举行公众聆讯,收集公众意见作为决策依据。

(2) 区分不同的许可程序

美国的建筑许可分为一般许可程序和专业认证计划,后者可以减少等待许可审批的时间,但申请专业认证计划也附加了严格的审查条件,以保障专业认证被合法使用,有20%的申请将在第一次授予许可后的10天内被选为审查对象。针对一些特定的开发项目,还可以设置特殊的开发许可程序。

8.5 澳大利亚的开发许可程序

澳大利亚是一个联邦制国家,地方拥有较大的自主权,有关规划申请、公示等几乎所有的相关行政权力都由州政府的下一级政府执行。除了堪培拉采取较为特殊的土地契约式开发控制外,澳大利亚其他各个州具体的开发控制略有不同,但差异性不大。为了统一表述,本书的论述没有具体针对某个州,而是将不同州的规划许可程序融合来加以说明。

8.5.1 开发许可的程序构成

依托发达的经济,澳大利亚建立了高效率的规划许可程序,并通过高素质、具有创新精神和较高业务能力的技术人员,保证了开发控制的有效运行(图 8-10,图 8-11,表 8-6)。

开发控制体系及其制度形态研究

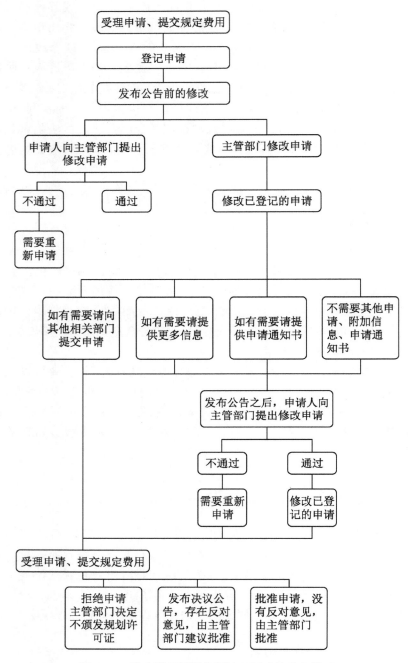

图 8-10　澳大利亚标准规划许可证申请流程简图
来源：作者根据相关资料绘制

8 典型开发控制形式的程序

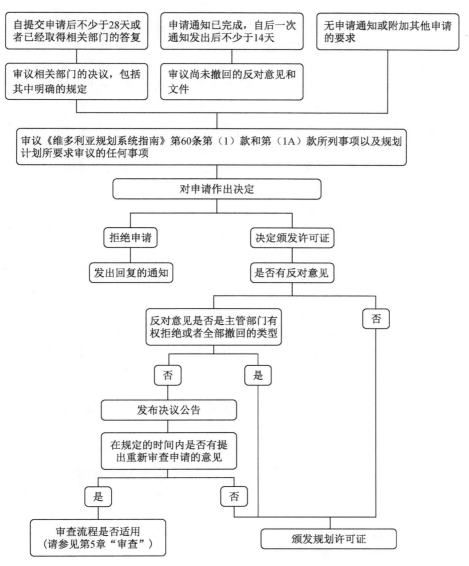

图 8-11 澳大利亚针对规划许可证申请决定的详细流程

来源：作者根据相关资料绘制

(1) 咨询

业主可以在正式申请前把概念性的意见向市政府规划员咨询，提前提供地块号、平面布置图、入口、停车位等一些简单的情况和一份书面报告。咨询会在每周固定时间举行，评审委员对项目咨询提出可行性意见，规划部门在一定时限内（7天）整理后形成书面建议，并收取咨询费用，但

155

是该建议不保证最后能够通过评审,仅仅供申请者参考。

评审委员会由高级技术人员组成,许多内容需要通过电脑模型模拟,评审中非常重视环境影响的评估。

(2) 审核与受理

一旦决定申请,开发者必须提交正式的申请表格以及所要求的附件。规划部门负责审查材料是否符合要求,对于符合要求的申请要在规定期限内(从收到申请之日起 30 天)受理。受理通知书需要告知申请者准备进一步的材料,如相关的开发影响评估等,并提供评审机构详细信息包括名称、地址等,对于必备材料也需要提供信息供开发者查询或购买。

(3) 公告与告知

申请受理后,开发者需要以自己的名义且自费发布公告,通过各种方式对开发申请进行宣传,并提供资料给公众公开查阅,受到影响的个人或组织可对申请提出反对意见。

规划部门同样也需要履行告知的法定程序,通过信函的形式告知开发项目地块的所有邻居,以保证规划许可决策的合理性。

(4) 信息询问(非法定)

规划部门若需要进一步了解情况,可在受理通知书 10 个工作日(必要时可将限定时间延长)内向申请者进行书面询问。对于这种询问法律有详细的规定,申请者可以提供全部或部分信息,也可以不提供任何信息,并要求继续评审程序。

在这一阶段中,申请者也要将申请材料送交相关的评审机构,并告知规划部门。

(5) 审议

规划部门收集公告阶段的意见、部门评估结果等综合因素作出审议,决策可能是无条件或有条件地批准申请、拒绝申请,或要求开发者提供更多的信息。

如果没有遵守申请程序或是邻居提出反对,申请可能转成由市政厅会议(由全体议员参加)来审理。

(6) 抽审

与英国的抽审制度类似,澳大利亚各州主管规划的部长有抽审权。

主管规划的部长有权在对许可申请作出决定之前,将申请提交给自己审批。抽审的项目一般涉及州里的利益,或有可能对州政府规划目标的实现产生影响。

有专门的小组对部长决定抽审的项目进行研究,收集有关意见并作出报告大纲,供部长决策,部长可直接要求规划部门对有关项目附加条件或不予批准。通过抽审程序可以保证开发项目符合全州的总体利益。

(7) 规划申诉

如果开发者不满意申请被否决、附加条件或要求提供更多的信息等决定时,申请者有权向申诉委员会提出申诉。同时,开发申请批准28天后才核发许可证,在此期间,持反对态度的人士也可就项目的批准提出异议。

各州对申诉的程序、范围、需考虑的内容等都有明确的法律规定,一般都不允许对基本政策性原则提出挑战。当涉及规划原则性问题时,申诉委员会要求规划部长作出说明,以免决定影响今后的规划行政。申诉委员会的决定是终结性的,只有出现明显的技术性失误,如数据和事实的差错等时,才可就法律问题向高等法院起诉。

(8) 强制执行

对于没有取得开发许可的开发,地方政府可以视情形要求开发者补办许可申请或采取执法行动。如果规划部门认为这种开发破坏了规划,则可发出"执法通知书"明确规定停工、全部拆除或部分拆除所涉及的建筑物,情节严重的可处以一定数量的罚款。如在限期内未执行通知书的,则被认定为触犯法律的行为,开发者将被政府起诉并承担相应法律责任。

8.5.2 开发许可的程序特点

(1) 灵活性

澳大利亚各州基本上都是区划的模式,因此开发控制具有较大确定性,但是与美国区划法不同,澳大利亚通过附加规划许可条件一定程度上增加了开发控制的灵活性,通过规划条件也实现了公共利益还原。

(2) 透明性

澳大利亚在规划许可的申请中,采取了公告、告知、信息询问等法定和非法定程序,让公众充分了解规划许可申请的情况,并主动告知利益相关人,将规划许可涉及的利益问题在公众参与环节进行协调。

发函咨询社区邻居的意见可以避免一些失误,在符合规范的前提下,取得社区的理解,减少社会矛盾。

以维多利亚州规划许可案例为例(表8-6):

维多利亚州的规划许可分为两大类型:标准规划许可证(Planning permit)和维多利业智能规划许可证(VicSmart planning permit)。这两种规划许可证的流程差异总体如下:

标准规划许可证的申请程序适用于大多数情况下的规划申请,下表为标准规划许可证申请流程。

表 8-6 澳大利亚维多利亚州标准规划许可证申请流程

维多利亚州标准规划许可证申请程序		
咨询	提出申请之前	• 详细了解该规划方案 • 向地方政府规划师了解情况 • 与邻居交流意见 • 考虑是否获取专业建议
审核与受理	准备并提交申请	• 应用信息 • 申请表格 • 费用
公告与告知	地方政府检查申请 申请广告刊登至少14天	• 评估申请 • 通常通过写信给邻居和现场签名 • 受影响的人可能会反对
审议	地方政府评估申请	• 考虑任何异议 • 必要时举行调解会议 • 考虑任何推荐评论 • 评估计划方案的规定 • 与许可证申请人谈判 • 准备报告
	地方政府决定申请	地方政府可以发布： • 有条件的许可证 • 有条件的决定通知 • 拒绝
规划申诉	由维多利亚州民事和行政法庭（VCAT）受理	• 许可证申请人针对拒绝的条件 • 反对者反对决定通知书

来源：作者整理

维多利业智能规划许可证是一种简化的评估流程，可用于简单的计划许可证申请。维多利业智能规划许可证的申请需要满足特定条件，包括在规划方案中将申请类别标识为 VicSmart，并且对信息、评估过程和决策准则有特定要求。维多利业智能规划许可证是由理事会或代表的首席执行官决定申请的。

VicSmart 的主要特点如下：

仅需 10 天的许可流程；

申请不需要发布公告；

随申请一起提交的信息以及理事会可以考虑的内容是预先设置的；
理事会或代表的首席执行官决定申请。

8.6 日本的工程认可程序

根据第六章分析可知，日本的开发控制有"工程认可""开发许可"和"建筑确认"三种开发控制方式。"工程认可"主要管控大型公共设施建设和城市土地开发的"城市规划工程"，"工程认可"在法律上属于行政认可，以技术协调为主。

8.6.1 工程认可的程序构成

工程认可的具体流程包括：提出申请—公告—技术审查—认可—告示（图8-12）。

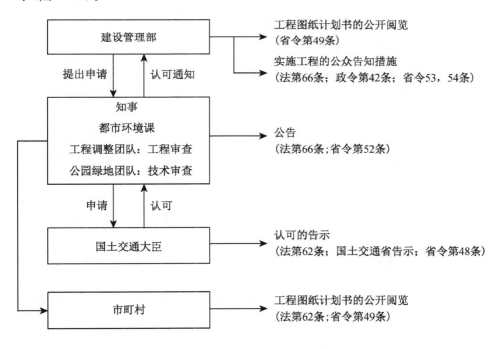

图 8-12 日本工程认可程序示意图

来源：作者翻译整理

（1）申请与受理

建设管理部对于需要实施的城市规划工程提出申请，由都道府县知事的都市环境课受理。

(2) 公告

一旦城市规划工程提出申请后,建设管理部必须依据法律,将需要实施的工程进行公告,供公众查阅相关图纸。

(3) 工程与技术审查

都市环境课的工程调整团队进行工程审查,而公园绿地团队进行技术审查。工程与技术审查都有非常细致且专业的规定。

(4) 认可

都市环境课对于符合工程技术要求的申请进行认可,审查结果也需要根据法律进行告示。

(5) 告示

都市环境课将认可通知送达执行具体工程实施的市町村,由市町村进行告示。

(6) 移交审查

对于重大项目,申请也可能移交给国土交通大臣进行认可。

8.6.2 工程认可的程序特点

(1) 体现中央集权的特征

日本的城市开发控制在审查环节具有地域针对性,将工程项目的认可交由对城市实际状态较熟悉的机构来进行,也通过大力度的事权下放来保障在正常状态下的区域自治。但上级政府和机关等保留了对决定的监督检查的权力和要求权力下放机构的上报义务等,体现出中央集权的特征。

(2) 以政府内部技术审查为主

日本城市规划工程的工程认可基本是由上级政府进行认可,如市町村项目为都道府县(知事)认可,都道府县项目为国土交通省(大臣)认可,而工程技术审查等基本上由都道府县的政府内部专业部门进行。

(3) 重视公示程序

工程认可环节当中的绝大多数重要步骤都需要进行公告,工程计划图纸等还需要提供公开阅览来接受市民监督。

8.7 本章结语

本章以英国的规划许可、香港的土地契约、新加坡的土地批租、美国纽约的区划法授权、澳大利亚的开发许可、日本的行政认可等具体开发控制制度为基础,归纳6种开发控制形式的程序。

(1) 法律授权许可的程序

法律授权许可的对象为微小型开发活动或者法律规定的特定开发活动,外部性小或利益主体单一,因此程序较为简单。申请者通过查询相关法律法规或委托规划咨询机构,确定开发活动属于法律授权许可范围内,到规划部门进行登记审核即可。由于法律授权许可是法律赋予的,因此也不存在许可的维护、申诉以及强制执行等程序。

(2) 规划许可的程序

规划许可的开发活动对象广泛,可以将其分为三类。

部分规划许可被视为简单的或轻微的,例如构筑物、外立面改造、场地改造等等,规划管理人员根据专业规范、法律条文、管理经验可以作出判断而无需集体决策。对于这类规划申请可以通过行政分权下放到基层规划管理机构进行审批。

对于一般的规划申请,根据规划或者开发控制条例可以作出决策,许可的程序主要集中在规划部门内部的讨论和审查。这类申请往往需要征求其他部门的意见,进行横向协调,规划许可需要公示,使公众获得知情权。

重要地段的开发过程中牵涉各方利益,需要经过多方的讨价还价,同时,这类项目的决策是非常困难的,决策过程也很冗长,需要多轮的专家论证和公众讨论,甚至需要安排公众聆讯或听证,一般由城市的规划委员会或者议会进行决策。

(3) 土地契约的程序

土地契约最终的合同要件成为开发控制的依据,因此也经过协商谈判、纵向协调、横向协调、规划条件的确定等程序。由于土地契约的签订意味着许可颁发,因此其程序与其他控制方式的程序先后顺序有些不同。

(4) 区划法赋权许可的程序

对于区划法许可,存在两种情况,一是按照区划法要求申请,一是修改区划法再申请。由于区划法已经明确规定土地开发的条件,因此如果在不调整区划法的情况下,实质为通则式许可,其程序较为简单,申请者到规划部门咨询,经审核符合要求后,规划部门在法律规定时间内送达并公告。区划法许可包括后期的维护、申诉、强制执行等程序。

任何人,包括个人或城市机构,都可以提出区划修正。区划地图修正必须得到城市规划委员会的批准,由市议会采纳,并经过正式的公众审核过程才可以生效。

(5) 行政认可的程序

由于政府部门和法定机构的开发活动具有公共利益,行政认可一般都采取内部程序,提高行政效率。行政认可虽然是内部程序,但依然需要一定的公开透明,特别是重大基础设施或公共服务设施的建设,涉及城市的空间形态、经济发展、就业等环境、社会、经济问题,市民的意见将成为审批的参考依据。

由于政府内部行政也会存在决策失误等问题,因此行政认可也会有变更或撤回等后续维护。由于行政认可范围内的开发活动代表的是公众利益,因此基于城市整体利益而带来的变更、撤销等原因,不涉及赔偿问题。

(6) 行政协议的程序

行政协议是基于共同利益通过协商谈判而成的协议,因此协商谈判成为其最为重要的程序,体现了决策的高度自由裁量权。在过程中,行政协议与一般行政许可的程序相差不大,包括部门磋商、公示等程序,保障了决策的透明度以及裁量权的自由运用。

与许可程序不同的是,行政协议不包括申诉的程序,主要由许可协议的法律性质而决定。

9 规划许可的普遍性程序

9.1 规划许可程序的划分及其依据

在建筑许可阶段,均需要进行行政程序的规划许可,规划许可在每个国家和地区都得到普遍应用。本章对规划许可的普遍性程序进行研究。规划许可是"地方规划部门为确保所辖范围内的开发活动所执行的一系列合理的、可接受的、法定的程序"(Harrison M L,1972)。

开发控制的重点在于如何实现控制目标,以及在不断变化的条件下调整并完善目标。对于开发控制这样一个注重程序的制度来说,重点不仅是通过申请与受理、磋商与谈判完成规划许可的颁发,而且还包括申请许可前的咨询、评估、告示等等;对于许可的结果进行更改、撤回、撤销、注销等维护;赋予申请者针对不合理决策进行申诉的权利,赋予规划部门对违法开发活动采取强制执行的法律权力(表9-1)。这些过程也连带地改变了受到影响的相关利益者。

完整的规划许可程序应该是一系列的程序,将规划许可从"申请与授予"向前期准备、后期维护、救济等不同的阶段延伸,协调可持续发展冲突(庞晓媚,周剑云,蔡小波,等,2021)。

表9-1 规划许可的普遍程序

阶段		程序		典型国家与地区	备注
A	前期准备	A1	咨询	大部分国家和地区都提供官方服务	
		A2	磋商	英国、中国香港、美国、澳大利亚、新加坡、日本、新西兰等	
		A3	外部性评估	德国、澳大利亚、英国等	
B	许可申请及颁发	申请与受理	B1	申请	大部分国家和地区都设置为法定程序
			B2	受理	大部分国家和地区都设置为法定程序

续表 9-1

阶段		程序		典型国家与地区	备注
	协商与谈判	B3	告示	大部分国家和地区都设置为法定程序	
		B4	谈判	英国、美国、新加坡、中国香港等	
		B5	纵向协调	英国、新加坡、澳大利亚等	
		B6	横向协调	英国、中国香港、美国、澳大利亚、新加坡、日本、新西兰等	
		B7	听证	英国、新西兰	重大项目
	颁发	B8	决定与公示	大部分国家和地区都设置为法定程序	
		B9	公布与送达	大部分国家和地区都设置为法定程序	
C	许可维护	C1	变更	大部分国家和地区都设置法律程序	
		C2	撤回	大部分国家和地区都设置法律程序	信赖原则
		C3	撤销	大部分国家和地区都设置法律程序	
		C4	注销	大部分国家和地区都设置法律程序	
D	许可救济	D1	申诉	大部分国家和地区都设置法律程序	
		D2	强制执行	大部分国家和地区都设置法律程序	

来源:作者整理

9.1.1 通过前期准备降低制度成本

规划申诉赋予了申请者行政救济的权利,但同时也不可避免地影响了整个体系的运作效率。为了使规划决策更高效、成本更低,需要在开发过程中尽早地解决规划争议。因此越来越多的国家和地区注重规划许可申请前的磋商,以及规划许可过程中的协商谈判,通过磋商以及谈判可以"有选择性地解决争议的方法",试图找到一种双方都可以接受的方法将利益问题提前协调,以代替规划申诉决策的"非得即失",从而降低制度成本。

9.1.2 通过许可维护保障公众利益

开发控制基于这样一个理念,"开发控制的程序应该便于开发,并确保满足公共服务以及市政设施的需要"(卡林沃思,纳丁,2011)。

由于发展中的不确定因素很多,已发出的规划许可很可能因现实条件的转变而需要调整或撤回。政府在开发控制上的权力远不止授予或拒绝规划许可,还可以撤回已经发出的许可,即使这个开发已经发生。用这类方式,可以维护公共利益,实现一些公共事业发展的目标,特别是保护农田、保护环境和促进社会和谐发展这类更宏大的目标。

9.1.3 通过许可救济保障公民权利

开发控制对土地开发权的规制,成为最影响公民财产权的行政行为之一。开发许可是根据各种政策、规划,在决策上作出的具有倾向性的加权,因此在决策过程中难以避免出现错误。为了纠正规划许可中的决策错误,所有的国家都有规划申诉的制度。

9.2 规划许可申请的前期程序

9.2.1 咨询

规划申请需要获得其他部门和机构的同意。为了提供更高效和优质的服务,使开发项目顺利获得批准并节约申请者的时间,大部分国家和地区提供规划许可咨询(表9-2)。

表9-2 不同国家和地区公共机构规划许可咨询对比

国家	提供咨询的机构	咨询的形式	咨询需要的材料	咨询费用
英国	地方规划部门	"信息公示和申请管理系统"(Planning portal)	通过网页查询	免费

续表 9-2

国家	提供咨询的机构	咨询的形式	咨询需要的材料	咨询费用
澳大利亚	市政府规划员各部门的高级专业技术人员	提前7天预约,咨询会周二、三、四上午进行,时间在半小时至一小时;7天内给出书面建议(不保证通过最后评审)	提前4天提供资料和一份书面报告	150澳元至400澳元不等
新加坡	城市重建局	电子申请提交系统,任何时间任何地点	网页回答问题	免费

来源:作者整理

咨询有官方提供的咨询以及咨询部门提供的收费咨询两种。随着互联网的应用,许多国家和地区的地方规划部门都通过网络的形式提供咨询服务,既提高行政效率同时也节省申请者的时间。

由政府部门提供的咨询属于公共服务,这类服务由全体纳税人负担,但该项服务仅限于咨询规划许可申请的流程、所需要准备的申请材料等内容。如果咨询内容超出公共部门原本承担的义务范围,例如对方案进行审查,则需要收费。

9.2.2 预申请

为了避免申请过程冗长而增加的行政成本,对于大型的复杂项目,许多国家和地区都设置了预申请的环节。申请者可以针对开发项目提出初步的方案与规划部门进行磋商。

大部分的国家和地区都非常注重预申请以及规划许可申请前的磋商环节。无论是我国香港的土地契约,还是美国的区划许可申请,英国的规划许可证申请,事先的磋商都是必要程序。通过对土地开发过程制度成本的分析,可见预申请以及磋商有利于降低整体的制度成本。

9.2.3 准备申请材料

综合各个国家规划许可申请的准备材料,主要有两部分:一部分是开发活动的社会影响、环境影响、经济影响等外部性评估报告;一部分是开发活动的具体规划设计、建筑总平面等材料(表9-3)。

(一)开发活动的外部性评估报告

由于申请许可需要考虑的因素较多,涉及历史保护、环境保护、交通影响、利益相关者意见等复杂的问题,因此大部分国家和地区在规划许可申请之前,通过前置条件的设置,来评估开发活动将可能引起的冲突,提前干预开发活动的影响。

(二) 开发活动的规划设计以及具体细节

由于规划许可有许多细节要求,为了方便申请许可,政府一般会制定相应格式的申请书。申请人提出详细具体的规划及建筑设计方案①,包括总平面布置图,建筑平、立、剖面图,满足建筑规范的设计说明等。有的国家甚至对空间三维模拟效果以及施工工艺也提出要求,以方便政府能够有效地加以审查。

表 9-3 不同国家规划许可申请细节要求对比

国家	申请要求	申请材料	材料真实性
荷兰	政府专门印制了长达15页的格式申请书	申请人必须首先提出详细具体的建筑设计方案	申请者在提交申请时已经签署承诺书以保证其提供的材料属实
英国	政府网页有详细的申请要求	地块的详细规划设计;在申请提交之前的21天已经通知土地所有者或者承租人的证明	当不能确定是否需要规划许可时,土地所有者必须申请合法性证明
澳大利亚	——	包括环境影响分析报告,总平面布置图,建筑物平面、立面、剖面图,确保工程满足澳大利亚建筑规范的设计说明、施工工艺、白蚁控制措施等等	申请者负责对资料的真实性作出承诺

来源:作者整理

9.3 规划许可的申请及授予程序

9.3.1 申请与受理

通过对比英国、美国、澳大利亚等国家的规划许可证程序,发现申请与受理是普遍程序,各个国家和地区基本一致。

一旦申请者提出正式申请,地方规划部门就要对其进行审核并确认,如果申请资料不齐全,规划部门需要对申请者予以说明。

申请被受理后,申请者支付相应费用,规划部门将在规定限期内给申请者发出受理通知,并告知申请者需要进行的评审或告示等。

---

① 尽管不同的国家和地区会有不同的细化标准和要求,但通常来说,每一楼层的草图和建筑的横截面,楼内格局的设计以及用途计划(比如客厅、卧室和厕所)等都应当标明。

9.3.2 磋商与谈判

(一) 部门磋商协调

规划许可涉及相当多的部门,是一项综合性很强的工作。部门针对具体事项负责按照既定的法规最低标准执行,以保障一般大众的人身、卫生、财产安全与正常生活。规划许可决策之前,必须与有关部门协调,需要协调的具体部门视项目的具体内容而定,协调的目的是了解相关部门对该项目的意见,协调一般按照规定的法律程序进行(表9-4)。

表9-4　不同国家规划许可部门协调对比

国家	主导部门	磋商协调的部门	法律效力
德国	市政府规划审批部门	具体与哪些部门协调,市政府可以自行决定,一般有能力完成鉴定工作的部门都担任这项工作	必须确保该项目符合土地建筑法令的规定
澳大利亚	州协调委员会	规划咨询委员会、历史建筑保护委员会、环境保护署、城市更新署、公共工程部、港口署、土地保护委员会、农业部、住房部、卫生局、林业局	部门意见作为规划决策的参考依据
英国	地方规划机构	健康和安全执行局、农渔/交通/遗产部、体育委员会、公路局、煤矿局、环境机构英国遗产部	部门意见作为规划决策的参考依据
法国	城市发展国家顾问委员会	城镇小区社会发展国家委员会、郊区更新工作组、道路桥梁国家理事会、保护区国家委员会、商业事务城市规划国家委员会、城市开发委员会、历史、文物保护委员会	部门意见作为规划决策的参考依据

来源:作者整理

在不同的国家和地区,负责协调的主导部门不一定都是规划部门,这体现了各个国家不同的行政特点。有的国家专门设置了政府机构的协调委员会,协调事项不局限于规划以及开发控制。

(二) 协商谈判

规划许可是利益相关者通过协商形成的,因此,规划许可不应该由技术权威或预设规则进行裁判,而应该由利益相关者进行判断。协商谈判是许多国家的规划许可中都会采用的正式或非正式程序。通过协商谈判可以更好地了解各方的利益和价值观,看起来冗长的谈判和决策过程,却是一个强大的工具,能够调动政府与私人、政府各个部门的参与,从而实现多方合作的赢利,避免正式申请程序的冗长无效。

谈判属于双方讨价还价的性质,开发商的规划师顾问与政府部门的规划官员占据主导地位,成为平衡各方利益的调节者,试图找出各方都受益的解决方法。谈判的主要原因是开发申请具有重大的利益冲突,涉及遗产保护、社会公平等可持续发展冲突的议题,因此协商谈判是协调可持续发展冲突的有效途径。

(三) 公示

规划申请公示是开发控制中的重要环节。在许多国家和地区,公众在规划申请被接受之始就可以参与,尤其是敏感地带的开发、大型开发等。对于特定类别开发的规划许可申请,公示结束之前,地方规划局不应作出决策。申请期间进行公众参与的目的是确定开发的原则问题是否被公众接受,有利于在早期解决问题,防止将问题遗留至下一阶段。

公示的形式和要求在不同国家和地区有着不同的实施细节(表9-5),主要有两个原则:一是保证公示的公开性,通过报纸广告、设置告示牌、通知邻里等形式进行广泛告示;二是时效性,公示必须维持一段时间,确保公众能获取信息并反馈意见。

表 9-5 不同国家和地区公示程序对比

国家和地区	公示途径	公示的方式	公示的要求
英国	开发的土地上	固定在某个物体上,社会公众不必去到该块土地上就可以很容易地看到该告示	字迹清楚,易于读懂;保留至少7天,但不超过1个月
	媒体	土地所在地流通的报纸	刊登规划许可的消息
澳大利亚	媒体	当地流通的报纸	至少公示一次
	开发的土地上	设立公告牌	保留15~30天
	信函	给所有相邻土地的所有者	发送公告函
中国香港	登记处	申请报告将公开放在登记处	供任何对该项目感兴趣的个人和机构查阅
	媒体	—	说明新开发项目的内容和规模
	项目周边地区	公告牌	开发项目的基本情况
新西兰	信函	给所有相邻土地的所有者	—
	开发的土地上	告示牌	—
	媒体	登报	—

来源:作者整理

(四) 听证

听证是现代行政的重要程序。少数国家和地区例如英国、新西兰将听证纳入规划许可的法定程序,根据公示反馈情况,决定是否需要举行听证会。如不需举行听证会,规划管理部门需在公示期后作出是否予以核发规划许可的决定。如举行听证会,需在会议召开前通知到各相关单位以及相关人员,举行听证会的费用往往由申请人承担。

9.3.3 决定与公告

(一) 许可决定

为了提高行政效率,每个国家和地区都对申请许可的时间作出了严格的规定,如果在法定许可时间内没有给予许可或者不许可的答复,通常会默认为许可。"默认许可"与正式许可具有同样的法律效力。

许可决定一般分为"许可""有条件许可""否决"三种。

(二) 许可公告

规划许可的公告是许多国家和地区规划许可的法定程序,以保证公众的知情权。与许可决策前的公示不一样,许可结果的公告仅仅是将结果传达给公众,确保公众的知情权,个体的反对意见并不会改变决策的结果,对于决策不服的相关利益人可以采取申诉的形式维护自己的权利。

(三) 送达与告知

规划许可是一项行政决定,法律规定必须确保许可结果送达申请者。

如果规划部门附加规划条件或者要否决一个项目,申请者享有申诉的权力,因此往往要附加详细的解释来说明决策的合理性,并告知申请者其拥有申请复核或申诉的权力。

9.4 规划许可的维护程序

9.4.1 规划许可的变更

许可的变更与撤回对完善开发控制工作十分必要。规划许可的变更有两种,一种是规划许可申请的变更,包括开发项目主体、建设项目名称的变更,这种变更不涉及规划许可条件以及实质内容,规划部门按照相关程序进行变更即可,一般不容易引起纠纷。

另外一种是涉及规划许可条件的变更与撤回,包括开发商申请的规划变更以及规划部门主动变更规划许可,往往牵涉众多利益相关人,需要通过法律明确规划变更的原因,并进行公示或者听证等程序确保行政的合法性(表9-6)。

表 9-6 英国与美国规划许可变更对比

国家和地区	变更/修改原因	合法性	变更程序
英国	撤回命令和修改命令	在开发还没有产生时,不能过多地影响原已审批通过的开发	向利益相关者发出通告;相关受影响的人可申请会面和聆询;根据相关意见批准命令或作出修改
	中止命令,它可以中止任何现有的土地用途,要求更改或移除建筑物或构筑物	有利于本地良好的规划利益,政府需要赔偿执行该命令时产生的各种花费和贬值差价	必须获得国务大臣的通过;只有当案件涉及面非常大时,才会批准使用
纽约	现行的区划规范开发一个地块显得不可行并且为业主带来过重的负担	因为实施的困难或不必要的负担是由于独特的物理环境引起的,而不是业主引起的	更新建筑许可;以往委员会授权的延期和修改
	工程可能会有微小的调整,或者发现最初的申请有错误需要修改	如果获得批准,修改部分则被归入最初的申请文件	在工程完工之前,申请人提出修改申请,房屋局可以在完工之前审查修改的部分并作出决定

来源:作者整理

9.4.2 规划许可的撤回

由于发展中的不确定性因素很多,已发出的规划许可很可能因现实条件的转变而需要调整或撤回,体现开发控制的灵活性。

政府在开发控制上的权力远不止授予或拒绝规划许可,还可以撤回已经发出的许可。用这类方式,可以实现一些公共事业发展的目标,特别是对保护农田,保护环境和促进社会和谐发展这类更宏大的目标。如英国曾对位于绿带冈的开发项目行使撤回命令广州市规划委员会曾对"万科大元帅府地块"撤回规划许可,但是,规划许可撤回的损失也由地方规划机构赔偿,因此地方正度必须慎重撤回许可。

9.4.3 许可的撤销

许可的撤销是用来处理那些没有通过合法途径获取开发许可的行为,分为两种,一种是由于申请者提供虚假的申请材料以获得许可的通过;另一种是因为规划部门在许可的过程中没有遵守法定程序,因此许可被判定不合法，许可的撤销会影响到原已作出的许可决定所确定的法律关系的稳定性，造成行政相对人的利益损失，行政主管部门也可能因此被追究国家赔偿责任。

许可的撤销与撤回最大的区别在于，许可撤销不需要赔偿，而且往往会追究当事人的责任。

9.4.4 许可的注销

各个国家和地区的规划许可证都会标明期限，主要是为了防止申请者获得许可证后不进行开发活动，由于城市发展的情况变化导致原本许可条件不适用，限定许可证的期限可以在法律上厘清行政部门的责任。如果开发者在规划许可颁发后的许可期限内不进行开发，而又没有向规划部门申请续期，许可证在法律上会失效，规划部门将对许可进行注销而不需要负担法律责任。

9.5 规划许可的救济程序

行政认可与规划许可最本质的区别在于是否享有申诉的救济权利。行政认可由于其特殊的性质，它的申请过程实际上可以认为是下级政府要求上级政府或机关对某项工程审批批准的行为，不涉及申诉的情况。

几乎所有的国家和地区都对规划许可的救济作出了规定，规划许可的救济包括私权的救济即申请者的规划申诉，以及公权的救济即对违法活动进行强制执行。无论是申请者还是管理部门，都有权利通过法律捍卫个体利益或公共利益。

9.5.1 规划许可的申诉

在不同的国家和地区，因为行政机构、法律体系不一样，规划申诉的内容、主体、渠道以及程序略有差异（表9-7）。

表9-7 不同国家和地区规划许可申诉内容对比

国家和地区	申诉内容	申诉主体	受理机构	申诉程序
澳大利亚	申请被否决（部分否决）； 不合理开发附加条件； 补偿决定异议 延期决策； 许可有效期	申请者	土地与环境法庭	法庭的每一项判决都是结论性的，不允许任何指责和重新起诉、复审及废除，也不允许在任何法庭中提出疑问

续表 9-7

国家和地区	申诉内容	申诉主体	受理机构	申诉程序
新西兰	对规划许可决策存在异议	申请者	环境法庭	在许可决定作出15个工作日内，向环境法庭提出申诉。环境法庭将对规划申请进行重审，并作出支持或驳回的决定。环境法庭决定为最终决定
德国	申请被否决（部分否决）；不合理开发附加条件	业主或利益主体	行政法院	—
新加坡	申请被否决（部分否决）；不合理开发附加条件；许可有效期	申请者	行政机构：国家发展部部长、市区重建局	接到通知书的28天内以书面形式向国家发展部部长、市区重建局申诉
	征收开发费	申请者	行政机构：国家发展部部长	国家发展部部长最终裁决
英国	申请被否决（部分否决）；不合理开发附加条件；许可有效期	申请者	事务大臣，内部独立的申诉委员会	规划申诉包括三种方式：聆询会、听证会和书面陈述
中国香港	申请被否决（部分否决）；不合理开发附加条件	申请者	半官方的土地利用申诉委员会	向土地利用申诉委员会申诉是一种简易法律程序，一般3个月作出决定。申诉委员会在处理案件时具有等同于高等法院的权力
纽约	被拒绝后提出的申诉申请	业主或利益主体	立法规定的标准与申诉委员会	局限于州和地方法律、法规及区划规例所列明的具体判决及措施

来源：作者整理

(一) 申诉内容

如果规划部门对规划许可否决或部分否决；对方案提出额外的附带条件或者不合理的条件，需要申请者提供额外信息延后决策；或者对许可的有效期提出异议，申请者可在规定的申诉时限内，通过法律规定的渠道进行申诉。

(二) 申诉主体

申诉的主体分两类，一类是申请者，一类是相关利益主体。申请者针对规划许可的不合理进行申诉，是每个国家和地区的法律都会赋予申请者的权利。

部分国家通过行政法律保护公民的利益，邻里等利益相关者也可联名上书或申诉，反对地方规划部门滥用规划权力作出不符合他们利益的许可行为。

由于各个国家和地区的法律制度、行政制度设置的差异，对于规划许可申诉也存在行政法院、民事法院、规划法庭、申诉委员会等不同法律性质的受理机构。

9.5.2 规划许可的强制执行

强制执行的权威建立于强制性以及惩罚性之上，针对违法开发活动，各个国家和地区都制定了相应的惩罚措施，只是强制执行的对象、程序、处罚程序等略有不同(表9-8)。

(一) 强制执行的对象

综合各个国家强制执行的对象，可以归纳为以下几种：
① 没有经过许可私自更改建筑物使用类型；
② 未获得许可就开展建设活动；
③ 没有在获得许可的有效期内进行建设；
④ 没有执行规划部门的开发限制条件；
⑤ 工程已完工，却被发现是非法建筑或法律手续不全。

(二) 强制执行的程序

在作出强制执行的决定之前，地方规划部门往往需要发出"执法通知"或者"告示"，以通知违法的开发者，有的国家和地区甚至允许开发者对强制执行的决定提出申诉。

(三) 强制执行的处罚措施

由于建筑工程活动兴建与拆除的经济成本巨大，对于影响较小的违法项目往往会采取补办申请的措施；对于影响较大的违法项目，为了加强强制执行的威力，许多国家和地区往往会对强制执行采取罚款、强制拆除甚至刑事处罚等三种不同法律效力的措施。

表 9-8　不同国家和地区强制执行对比

国家和地区	强制执行对象	机构	强制执行程序	强制执行措施
澳大利亚	未获得许可就开展建设活动；工程已完工，却被发现是非法建筑或法律手续不全	法庭	通过向法庭申请下达强制命令予以制止	—
英国	没有经过许可私自更改建筑物使用类型；未获得许可就开展建设活动；没有在获得许可的有效期内进行建设；没有执行规划部门的开发限制条件	规划部门	发出违反规划通告，规划机构可以与试图违反者进行协商，并达成协议；如果协议没有达成，发出强制执行通告；一旦中止通告发布，被通告的开发者必须立即中止一切开发行为，否则构成刑事犯罪	拒绝履行时，违法行为将构成犯罪，同时最高罚款达 2 万英镑；发布的禁令如不执行，构成对法院的藐视
中国香港	未获得许可就开展建设活动；工程已完工，却被发现是非法建筑或法律手续不全	规划署	发出执行管制通知书，要求在指定日期前停止该项违例开发或取得规划许可，如不履行，即属违法	首次定罪处 50 万元罚款，第二次及其后再度定罪处 100 万元罚款，在限期内未执行通知书的，则被认定为触犯法律的行为
美国	违反条例所规定的建筑建造、更改、扩大、转换、移动或者使用的行为，或者允许这种使用的行为	分区管理部门	发布禁令、命令书或其他适当的行动来防止、减弱或消除这样的变更或其他违反条例的行为	开发者拒绝履行强制通告时，最高罚款 2 万英镑，拒不履行会被刑事检控

来源：作者整理

9.6　规划许可核心程序的设置理念

9.6.1　协商谈判与制度成本

在战后早期起主导作用的综合规划理念受到批判，规划体系已从高度关注重大项目规划转移到致力于找到调解利益冲突的方法。这导致开发控制从刚性控制转变为磋商与仲裁。英国的经验表明,相比在一个管理、控制的框架内,开发商在协商的体制下能更容易地运作,他们知道该怎样争取自己的利益。

规划许可的申请被受理后,进入"利益化"的环节。规划许可的实质是利益相关者围绕"冲突"进行协商、博弈和妥协。因此,需要通过建构有利于激励相关者参与的情境和机制,运用合适的程序,鼓励和引导利益相关者对规划许可形成整体的价值判断和一致行动的共识。尽管各个国家和地区的行政法都对规划许可设置了申诉的机制,然而申诉不可避免地增加了制度的运行成本,为了协调公共利益与私人开发利益,许多国家和地区的开发控制普遍存在正式或非正式的协商谈判空间。在一些复杂的、综合性的项目中,申请方与规划部门也会举行多次谈判,就所关心的问题达成一致以及怎样能使规划涉及的内容合法化是谈判的主要议题。

文献研究表明,在开发控制的流程中有两个关键点,一是开发控制和开发均遵循一定程序和可预测的路径,二是谈判进程同样是可预见的,但其中的行动者并未意识到这点。案例研究表明,开发控制过程中的谈判往往显示其遵循立场式谈判法(Positional bargaining)[①]。值得注意的是,在谈判的过程中,谈判策略并非主要关注点,虽然这种杠杆的作用是公认的。为了更多地对开发控制过程的谈判有深入的认识,从开发者的角度去分析谈判对开发提议的影响,关键是识别谈判过程的关键角色,尤其是规划顾问或代理规划师在此过程中的调节作用。虽然谈判结果最终是由规划部门来平衡利益,但是专业和政治的考虑在决策中具有同样影响力(Fisher R, et al., 1981)。

在规划谈判中,谈判过程和背景同样重要。成功的谈判为所有相关利益者提供最大的满足,谈判的过程实质也是开发控制的过程。换言之,谈判策略是由这些背景所决定的。同样,谈判的性质也取决于由谁引导,可能是级别非常高的政治和公共角色,也可能是偏重于技术和私人。谈判的结果可能是对抗或合作,谈判的过程可能被时间或特定需求所约束,或者在这两个方面都更开放。这些背景有助于解释谈判的过程也是结果,讨价还价(好处交换)和承诺(达成次优协议)也是谈判程序的一部分。

对于政策决策者来说,必须认识到,从根本上改变现状,或者想要寻找一个完美的决策是不可能实现的。根据"有限理性"的概念,其实只要

---

① 立场谈判指的是基于各方的立场而非利益为出发点。

在现有基础上有所改进,或者说谈判结果能够实现边际收益,就能让人们满意,也只有这样的控制方式才能在现实中实现。

9.6.2 公示听证与知情权

开发控制的过程与内容同样重要,如果决策是透明的,或者如果公众有权利参与过程,那么开发控制的决策都会使公众放心。

在一些重大的规划许可申请过程中,由于牵涉的利益主体广泛,或者会对周边地区产生重要的影响,规划部门往往会通过公示的形式参考公众建议,或采取听证的方式保护利益相关者的知情权。

开发控制过程中的公示、听证是基于透明去除或减弱由于"组织化的不负责任"(Organized irresponsibility)(何艳玲,2006),是在社会分层、公众需求多样化、利益集团介入的情况下采取的一种协调对策,它强调公众对城市社会发展的决策的知情权。透明公开的原则不仅是对自由裁量权进行制约的有效手段,同时也是减少开发控制纠纷的有效途径。规划许可往往涉及各级政府、开发商与市民、邻里等多元主体之间的利益冲突,设置公示与听证机制让市民参与其中,将可能导致的纠纷提前协调,有利于缓和社会矛盾。

规划许可属于行政主管部门的职权范围,听取利害关系人、申请人意见,主要的目的是做到"兼听则明",使行政主管部门能够在充分听取许可相关各方意见的基础上,更好地作出许可决定,而不是将许可的行政决定权交给申请人、利害关系人行使,由其进行"公决"。依据规划部门作出的许可决策可能会损害部分市民的既有利益,而如果听证采取市民"公决"的方式,由于市民对于开发控制涉及的技术不了解,则可能会损害公共利益。

公示与听证的"度"需要规划部门根据当地法律、行政组织架构、执政理念进行细化,具有地方性。

9.6.3 许可撤回与信赖原则

制度在社会中的主要作用,是通过建立一个让人们互动的稳定结构来减少"不确定性"。由于城市发展面临巨大的不确定性,规划部门作出的许可存在被撤回的可能性,为了保护申请者的利益,开发控制采用了行政法的信赖保护原则。

信赖保护原则是行政法中的基本原则之一。"信赖保护原则的法理基础在于,对个人就公权力行使结果所产生的合理信赖以及由此而衍生出的信赖利益,法律制度应为之提供保障,而不应使个人遭受不可预期的损失"(刘飞,2010)。开发控制的许可作为政府的一项行政行为,一经作出就具有公信力,不得随意修改。信赖保护原则的基础是公众对自己国家及国家权力的信任,这种信任是公众安全性和其工作、生活行为有明确预期的基本前提。

在信赖保护原则之下,规划部门与申请者之间,在国家利益、社会利益与个人利益之间,可以尽可能地达到一种公平与平衡。规划部门作出的行政行为被信赖保护原则所限制,进而保证了规划部门在作出许可决策后不可朝令夕改,一旦要撤销或改变,必须给予相应的补偿。此原则的确立无疑是在更强大的行政主体面前,对于申请者的利益的一种切实保护。

9.6.4　许可申诉与法律救济

法治不仅需要清晰、完备的法律制度,更重要的是要建立有效的各级政府管控并体现社会各种合理权益诉求的机制,从而使得法律得以正确适用并被人们普遍遵守。英国著名行政法学家威廉·韦德在其著作《行政法》中指出:"在现代国家增加的行政控制和服务中,开发活动的许可是引起最多诉讼案件的行为之一。"

一般来说,通过制度的设计,开发许可的相关问题在地方政府内部都能解决,而当问题解决不了时就需要外部力量的介入,这个外部力量就是规划申诉。当申请者对开发许可有争议时,规划申诉为这些争议提供了一个利益诉求的机会,其目的在于从外部监管许可的正常运转。许可申诉的意义在于申请者能够促使政府的上层领导对下级的工作进行必要的监督,保证下级决策的正确与公正,维护政府的形象。

规划申诉过程构成了开发控制体系的反馈环节,它是整个体系的缩影,在这里,规划体系和规划许可的决策要接受挑战,而且需要面对最有争议及困难的问题。它同时又是整个体系的"关键点",规划申诉过程中所发生的事情对于整个体系来说都是至关重要的。虽然每个规划申诉都被认为是基于申诉者自己的利益,但其累积的效果就是政策的实施。规划申诉可以折射出规划政策的模糊之处以及其与规划许可决策之间的矛盾,从而构成了规划体系的循环链条,有助于发现和改进规划许可决策中的问题。

9.6.5　强制执行与制度权威

"制度是人类交往的规则,它抑制着可能出现的机会主义和乖僻的个人行为,使人们的行为更可预见,并由此促进着劳动分工和财富创造,制度要有效能,总是隐含着某种对违规的惩罚。"(柯武刚,史漫飞,2000)制度一旦确定,应具有强制执行的特征,要全力保持政策和制度的权威性。

如果开发行为不符合规划许可,规划部门被允许对可能损害市容结果的行为进行干预,完整的开发控制(和整个规划系统)建立在随时准备采取强制执法行动的基础之上,否则开发控制制度的威望会迅速削弱。需要强调的是,强制执行不但是为了执行规划政策的目的,也为了确保规划体系能持续地获得公众的支持和信心。如果出现不受管理的开发,公众对开发控制过程的接受度就会被破坏。强制执行是规划法律和实践技术性很强的一个领域,地方部门的强制执法行动是提高本身威望的焦点所在,反映了规划部门具备其他部门所不具备的权力。

强制执行的法规体现社会价值,表达政策本身的价值和原则(Baer W C,1997),使得每个部分实现其特定的功能。强制执法不仅涉及诉讼,还包括一系列的机制,包括教育、咨询、劝说和谈判。由于刚性执法的实施困难,以长期的谈判和劝说为基础的合作,被认为是最有效的方法(Hutter B M,1988)。劝导是在灵活的规则和强制执行的某个下落点采取法律行动,反映"柔性执法"的理想(Hawkins K,1984)。然而,虽然协作的策略可以提高强制执法的有效性,但如果频繁采用,反而使真正有效的战略在政策支持者面前失去吸引力(Scholz J T,1991)。

当教育、咨询、劝说和谈判等所有其他选项已经用尽,惩罚性措施被认为是最后的手段(Hanf K,1993)。强制执行的刑罚风格(Reiss A J Jr,1984)和制裁策略的目的是防止侵权行为的发生。开发控制过程的完整性取决于地方规划部门在必要时采取有效措施的意愿。如果未经授权的开发在造成危害前,地方规划部门没有对其进行阻止,允许其继续进行,那么公众对开发控制过程的认可度很快就会下降。

虽然强制执行的刑罚风格和制裁策略的目的是防止侵权行为的发生,但这种方法的主要关注点可能会造成处罚功利。强制执行的适应或共识是基于正规程序,包括教育和说服违法者遵守法规,但监管机构都不愿意走上长期谈判的道路,当遇到阻力时宁愿实施执法行动。由于规划部门往往没有执法权,许多国家的城市只能提供很弱的规划强制执行权。随着这些权力的感知缺陷,法院系统不愿起诉和采取惩罚性的制裁,这些都对强制执行起到破坏作用。即使增加规划部门强制执行的权力,也只能解决实现环境政策目标的一部分问题,其他因素还有赖于规划部门、检察机关和法院之间的协作关系。

如果要对影响强制执行的因素有更深入的了解,就需要以新的理论来完善规划许可的程序。如果在规划许可程序中,增加规划申请前的咨询、磋商,以及许可申请期间的协商谈判,将有助于规划部门以有限的能力来有效授予有条件的许可,其中一些不在预计内的开发活动可以被减少到最低限度,因为开发活动信息的清晰传播,使地方规划部门可以提前拒绝没有谈判基础的开发活动。如果不能在更广的视角对规划许可程序进行整体的设计,将面临强制执行制度的风险,即"过度承诺",导致公众的期望降低。

9.7 规划许可的利益相关者及决策

9.7.1 利益相关者的构成

开发控制是通过公共部门对土地利用的干涉而进行的,各种利益主体牵涉其中。因此,一个核心的问题便是公共部门与土地所有者、开发商、技术人员、代理、利益相关者之间的关系。

(1) 公共部门

通过对国外代表性国家和地区规划行政机构设置的分析,可以将公共部门划分为规划行政部门、规划决策部门、规划监督部门和规划申诉部门。

① 规划行政部门

各国城市政府都设有城市规划管理机构,从英国、新加坡、日本、荷兰和美国等国家城市规划机构设置情况看,地方城市规划部门具有综合管理职能,但这种职能多以行政职能为主,例如接受规划许可的申请,对许可申请进行公示、颁发、送达等。

② 规划决策部门

从行政学的角度看,决策是任何行政管理系统中最重要、最基本的行政行为。决策的成败关系到开发控制目标的实现和管理效能的发挥。由于开发控制的多维属性,涉及多部门的利益,因此,建立拥有广泛成员参与专业决策的机制是十分必要的。

城市规划委员会作为规划许可决策机制,在世界范围内被普遍应用。综合各个国家和地区对城市规划委员会研究成果的结论,城市规划委员会根据职能设定可划分为三种类型,即咨询型、行政型与立法型(表9-9)。

表9-9 城市规划委员会的形式

类型	成员构成	职责	权力
咨询型	城市政府聘请有关专家与有关行业领导组成委员	对重大城市规划与城市建设决策提供顾问与咨询	对城市规划事务干预能力较弱,技术取向是决策的主要准则

续表 9-9

类型	成员构成	职责	权力
行政型	对委员有严格的甄选程序,有的以公务员为主,有的以非官方成员为主,精英决策是其特色,不受选举影响	负责协调私人发展的开发控制,对一些发展项目的特别申请进行审查,以及对一些重大的规划调整和违规申请进行审查	由城市政府依法设置,在咨询审议职能之外,对部分事项具有最终审批权,同时可具有一定的执行和监督权力
立法型	需要选举作为支撑,成员多数为非规划专业的人士,各个行业协会的代表	审查项目的客观条件及影响,对涉及重要环境、历史、经济议题的申请进行特殊许可	相当于城市规划领域的"议会",其所作决策代表全体市民利益,效力高于行政决策

来源:作者整理

咨询型城市规划委员会对城市规划事务干预能力较弱,技术取向是决策的主要准则。除了顾问咨询职能外,委员会还在行政框架内发挥一定的协调和斡旋管理职能,但其在政府行政架构中无明确而正式的地位,也不具备行政执行能力。咨询型委员会可以是常设的,也可以是临时的。

行政型的城市规划委员会由城市政府依法设置。行政型委员会对委员有严格的甄选程序,有的以公务员为主,有的以非官方成员为主,精英决策是其特色,不受选举影响。在咨询审议职能之外,对部分事项具有最终审批权,同时可具有一定的执行和监督权力。目前许多国家和地区采取了行政型规划委员会制度。

立法型城市规划委员会由选举产生,成员是各行各业的代表,即相当于城市规划领域的"议会",其所作决策代表全体市民利益,效力高于行政决策。其通常审议非常重要的规划许可议题,例如历史保护、环境保护、宗教文化等。

③ 规划监督部门

虽然开发控制是地方性的事物,但许多国家仍然通过法律规定,保证上级政府保留一定的否决权力或抽审的权力,从而对自由裁量权进行监督,并保证规划许可符合整体利益,甚至规定抽审的规划许可不能申诉(表 9-10)。

表 9-10 不同国家抽审权对比

国家	部门	权力	抽审的内容
英国	督查署	可以取代地方的规划许可而颁发新的规划许可,该权力的使用没有法定的标准和公众参与的程序限制	在一些重要事件上也许会与国家政策相冲突;对当地立刻产生重要影响;引起国家或地方实质性的争论;产生显著的建筑或者城市设计结果;牵涉国家安全或者外国的利益

续表 9-10

国家	部门	权力	抽审的内容
新加坡	国家发展部部长	抽审提交给主管机关的任何申请并作出决策,对部长的决定不得申诉	不限
澳大利亚	主管规划的部长	要求将申请提交给自己审批,而主管机构应停止审批过程	某开发申请涉及州里的利益或有可能对州政府规划目标的实现产生影响

来源:作者自绘

④ 规划申诉部门

英国、新加坡以及中国香港强调自由裁量权,尊重专家决策,采取半官方的申诉委员会;澳大利亚、新西兰等国家设置专门的规划法庭,处理与规划许可相关的法律纠纷;以纽约为代表的美国,通过立法设置标准与申诉委员会,委员会仅能援引州和地方法律、法规及区划规例所列明的具体判决及措施,对结果不服可以通过法院起诉。

(2) 技术人员体系

开发控制具有技术性,因此专业人士的咨询、服务是开发控制中必不可少的组成部分。规划许可中技术服务的主体主要有资格人士、规划咨询人员、法定机构、市场化专家服务等。

① 资格人士

由于开发许可不仅涉及城市规划与建筑设计等专业知识,同时也涉及不同部门、利益主体,为了厘清开发申请者、建筑师、设计单位和规划部门的相互关系,强化企业、个人的社会责任,西方许多国家都实行资格人士认可制,从而实现行政管理与技术管理相分离,使政府部门集中精力谋划宏观、全局工作。

法国的保护区管理具有相当的灵活性,并考虑到业主的利益和实施的可操作性。国家建筑与规划师是保护区管理中不可或缺的角色,这些高素质的专业人员具有相当大的自由裁量权,可以决定保护区开发活动申请的许可。

在新加坡,根据部长颁布的规划条例,某些开发申请可以提供合资格人士的声明,主管机关在不核实资料、规划等的情况下,可以根据合资格人士的声明进行决策。但主管机关也可以在决策之前或之后随时抽查任何申请的文件,一旦发现造假,则撤销书面许可,并判合资格人士犯罪,处以罚款或入狱。

美国纽约州的开发控制实行专业认证计划,专业工程师及注册建筑师可以接受申请者的委托,认证向地方规划部门(房屋局)提交的申请完全符合适用的法律,除去房屋局审查和批准的程序,大大减少了申请者通常的等待时间。所有专业认证的申请中,有20%的申请将在第一次授予许可后的10天内被选为审查对象,如果申请被审查为不符合法律,认证的专业工程师及注册建筑师需要承担相应的法律责任。

② 规划咨询人员

随着理性综合规划的质疑,规划师价值中立的立场也受到质疑。由于开发控制涉及的内容具有专业技术性,一般市民无法深入了解规划政策的具体内容和要求,为了保证项目能够顺利得到批准,在发达国家和地区,委托规划咨询机构或人员承担开发项目的规划许可申请是非常普遍的现象。大型的开发项目或涉及开发商所需要负担的公共设施、资金等条件时,就更离不开规划咨询机构和人员的参与。由于牵涉的利益主体较多,开发商的规划师顾问成为平衡各方利益的调节者。

对于一些大型的开发项目,美国一些社区组织为了保护自己的利益,有时会组织起来,聘请规划咨询人员向地方规划管理部门提出他们的意见。

英国自由裁量权、指导性的开发控制制度使规划咨询业得到成熟发展。规划咨询人员除需要具备规划的专业知识之外,还需要时刻跟踪政府最新的规划政策,并具备谈判的能力。规划咨询人员至少需要经过大学规划专业教育,然后通过两年的实习,获得英国皇家规划师学会会员资格,成为英国注册规划师,才能开展规划的咨询工作。有一些地区由于经济不景气,属于收入偏低的地区,为了保证这些低收入地区和群体的利益,英国规划咨询行业有一种志愿者制度,可以免费为其提供规划咨询服务。在接到居民、开发商及其委托的规划咨询机构或人员递交的开发规划许可申请之后,地方规划管理部门需指派一个规划官员作为该项目的审批负责人,并通过法定的程序对规划许可的申请作出评估。

③ 法定机构

法定机构是指经政府依法授权提供交通、市政、公用服务的企业。

在我国香港、新加坡均设立了法定的规划技术管理机构,这些机构依特定立法设立,依照有关法律、法规、规章规定进行监管,具有独立法人地位。其雇员不是公务员,也不同于我国的事业单位,而是实行企业化管理,但不以营利为目的的公共机构。这一制度已实行了数十年,运作状况良好,成为政府开发控制决策的智囊团。

新加坡法定机构均具有政府监管的行政职能和经营公共企业(国有企业)的双重功能。法定机构不仅是半自治的行政管理机构,而且也是经营机构。一般而言,其权力范围为:负责许可证的发放与管理;对市场服务的价格进行管制,维护市场的可竞争性;制定生产或服务的行业标准;

向政府提供相关产业发展的政策和战略建议。

为满足工作需要,法国一些大区和主要城市设有专门的城市规划研究机构,承担城市发展问题研究和城市规划编制任务,为政府决策服务。为保障社会效益,其80%的经费来自政府的拨款和董事会成员单位的资助,20%的经费来自设计项目的收入。

④ 市场化专家服务

在澳大利亚的某些城市,政府将部分小型开发活动的规划许可委托给咨询机构,实行市场化的规划决策。"市场制"是一种颇有争议的审批制度,但是对提高效率效能的理念很有借鉴意义,其责任非常明确,"谁审批,谁负责"是其基本原则(盛雪冬,2010)。

(3) 其他利益主体

① 开发获利的资本主体

市场经济下,大部分的开发项目来源于商业利益的驱动。通过开发活动获取利益的资本主体主要指城市开发单位,以开发商为代表。在土地产权复杂的地区,产权所有者是土地开发行为的主体,虽然规划机构拥有批准或否定规划许可的权力,但决定开发的规模、密度、时机和空间分布的实际上是开发商和产权所有者(Peiser R,1990)。在市场价值规律的作用下,资本会寻找最有价值的土地开发模式,土地的用途适用于工业还是商业;居住用地是用于低强度开发的豪宅还是高强度开发的商品房;提供部分公共绿地获得土地溢价还是高密度发展获取土地利益……开发活动中所有的外在形式都受到资本内在的驱使(Castells M,1978)。

在某些情况下,政府可以使用强制购买权自己承担开发项目,但是公共部门的开发活动明显受到公共财政能力的限制;除了这种情况外,地方规划部门没有"积极"能力用以确保规划中设定的开发项目(工业区、住房等等)得以进行。因此,开发商和产权所有者被视为空间结构的第一雕塑者(Robinson V B, Robinson L C,1986)。以商业利益为主体的开发活动,是以最低成本获取最大利益而不惜以牺牲社会整体利益为代价,对此开发控制的管理者应有清醒的认识。这种类型的开发活动与社会具有对立性,利益主体追求最大利润,可能损害公众利益。

在追求商业效益的开发主体中,大型企业已经具备和政府进行联盟的能力。既往研究表明,即使在相同的开发控制制度约束条件下,成熟市场经济国家中大规模私有开发企业(Buller H, Hoggart K,1986)或社会主义转型时期拥有较高行政级别的国有开发企业仍然能够依靠其与政府的密切关系来获取有利的规划条件(Zhu J M,2004)。由于大型企业具有利益谈判的基础,而政府具有机会主义的冲动,为了利益最大化,双方都将协商、沟通、谈判作为必不可少的环节。开发控制的意义不在于限制协商谈判的空间,而是为政府准备好协商谈判的能力。

随着市场经济的深入,政府与私人组织之间,为了合作建设城市基础设施项目,或是为了提供某种公共物品和服务,以特许权协议为基础,彼此之间形成一种伙伴式的合作关系,并通过签署合同来明确双方的权利和义务,以确保合作的顺利完成。

② 个体权益的主体

社会个体由于占有社会资源较少,行动能力较弱,是空间开发权博弈中的弱势群体,空间开发权博弈中便形成了明显的不对称权力关系,因此容易导致开发过程中社会公正的缺失。

在不同类型的开发活动中,个体权益的诉求不一致,对个体权益的保障机制也不一致。

在城市更新的开发活动中,发达国家政府接受了二战后大规模物质性城市更新运动的教训,走向兼顾空间效能和社会民生,个体利益得到重视。市场制度下政府主导的城市更新,其目标大体集中于重振城市竞争力及提供社区援助两个方面(Shaw K,Robinson F,2010)。在城市整体层面,着重应对城市核心产业从制造向服务转型之后带来的各类空间问题,如英国中央政府用中央财政建立、在指定地区和期限内运作的公共权力与经济实体如城市发展公司(Urban development corporation)并采取特殊的开发控制方式如企划区(Enterprise zones)等。

在历史文化保护以及生态保护区,出于对环境保护的需求,往往需要严格控制开发权,对于原有土地产权业主的利益势必造成影响,社会的公共利益以及个体利益的博弈成为重点。在个人权益日益得到重视的现代社会,政府难以采取强制的手段剥夺个人的开发权,因为个体利益也是公众利益组成的一部分。在公共利益与个体利益共存的主体中,政府必须重视个人权益的表达,采取合理、合法的手段,对个体利益进行妥当的安排,因此开发权转移等开发控制手段与机制得到运用。

有些国家规划法对开发的定义,基本上将任何的物质工程活动或土地使用性质的变更、建筑功能的变更,甚至一个家庭更换门窗(特别是历史保护区),都列入了开发的范畴,而这些行为都需要获得批准。显然,出于个人对房屋使用的要求,即使不涉及商业利益,有的开发活动由于具有外部性,并且牵涉到邻里利益,也必须得到规划许可申请;然而一般居民无法深入了解规划政策的具体内容和要求,他们不得不依赖规划咨询人员协助他们申请规划的许可。

③ 社会公众主体

开发活动中的社会公众主体,是指利害关系人、社会团体、普通的企事业单位和普通民众等社会力量。

社会公众主体参与开发活动的方式以及程度在每个国家都不一样。社会公众主体的权力是法律赋予的。社会公众融入到规划许可的过程被称为"公众参与",这是重要的一环。同时,也必须明确的是,由于开发许可决策的权力主体为政府,无论何种程度的公众参与都只是为决策提供参考依据,而非移交决策权给公众。

在重视公众权益的国家,规划部门在接到开发的规划许可申请后,通过各种方式告知公众,让公众具备知情权。任何人特别是受到开发项目影响的周边地区的居民,都可以对项目的审批提出自己的意见,与开发项目相邻的居民在项目审批过程中扮演着被咨询的角色,以弥补规划官员对当地社会、文化、经济、历史及其他条件了解的不足。

9.7.2　规划许可行政的权力模式

行政权力是一种公权力,规划许可是政府行政权力配置和进行公共管理的一种方式。在纷繁复杂的规划管理体制中,制约规划许可的最主要症结是城市规划权力体系的建构与分解。

许可决策的权力划分直接关系到规划许可行政管理的效率、效果。过分集中会降低规划许可行政的效果,过度的分散则容易使规划许可的监督力度减弱。同时,由于规划许可具有强烈的地方事务性特征,在理清行政"分权"相关概念、逻辑的基础上,对规划许可的行政模式进行制度性因素的研究,才能有效促进规划管理改革,引导优化的规划许可体系(庞晓媚,周剑云,戚冬瑾,2016)。

由于开发控制工作的异常重要性,西方发达国家对该项工作都非常重视。而为了保证开发控制工作的科学、公正并符合民意,所以各国都格外重视建立具体的基层组织来实现其功能。设置与广大居民能够密切联系和沟通的基层规划组织是符合国际通则的。通过对开发控制事权本质的分析,规划许可走向地方"分权"是必然趋势。对于分权的界定,存在着国家与地方政府之间、不同层级的地方政府之间以及政府与民间之间的三种分权关系[①]。

对"分权"的相关研究显示,分权的形式[②]包括散权(Deconcentra-

---

① 对"分权"的界定,学界存在较大的分歧,本文采取的分类出自 Bennett, 1990. Decentralization, intergovernmental relations and markets: Towards a post-welfare agenda? [M]. Oxford: Clarendon Press.

② 关于"分权"的分类,学界并没有定论,因研究视角和论证目标不一致,不同的论者也会采用不同的分类方式。一种常见的分类标准是看在多大程度上权、责、利被下放;另一种则是看在什么领域中权、责、利被下放。参见世界银行对分权的官方定义:http://go.worldbank.org/WM37RM8600。为了分析便利,理论界通常把政府分权的程度归为三类:散权(Deconcentration)、授权(Delegation)和放权(Devolution),而剥离(Divestment)则主要是政府向市场分权。由于规划行政许可是行政管理的模式,分权也必须在政府范围内,本文引用此前三种分权模式用于研究地方政府上下级的行政许可分权。

tion)、授权(Delegation)和放权(Devolution),见表9-11。

表 9-11 分权形式优劣性对比

类别	分权关系	优点	缺点
散权(垂直型)	下放部分执行权	减少交易成本	行政规模不经济;监督成本过高
授权(半垂直)	下放决策权	高度体现了自由裁量	官僚主义
放权(非垂直型)	下放决策权与执行权	管理半径较小;地方利益纳入决策中	过于强调属地管理;缺乏整体利益发展观

来源:作者整理

(一) 散权

"散权"是指在确定行政目标的前提下,给予下级地方政府(部分)执行权,以此来分散上级政府的执行权,其目的是提高执行效果。相对于集权模式而言,散权具有某些潜在的减少交易成本的作用。这种分权模式在我国规划界被称为"垂直型"管理模式(程金华,2012;卢道典,蔡喆,2012;陈秉钊,1999)。比如,在法国,当市镇人口规模为2万~3万人时,一般在技术服务总局下设城市规划处,当市镇人口规模大于3万人时,一般在城市发展总局下设若干城市规划部门;德国有的州政府设有专区一级的管理机构。然而,由于在基层设置行政管理机构,行政层级增加,政府规模臃肿,容易出现行政规模不经济①问题。如2008年英国保守党上台,英国规划机构被缩减了50%。

(二) 授权

授权是在设定政策目标之后,上级政府委托下级地方政府制定执行方针以及落实政策。一般而言,在这种情况下,上下级政府是典型的委托与代理关系。

授权模式源于一个前提,即"谁赋予权力,就向谁负责"(卡林沃思,纳丁,2011),有英国学者把授权的问题放在广泛的角度来看,认为授权是采用公众委托的权力,将开发控制的决策放在当地规划部门、议员和专业人员的层面。授权模式的最大优点是其灵活性,可以跨越地方政府职能范围引进人员,地方当局在实践授权的时候能够操作自由裁量的层次,这成为英国开发控制体系最为显著的特点,高度体现了自由裁量控制体系的制度特性。

然而,探索在超越常规规划许可速度和效率的背后也存在问题,

---

① 规模经济(Economic of scale)原意是指"随着厂商生产能力的增加,长期平均生产成本呈现下降趋势"。

"采用更快更简单的程序,其代价可能是决策质量低下和公众咨询费用的增加"。"效率"和"质量"之间的平衡点,是授权决策机制必须面对的问题。

实际上,授权模式下权力只限于向事实上的权力来源履职,并不向抽象的人民主权负责,因此,在英国民主制度下,授权制也被批判为"官僚主义"。

(三) 放权

放权则是指上级政府不仅把政策执行权,而且也把政策制定权下放给地方政府行使,目的是把地方利益纳入到决策过程中。这种分权模式在我国规划界被称为"非垂直型"管理模式(卢道典,蔡喆,2012),这是一种高度自治的行政模式。

非垂直型规划管理的特点是市和基层部门协同工作,实际上是一种分工的管理模式,有利于规划许可与各地区具体地段的实际情况相协调,并将地方政府的利益纳入规划许可的决策中。美国地方政府包括郡和市镇两级,除极少数情况(如纽约市)外,"一般市镇划在郡辖范围之内"且多采取自治形式,是放权模式。

在放权模式下,地方规划分局虽然管理半径[①]较小,但囊括了地方性规划许可审批的公共服务,因此这种模式可以高效管理辖区内的许可申请。然而,因为政府纵向的层层放权和让利,地方规划部门也渐渐成为独立的利益实体(李广斌,2009),没有退出机制供选择,降低了政府规避错误、提高效率的激励,追求地方利益成为其一种自觉的行动。这种模式下的规划许可行政过于强调属地管理,重大设施规划许可的决策也缺乏市域调控思维,着眼于局部利益而损害整体利益,导致城市局部的区域性基础设施或建设不尽合理,不能推动城市有序地发展。

9.7.3 规划许可决策的考虑因素

在不同的国家和地区,开发控制决策考虑的因素会不一样。在具体的个案审批中,需要考虑的因素繁多复杂,其主要因素如下:

(一) 执行的可能性

每个规划许可最终的决策都应该清楚地阐明其目的。规划附加条件的目的在于将问题提前进行解决。如果开发商没有按照规划许可附加条件要求的那样去做,就不能排除规划部门强制执法的可能性。

合理的规划许可条件应该充分考虑规划申请与已批准规划之间的

---

① 从管理学的角度,由于信息获取的范围、管理能力、职权设置等不同,管理机构具有一定的管理半径(或称管理范围),只有在其管理半径中,才能实现良好高效的管理;一旦超出管理的半径,管理可能是低效甚至是无效的。

关系。如果其他现有的法规不能保证土地合理利用的目的得以实现的话,地方规划部门还应通过规划许可附加条件的方式努力使其得以实现。

为了预防交通拥挤而规定某个地区居住的人口是很难做到的,因为交通拥挤本身就是很难量化的,但通过开发控制的有条件许可达到目的却是很容易的,比如说通过控制娱乐场所的用地面积减少交通流量。

规划许可条件的撰写必须明晰而且确定,让申请者很明确地知道其要求。如果仅仅写上要符合规划部门的要求之类的条文是不合要求的,必要时可以以附图的形式辅助说明。

(二)许可的影响

许可时要尽量保证制定的决策是完全公正的,没有任何偏见的,对于相关的各类因素都要考虑清楚;由于边界总会存在模糊的地方,规划人员可能会逾越职业道德,在这种情况下就更要综合公众利益。

社会各方都期望制定决策时能综合考虑各类因素与政策,相互协调;进一步则要求综合各种开发和土地使用的因素。地方规划部门应该预料到批准规划申请后可能产生的后果,例如准许建设大型购物商业中心后对该地区带来的交通、人流压力。然而在实际工作中,政策往往都有自己的目标,并不会偏向开发者,有的政策执行费力往往会导致申诉或者政治斗争或者讨价还价。对于决策者来说,一个有效的武器就是延误决策,在此过程中开发者为了得到许可必须提供更有力的开发方式或更加合适的设计方案。规划延误有时是平衡开发者与官员之间矛盾冲突的一种手段,比起规划申诉这种公开的冲突,讨价还价的过程反而更容易让申请者接受。

如果本应有条件通过的申请被地方规划部门拒绝,地方规划部门可能会遭受申诉;法庭在处理这类上诉时将综合考察类似的案例,包括与此相似的地段环境和申请条件。

(三)特殊因素

在众多的因素中,地方规划部门着重考虑以下一些问题:对遗产的保护、提高环境质量、保护绿带以及优良农田。

这些具有法律效力的因素可以归为九大类:经济因素;社会及文化因素;设计及环境的协调问题;建设地点现存的特征;政府及其他机构的要求及规定;外部环境因素;公共意见;开创先例;申请者个人的原因,详见表9-12。总而言之,对于哪些事项应被视为规划决策的考虑因素,在每个国家和地区具有不同的选择。正是因为开发控制面对复杂的决策环境,才有了自由裁量权的必要。

表 9-12 许可决策考虑因素

因素类型	内容
1. 经济因素	经济的增长、提供的就业岗位以及关键的一些市政设施例如国家机场。这些项目能否节省能源并保证可持续开发是很重要的。比如说,政府鼓励减少汽车交通的开发项目
2. 社会及文化因素	传统的政府政策认为市场将决定开发项目是否可行,社会因素不是规划的目的。但在较大型的住房开发中政府要求增加适当的"经济适用房"也就是"低耗资住宅",同时在开发中还要阻止将住房移作他用
3. 设计及环境的协调问题	在一些较为著名的敏感地区,地方规划当局对于这些问题是控制较少的
4. 建设地点现存的特征	衰败的建筑物、被污染的场地、密度过高环境恶化的地区、废弃的工矿设施……希望保留下来的特征包括:树、历史遗产、具有某些特殊吸引力的建筑物……
5. 政府及其他机构的要求及规定	规划的法律地位不应与其他的地方法规相冲突,特别是一些基础的建设法规。交通作为四项基本的城市功能之一,是规划重点考虑的问题,公路、铁路、航空和水运都是建设管理要重点考虑的问题
6. 外部环境因素	外部环境因素一般是物质的。这些因素有时可能导致规划申请被推翻,有时甚至改变其申请的目的,包括:噪声(主要是道路、铁路、航空港以及工厂)、气味(例如从农场散发的气味)、烟、尘、灰、污染以及地基无法承受预计的荷载,阻止水流、引发洪水的问题
7. 公共意见	在实际操作中公共意见不能作为否决规划申请的理由,除非有很明确的证据表明这一点,即使是这样,各种潜在的可能与危害也是要充分考虑的。比如说在居住区的附近建设具有操作危险的仓库、殡仪馆和屠宰场
8. 开创先例	这类较抽象和较难的考虑的因素分为两方面来进行分析。第一,如果有完全相似的先例,规划申请是很难被驳回的;第二,如果有较相似的先例也能减少被驳回的可能性。一旦某开发项目被批准了,将有其他的项目随之而来,这种累积效果是很明显的
9. 申请者个人的原因	申请者的个人问题一般并不作为很重要的考虑因素进行对待,因为他们的问题与状况是随着时间在改变的

来源:Thomas K, 1997. Development control: Principles and practice [M]. London, New York: Routledge.

9.7.4 规划许可决策的附加条件

在可持续发展背景下,开发控制目标多元化,简单的否定或准许一个开发项目的许可申请,已经越来越不适用。对于符合规划的许可,大部分国家和地区都抛弃了简单的限定地块内容积率、建筑密度等用地指标的做法。即使是在区划盛行的美国,也逐渐对开发许可采取案例裁决的方式,对地块实施公共设施以及城市设计的管控,针对具体地块所附加的许可条件逐渐得到广泛应用。

由于申请规划许可一般都缺乏细节,许多国家和地区作出的许可通常都是有条件许可。规划许可附加条件可以提高环境质量、加速建设速度、增加规划的弹性,同时为公众的广泛参与提供条件。

随着城市的发展,在开展大规模城市物质性建设的同时,对城市空间环境的综合质量也提出更高要求。人们在更加多元的视野下审视着空间的内涵和价值,认为空间除物质建设外更应该具备社会、文化等精神方面的内涵。运用规划条件可以解决开发控制中各种棘手的问题。例如,如何处理污水?如何组织交通?如何实施绿化?如何对建筑物的设计进行控制?这些问题都可以在规划条件中进行约定。

在澳大利亚,开发许可证附带的条件都非常有针对性,包括本项目开发目标、与周边项目的关系处理、污水处理办法、停车及交通组织、路灯、围墙、噪声控制及垃圾处理、植被保护、绿化等等。文本少则几十页,多则上百页,有法律依据、有具体措施意见(盛雪冬,2010)。德国通过建设法典,对生态措施进行详细的规定,并通过建筑许可颁发审查这些措施的落实(表9-13)。

表9-13 德国生态措施及其开发许可审查要求

	生态措施	开发许可审查的要求
土地	节省地皮的建筑方式	地皮的大小,建筑上利用的方式和程度
	保持并创造绿地和空地面积	植被方案,自然与风景的保护、维护和开发措施
水/废水	通过屋顶绿化实现对降水径流的保持和蓄存	明文规定(屋顶绿化)种植方案,自然与风景的保护、维护和开发措施
	地皮上降水径流的渗漏	明文规定自然与风景的保护、维护和开发措施
	降水径流的集中渗漏	雨水蓄水池,水塘,排水暗沟系统
	雨水的利用	水池的确定
	植物净化设备	用于污水排放的面积
	接近自然的地表水域	水面、水域保持方案

续表 9-13

	生态措施	开发许可审查的要求
群落生境保护	植物和动物群落生存空间的保持与创造	种植和保持方案,绿地面积和空地面积,自然与风景的保护、维护和开发措施
气候/空气/噪声	调节气候的绿地面积	绿地带和广场空间
	用于气候调节的房屋立面和屋顶绿化	明文规定(屋顶绿化)种植方案,自然与风景的保护、维护和开发措施
	环保植物的种植	绿化带和广场空地,用于在联邦环境保护法意义上进行保护免受有害环境影响的预防措施
	建筑上面向气候的布置	建筑范围,建筑红线,建筑物朝向
	无源噪声保护	建筑的布置,建筑区的划分,用于在联邦环境保护法意义上进行保护免受有害环境影响的预防措施,比如关于噪声保护窗的明文规定
能源	对气候情况的考虑	建筑范围,建筑红线、层高,街道走向
	有利于节能的建筑结构	建筑方式
	噪声保护	用于在联邦环境保护法意义上进行保护免受有害环境影响的建筑与技术上的规定
	用于热防护的房屋立面和屋顶绿化	植被方案,自然与风景的保护、维护和开发措施
	有源的太阳能利用	楼宇朝向
交通	通过功能混合减少交通流量	建筑上利用的方式,建筑区的划分
	符合环境的交通道路开发	交通面积

来源:作者根据德国建筑法典以及相关论文资料整理

英国的规划许可附加条件涉及从开发施工到项目完成后的任何一个细节。例如,附加条件中可以对建筑材料的选择提出要求,包括建筑需用哪种石头或砖头、墙体的颜色与外观如何等;也可以对建筑篱笆高度、所拓建房屋的大小与窗体的位置等提出要求。

9.8 本章结语

本章归纳了开发控制的一般程序,即"许可的前期准备""许可申请与颁发""许可的维护"与"许可的救济"四个阶段,其中,基于行政及相对人的关系,许可的申请与颁发阶段又细分为:申请与受理、磋商与谈判、决定与公示3个环节。虽然各个国家和地区开发控制程序的细节有差异,但是同类的开发控制方式在总体层面具有一致性,真正的程序差异在于开发活动的类型以及开发控制方式的不同。

  由于规划许可的过程涉及公共部门、技术服务人员、开发获利的资本主体、个体权益的主体、社会公众等利益主体,现实制约使许可颁发必须考虑相关者的利益,因此规划许可程序设置与制度成本、公民权利以及公共利益等因素息息相关。协商谈判程序可以鼓励和引导利益相关者对规划许可形成整体的价值判断和一致行动的共识,看起来冗长的谈判过程实质上有利于降低整体制度成本。开发控制过程中的公示、听证是在社会分层、公众需求多样化、利益集团介入的情况下采取的一种协调对策,它强调公众对城市发展决策的知情权。由于城市发展的不确定性,基于公共利益,规划部门可以撤回已颁发的规划许可,但是在个人权益日益得到重视的现代社会,对于规划许可撤回要坚守信赖原则予以赔偿。规划申诉过程构成了开发控制体系的反馈环节,它是整个体系的缩影,规划申诉的存在使规划体系和规划许可的决策都要接受挑战。完整的开发控制(和整个规划系统)建立在随时准备采取强制执法行动的基础之上,强制执行体现社会公共价值,表达政策本身的价值和原则。

  正是由于规划许可设置了一系列严密的程序,开发控制体系通过程序正义可以协调利益相关者的矛盾,从而协调可持续发展目标的冲突。

附录

1 英国规划许可申请书

2 美国建筑许可申请书

3 日本建筑确认申请书

开发控制体系及其制度形态研究

Householder Application for Planning Permission for works or extension to a dwelling. Town and Country Planning Act 1990

Please complete using block capitals and black ink.

1. Applicant Name and Address

Title:		First name:	

Last name:
Company (optional):
Unit: House number: House suffix:
House name:
Address 1:
Address 2:
Address 3:
Town:
County:
Country:
Postcode:

2. Agent Name and Address

Title:		First name:	

Last name:
Company (optional):
Unit: House number: House suffix:
House name:
Address 1:
Address 2:
Address 3:
Town:
County:
Country:
Postcode:

3. Description of Proposed Works

Please describe the proposed works:

来源：https://www.gov.uk/government/publications/planning-application-forms-templates-for-local-planning-authorities

3. Description of Proposed Works (continued)

Has the work already started? ☐ Yes ☐ No

If Yes, please state when the work was started (DD/MM/YYYY): [____] (date must be pre-application submission)

Has the work already been completed? ☐ Yes ☐ No

If Yes, please state when the work was completed (DD/MM/YYYY): [____] (date must be pre-application submission)

4. Site Address Details

Please provide the full postal address of the application site.

Unit: [____] House number: [____] House suffix: [____]

House name: [____]

Address 1: [____]

Address 2: [____]

Address 3: [____]

Town: [____]

County: [____]

Postcode (optional): [____]

5. Pedestrian and Vehicle Access, Roads and Rights of Way

Is a new or altered vehicle access proposed to or from the public highway? ☐ Yes ☐ No

Is a new or altered pedestrian access proposed to or from the public highway? ☐ Yes ☐ No

Do the proposals require any diversions, extinguishments and/or creation of public rights of way? ☐ Yes ☐ No

If Yes to any questions, please show details on your plans or drawings and state the reference number(s) of the plan(s)/drawing(s):

[____]

6. Pre-application Advice

Has assistance or prior advice been sought from the local authority about this application? ☐ Yes ☐ No

If Yes, please complete the following information about the advice you were given. (This will help the authority to deal with this application more efficiently).

Please tick if the full contact details are not known, and then complete as much possible: ☐

Officer name: [____]

Reference: [____]

Date (DD MM YYYY): [____]
(must be pre-application submission)

Details of the pre-application advice received:

[____]

7. Trees and Hedges

Are there any trees or hedges on your own property or on adjoining properties which are within falling distance of your proposed development? ☐ Yes ☐ No

If Yes, please mark their position on a scaled plan and state the reference number of any plans or drawings:

[____]

Will any trees or hedges need to be removed or pruned in order to carry out your proposal? ☐ Yes ☐ No

If Yes, please show on your plans which trees by giving them numbers e.g. T1, T2 etc, state the reference number of the plan(s)/drawing(s) and indicate the scale.

8. Parking
Will the proposed works affect existing car parking arrangements?

☐ Yes   ☐ No

If Yes, please describe:

9. Authority Employee / Member

It is an important principle of decision-making that the process is open and transparent. For the purposes of this question, "related to" means related, by birth or otherwise, closely enough that a fair-minded and informed observer, having considered the facts, would conclude that there was bias on the part of the decision-maker in the local planning authority

With respect to the Authority, I am: (a) a member of staff
(b) an elected member
(c) related to a member of staff
(d) related to an elected member

Do any of these statements apply to you and/or agent   ☐ Yes   ☐ No

If Yes, please provide details of the name, role, and how you are related to them

10. Materials

If applicable, please state what materials are to be used externally. Include type, colour and name for each material:

	Existing (where applicable)	Proposed	Not applicable	Don't Know
Walls			☐	☐
Roof			☐	☐
Windows			☐	☐
Doors			☐	☐
Boundary treatments (e.g. fences, walls)			☐	☐
Vehicle access and hard-standing			☐	☐
Lighting			☐	☐
Others (please specify)			☐	☐

Are you supplying additional information on submitted plan(s)/drawing(s)/design and access statement? ☐ Yes ☐ No

If Yes, please state references for the plan(s)/drawing(s)/design and access statement:

11. Ownership Certificates and Agricultural Land Declaration

One Certificate A, B, C, or D, must be completed with this application form

CERTIFICATE OF OWNERSHIP - CERTIFICATE A

I certify/The applicant certifies that on the day 21 days before the date of this application nobody except myself/ the applicant was the owner* of any part of the land or building to which the application relates, and that none of the land to which the application relates is, or is part of, an agricultural holding**

NOTE: You should sign Certificate B, C or D, as appropriate, if you are the sole owner of the land or building to which the application relates but the land is, or is part of, an agricultural holding.

*"owner" is a person with a freehold interest or leasehold interest with at least 7 years left to run.
** "agricultural holding" has the meaning given by reference to the definition of "agricultural tenant" in section 65(8) of the Act.

Signed - Applicant:	Or signed - Agent:	Date (DD/MM/YYYY):

CERTIFICATE OF OWNERSHIP - CERTIFICATE B

I certify/ The applicant certifies that I have/the applicant has given the requisite notice to everyone else (as listed below) who, on the day 21 days before the date of this application, was the owner* and/or agricultural tenant** of any part of the land or building to which this application relates.

* "owner" is a person with a freehold interest or leasehold interest with at least 7 years left to run.
** "agricultural tenant" has the meaning given in section 65(8) of the Town and Country Planning Act 1990

Name of Owner / Agricultural Tenant	Address	Date Notice Served

Signed - Applicant:	Or signed - Agent:	Date (DD/MM/YYYY):

11. Ownership Certificates and Agricultural Land Declaration (continued)

CERTIFICATE OF OWNERSHIP - CERTIFICATE C

I certify/ The applicant certifies that:
- Neither Certificate A or B can be issued for this application
- All reasonable steps have been taken to find out the names and addresses of the other owners* and/or agricultural tenants** of the land or building, or of a part of it, but I have/ the applicant has been unable to do so.

* "owner" is a person with a freehold interest or leasehold interest with at least 7 years left to run.
** "agricultural tenant" has the meaning given in section 65(8) of the Town and Country Planning Act 1990

The steps taken were:

Name of Owner / Agricultural Tenant	Address	Date Notice Served

Notice of the application has been published in the following newspaper (circulating in the area where the land is situated):

On the following date (which must not be earlier than 21 days before the date of the application):

Signed - Applicant: Or signed - Agent: Date (DD/MM/YYYY):

CERTIFICATE OF OWNERSHIP - CERTIFICATE D

I certify/ The applicant certifies that:
- Certificate A cannot be issued for this application
- All reasonable steps have been taken to find out the names and addresses of everyone else who, on the day 21 days before the date of this application, was the owner* and/or agricultural tenant** of any part of the land to which this application relates, but I have/ the applicant has been unable to do so.

* "owner" is a person with a freehold interest or leasehold interest with at least 7 years left to run.
** "agricultural tenant" has the meaning given in section 65(8) of the Town and Country Planning Act 1990

The steps taken were:

Notice of the application has been published in the following newspaper (circulating in the area where the land is situated):

On the following date (which must not be earlier than 21 days before the date of the application):

Signed - Applicant: Or signed - Agent: Date (DD/MM/YYYY):

12. Planning Application Requirements - Checklist

Please read the following checklist to make sure you have sent all the information in support of your proposal. Failure to submit all information required will result in your application being deemed invalid. It will not be considered valid until all information required by the Local Planning Authority has been submitted.

- The original and 3 copies of a completed and dated application form: ☐
- The original and 3 copies of a plan which identifies the land to which the application relates drawn to an identified scale and showing the direction of North: ☐
- The original and 3 copies of other plans and drawings or information necessary to describe the subject of the application: ☐
- The original and 3 copies of a design and access statement if proposed works fall within a conservation area or World Heritage Site, or relate to a Listed Building: ☐
- The correct fee: ☐
- The original and 3 copies of the completed, dated Ownership Certificate (A, B, C or D – as applicable) and Article 12 Certificate (Agricultural Holdings): ☐

13. Declaration

I/we hereby apply for planning permission/consent as described in this form and the accompanying plans/drawings and additional information. I/we confirm that, to the best of my/our knowledge, any facts stated are true and accurate and any opinions given are the genuine opinions of the person(s) giving them.

Signed - Applicant:

Or signed - Agent:

Date (DD/MM/YYYY):

(date cannot be pre-application)

14. Applicant Contact Details

Telephone numbers

Country code: | National number: | Extension number:

Country code: | Mobile number (optional):

Country code: | Fax number (optional):

Email address (optional):

15. Agent Contact Details

Telephone numbers

Country code: | National number: | Extension number:

Country code: | Mobile number (optional):

Country code: | Fax number (optional):

Email address (optional):

16. Site Visit

Can the site be seen from a public road, public footpath, bridleway or other public land? ☐ Yes ☐ No

If the planning authority needs to make an appointment to carry out a site visit, whom should they contact? *(Please select only one)* ☐ Agent ☐ Applicant ☐ Other (if different from the agent/applicant's details)

If Other has been selected, please provide:

Contact name:

Telephone number:

Email address:

CP-474 – 01-2023

Receipt # ....…......…… Date..............
Bd. Appeals # .....……......... Date..............
Health Dept. # ………......... Date............
Flood Zone # ……….......... Elev Req. ......
____ SHT Plumbing Registration # _____
____ SHT Contractor's License # _____
____ Stormwater Management Permit
____ Truss Type Construction

TOWN OF SOUTHAMPTON
116 Hampton Road
Southampton NY 11968
(631) 287-5700 Fax: (631) 287-5754
www.southamptontownny.gov

☐ Expedited Review
SCTM # 0900_____/_____/_____
Zoning _____ Subdivision Zoning _____
C/O No _____
Bedrooms below Grade: ☐ Proposed ☐ Existing
☐ Commercial Certificate of Compliance
☐ Fill Composition Certification
☐ New Application ☐ Work Done
FEE $:_____

*Note: Fees will be calculated at time of Submittal***

APPLICATION FOR BUILDING PERMIT

Owner(s) of Property: _____
Email: _____
Phone #: _____
Mailing Address _____
Location of Property: _____

FOR DEPARTMENT USE ONLY

Contact Person:
Name: _____
Email: _____ Phone #: _____
Mailing Address for Permit: _____
PERMIT TO BE MAILED TO: ☐ Contact Person ☐ Owner (if box is not checked permit will be mailed to current owner)

Description of Proposed Construction:
☐ Commercial Change of Tenancy Use   FEE $ 100
☐ Certificate of Commercial Compliance FEE $300

_____
_____
_____
_____

AREA OF CONSTRUCTION:

Main		Accessory Building		Mezzanine	
1st floor	sq. ft.	1st floor	sq. ft.		sq. ft.
2nd floor	sq. ft.	2nd floor	sq. ft.	Finished Basement	sq. ft.
Porch		**Garage**		**Deck**	
1st floor	sq. ft.	1st floor	sq. ft.	1st floor	sq. ft.
2nd floor	sq. ft.	2nd floor	sq. ft.	2nd floor	sq. ft.
		-Demolition	sq. ft.		
Plumbing		-Demolition non-			
Fixtures Count:		roofed structure count:	_____ _____	Accessory Structure sq. ft.	
Alteration/				**Swim Pool Type:**	
Renovation/Repair.	sq. ft.	Fence	linear ft.	Gunite Vinyl	
Pool/Spa Heater count:		**Spa/Hot Tub** count:		**Tennis/Sport Court:**	
Fireplace count:		**Elevator** count:		**Other:**	

☐ Fill Composition Certification **REQUIRED)**

APPLICATIONS IS HEREBY MADE to the Department of Land Management, Building and Zoning Division, for issuance of a Building Permit pursuant to the New York State Uniform Fire Prevention and Building Code, Southampton Town Zoning Ordinance, Chapter 330, and all amendments thereto, for the construction of buildings, additions or alterations, or for removal or demolition, or for any change of use as herein described. The applicant agrees to comply with all applicable laws, ordinances, and regulations.

APPLICATION SUBMITTED BY: _____ ☐ Authorized Agent ☐ Owner
                                    PRINT NAME OF SIGNATURE BELOW

☐ **Check Box After Reading**
False statements made herein are punishable as a Class A misdemeanor pursuant to Section 210.45 of the New York State Penal Law.

_____   _____
Original Signature of Applicant   Date

FOR DEPARTMENT USE ONLY: Permit to Read:

来源：https://www.southamptontownny.gov/

开发控制体系及其制度形态研究

規則別記第二号様式

確 認 申 請 書（建 築 物）

（第一面）

　建築基準法第6条第1項又は第6条の2第1項の規定による確認を申請します。申請にあたっては、日本建築検査協会株式会社確認検査業務約款及び同確認検査業務規程を遵守します。また、この申請書及び添付図書に記載の事項は、事実に相違ありません。

　　日本建築検査協会株式会社
　　　　代表取締役　山﨑　哲　様

　　　　　　　　　　　　　　　　　　　　　　　　　　　　　　　年　月　日

　　　　　　申請者氏名　　　　　　　　　　　　　　　印

　　　　　　設計者氏名　　　　　　　　　　　　　　　印

手数料欄			
※受付欄	※消防関係同意欄	※決裁欄	※確認番号欄
令和　年　月　日 JCIA 確認 第　　　　号 係員印			令和　年　月　日 JCIA 確認 第　　　　号 係員印

来源：http://jcia.co.jp/ka_sinsei.html

（第二面）

建築主等の概要

【1. 建築主】
　【イ. 氏名のフリガナ】
　【ロ. 氏　　名】
　【ハ. 郵便番号】
　【ニ. 住　　所】
　【ホ. 電話番号】

【2. 代理者】
　【イ. 資　　格】　　　（　　）建築士　　　（　　　　）登録第　　　　号
　【ロ. 氏　　名】
　【ハ. 建築士事務所名】（　　）建築士事務所（　　　　）知事登録第　　　号

　【ニ. 郵便番号】
　【ホ. 所 在 地】
　【ヘ. 電話番号】

【3. 設計者】
　（代表となる設計者）
　【イ. 資　　格】　　　（　　）建築士　　　（　　　　）登録第　　　　号
　【ロ. 氏　　名】
　【ハ. 建築士事務所名】（　　）建築士事務所（　　　　）知事登録第　　　号

　【ニ. 郵便番号】
　【ホ. 所 在 地】
　【ヘ. 電話番号】
　【ト. 作成又は確認した設計図書】

　（その他の設計者）
　【イ. 資　　格】　　　（　　）建築士　　　（　　　　）登録第　　　　号
　【ロ. 氏　　名】
　【ハ. 建築士事務所名】（　　）建築士事務所（　　　　）知事登録第　　　号

　【ニ. 郵便番号】
　【ホ. 所 在 地】
　【ヘ. 電話番号】
　【ト. 作成又は確認した設計図書】

　【イ. 資　　格】　　　（　　）建築士　　　（　　　　）登録第　　　　号
　【ロ. 氏　　名】
　【ハ. 建築士事務所名】（　　）建築士事務所（　　　　）知事登録第　　　号

　【ニ. 郵便番号】
　【ホ. 所 在 地】
　【ヘ. 電話番号】
　【ト. 作成又は確認した設計図書】

【イ.資　　　格】　　（　　）建築士　　　　（　　　　）登録第　　　　　号
【ロ.氏　　　名】
【ハ.建築士事務所名】　（　　）建築士事務所　（　　　　）知事登録第　　　号

【ニ.郵便番号】
【ホ.所 在 地】
【ヘ.電話番号】
【ト.作成又は確認した設計図書】

（構造設計一級建築士又は設備設計一級建築士である旨の表示をした者）
　　上記の設計者のうち、
　　□建築士法第20条の2第1項の表示をした者
　　【イ.氏　　　名】
　　【ロ.資　　　格】構造設計一級建築士交付（　　　　　）号
　　【イ.氏　　　名】
　　【ロ.資　　　格】構造設計一級建築士交付（　　　　　）号
　　□建築士法第20条の2第3項の表示をした者
　　【イ.氏　　　名】
　　【ロ.資　　　格】構造設計一級建築士交付（　　　　　）号
　　【イ.氏　　　名】
　　【ロ.資　　　格】構造設計一級建築士交付（　　　　　）号
　　□建築士法第20条の3第1項の表示をした者
　　【イ.氏　　　名】
　　【ロ.資　　　格】設備設計一級建築士交付（　　　　　）号
　　【イ.氏　　　名】
　　【ロ.資　　　格】設備設計一級建築士交付（　　　　　）号
　　□建築士法第20条の3第3項の表示をした者
　　【イ.氏　　　名】
　　【ロ.資　　　格】設備設計一級建築士交付（　　　　　）号
　　【イ.氏　　　名】
　　【ロ.資　　　格】設備設計一級建築士交付（　　　　　）号

【4.建築設備の設計に関し意見を聴いた者】
　　（代表となる建築設備の設計に関し意見を聴いた者）
　　【イ.氏　　　名】
　　【ロ.勤 務 先】
　　【ハ.郵便番号】
　　【ニ.所 在 地】
　　【ホ.電話番号】
　　【ヘ.登録番号】
　　【ト.意見を聴いた設計図書】

　　（その他の建築設備の設計に関し意見を聴いた者）
　　【イ.氏　　　名】
　　【ロ.勤 務 先】
　　【ハ.郵便番号】
　　【ニ.所 在 地】
　　【ホ.電話番号】
　　【ヘ.登録番号】
　　【ト.意見を聴いた設計図書】

【5.工事監理者】
　（代表となる工事監理者）
　　【イ.資　　格】　　　（　）建築士　　　　（　　　）登録第　　　　　号
　　【ロ.氏　　名】
　　【ハ.建築士事務所名】（　）建築士事務所　（　　　）知事登録第　　　号

　　【ニ.郵便番号】
　　【ホ.所 在 地】
　　【ヘ.電話番号】
　　【ト.工事と照合する設計図書】

　（その他の工事監理者）
　　【イ.資　　格】　　　（　）建築士　　　　（　　　）登録第　　　　　号
　　【ロ.氏　　名】
　　【ハ.建築士事務所名】（　）建築士事務所　（　　　）知事登録第　　　号

　　【ニ.郵便番号】
　　【ホ.所 在 地】
　　【ヘ.電話番号】
　　【ト.工事と照合する設計図書】

　　【イ.資　　格】　　　（　）建築士　　　　（　　　）登録第　　　　　号
　　【ロ.氏　　名】
　　【ハ.建築士事務所名】（　）建築士事務所　（　　　）知事登録第　　　号

　　【ニ.郵便番号】
　　【ホ.所 在 地】
　　【ヘ.電話番号】
　　【ト.工事と照合する設計図書】

　　【イ.資　　格】　　　（　）建築士　　　　（　　　）登録第　　　　　号
　　【ロ.氏　　名】
　　【ハ.建築士事務所名】（　）建築士事務所　（　　　）知事登録第　　　号

　　【ニ.郵便番号】
　　【ホ.所 在 地】
　　【ヘ.電話番号】
　　【ト.工事と照合する設計図書】

【6.工事施工者】
　　【イ.氏　　名】
　　【ロ.営業所名】　建設業の許可（　　　　　許可）（　　）第　　　　号

　　【ハ.郵便番号】
　　【ニ.所 在 地】
　　【ホ.電話番号】

【7. 構造計算適合性判定の申請】
　　□申請済　　（　　　　　　　　）
　　□未申請　　（　　　　　　　　）
　　□申請不要

【8. 建築物エネルギー消費性能確保計画の提出】
　　□提出済　　（　　　　　　　　）
　　□未提出　　（　　　　　　　　）
　　□提出不要　（　　　　　　　　）

【9. 備　　　考】
　　　建物の名称又は工事の名称：

(第三面)

建築物及びその敷地に関する事項

【1. 地名地番】
【2. 住居表示】
【3. 都市計画区域及び準都市計画区域の内外の別等】
　　　　　　　　□都市計画区域内（□市街化区域　□市街化調整区域　□区域区分非設定）
　　　　　　　　□準都市計画区域内　□都市計画区域及び準都市計画区域外
【4. 防火地域】　　　□防火地域　　　□準防火地域　　　□指定なし
【5. その他の区域、地域、地区又は街区】

【6. 道　　路】
　　【イ. 幅　　員】
　　【ロ. 敷地と接している部分の長さ】
【7. 敷地面積】
　　【イ. 敷地面積】　(1) (　　　) (　　　) (　　　) (　　　) ㎡
　　　　　　　　　　　(2) (　　　) (　　　) (　　　) (　　　) ㎡
　　【ロ. 用途地域等】　　(　　　) (　　　) (　　　) (　　　)
　　【ハ. 建築基準法第52条第1項及び第2項の規定による建築物の容積率】
　　　　　　　　　　　　(　　　) (　　　) (　　　) (　　　) %
　　【ニ. 建築基準法第53条第1項の規定による建築物の建蔽率】
　　　　　　　　　　　　(　　　) (　　　) (　　　) (　　　) %
　　【ホ. 敷地面積の合計】　(1)　　　　㎡
　　　　　　　　　　　　　　(2)　　　　㎡
　　【ヘ. 敷地に建築可能な延べ面積を敷地面積で除した数値】　　%
　　【ト. 敷地に建築可能な建築面積を敷地面積で除した数値】　　%
　　【チ. 備　　考】
【8. 主要用途】　(区分　　　　　)
　　　　　　　　(区分　　　　　)
　　　　　　　　(区分　　　　　)
【9. 工事種別】
　　□新築　　□増築　　□改築　　□移転　　□用途変更　　□大規模の修繕　　□大規模の模様替
【10. 建築面積】　　　　　　(申請部分　　　) (申請以外の部分　　　) (合計　　　)
　　【イ. 建築面積】　　　　(　　　) (　　　) (　　　) ㎡
　　【ロ. 建蔽率】　　　　　　　%
【11. 延べ面積】　　　　　　(申請部分　　　) (申請以外の部分　　　) (合計　　　)
　　【イ. 建築物全体】　　　(　　　) (　　　) (　　　) ㎡
　　【ロ. 地階の住宅又は老人ホーム等の部分】
　　　　　　　　　　　　　　(　　　) (　　　) (　　　) ㎡
　　【ハ. エレベーターの昇降路の部分】
　　　　　　　　　　　　　　(　　　) (　　　) (　　　) ㎡
　　【ニ. 共同住宅又は老人ホーム等の共用の廊下等の部分】
　　　　　　　　　　　　　　(　　　) (　　　) (　　　) ㎡
　　【ホ. 自動車車庫等の部分】(　　　) (　　　) (　　　) ㎡
　　【ヘ. 備蓄倉庫の部分】　(　　　) (　　　) (　　　) ㎡
　　【ト. 蓄電池の設置部分】(　　　) (　　　) (　　　) ㎡
　　【チ. 自家発電設備の設置部分】(　　　) (　　　) (　　　) ㎡
　　【リ. 貯水槽の設置部分】(　　　) (　　　) (　　　) ㎡
　　【ヌ. 宅配ボックスの設置部分】(　　　) (　　　) (　　　) ㎡
　　【ル. 住宅の部分】　　　(　　　) (　　　) (　　　) ㎡
　　【ヲ. 老人ホーム等の部分】(　　　) (　　　) (　　　) ㎡
　　【ワ. 延べ面積】　　　　　㎡
　　【カ. 容積率】　　　　　　%

【12. 建築物の数】
　　【イ. 申請に係る建築物の数】
　　【ロ. 同一敷地内の他の建築物の数】

【13.建築物の高さ等】　　　　（申請に係る建築物　）（他の建築物　　　）
　　【イ.最高の高さ】　　　　（　　　　　　　）（　　　　　　　　）m
　　【ロ.階　　数】　地上　（　　　　　　　）（　　　　　　　　）
　　　　　　　　　　地下　（　　　　　　　）（　　　　　　　　）
　　【ハ.構　　造】　　　　　　　　造　　一部　　　　　　　　造
　　【ニ.建築基準法第56条第7項の規定による特例の適用の有無】　□有　□無
　　【ホ.適用があるときは、特例の区分】
　　　　　□道路高さ制限不適用　　□隣地高さ制限不適用　　□北側高さ制限不適用

【14.許可・認定等】

【15.工事着手予定年月日】　　　　年　　　月　　　日
【16.工事完了予定年月日】　　　　年　　　月　　　日
【17.特定工程工事終了予定年月日】　　　　　　　　　　　（特定工程）
　　（第　　　回）　　　年　月　日　　（　　　　　　　　　　　　　　）
　　（第　　　回）　　　年　月　日　　（　　　　　　　　　　　　　　）
　　（第　　　回）　　　年　月　日　　（　　　　　　　　　　　　　　）
【18.その他必要な事項】

【19.備　考】

(第四面)

建築物別概要
【1.番　号】
【2.用　途】　　（区分　　　　　）
　　　　　　　（区分　　　　　）
　　　　　　　（区分　　　　　）
　　　　　　　（区分　　　　　）
　　　　　　　（区分　　　　　）
【3.工事種別】
　　□新築　　□増築　　□改築　　□移転　　□用途変更　　□大規模の修繕　　□大規模の模様替
【4.構　造】　　　　　　　　　造　一部　　　　　　　　造
【5.主要構造部】
　　□耐火構造
　　□建築基準法施行令第108条の3第1項第1号イ及びロに掲げる基準に適合する構造
　　□準耐火構造
　　□準耐火構造と同等の準耐火性能を有する構造（ロ—1）
　　□準耐火構造と同等の準耐火性能を有する構造（ロ—2）
　　□その他
【6.建築基準法第21条及び第27条の規定の適用】
　　□建築基準法施行令第109条の5第1号に掲げる基準に適合する構造
　　□建築基準法第21条第1項ただし書に該当する建築物
　　□建築基準法施行令第110条第1号に掲げる基準に適合する構造
　　□その他
　　□建築基準法第21条又は第27条の規定の適用を受けない
【7.防火地域又は準防火地域における対策の状況】
　　□耐火建築物
　　□延焼防止建築物
　　□準耐火建築物
　　□準延焼防止建築物
　　□その他
　　□建築基準法第61条の規定の適用を受けない
【8.階　数】
　　【イ.地階を除く階数】
　　【ロ.地階の階数】
　　【ハ.昇降機塔等の階の数】
　　【ニ.地階の倉庫等の階の数】
【9.高　さ】
　　【イ.最高の高さ】　　　　　　　　m
　　【ロ.最高の軒の高さ】　　　　　　m
【10.建築設備の種類】

【11.確認の特例】
　　【イ.建築基準法第6条の3第1項ただし書又は法第18条第4項ただし書の規定による
　　　　審査の特例の適用の有無】　　　　　　　　　　　　　　□有　　□無
　　【ロ.建築基準法第6条の4第1項の規定による確認の特例の適用の有無】　□有　　□無
　　【ハ.建築基準法施行令第10条各号に掲げる建築物の区分】第　　　　　号
　　【ニ.認定型式の認定番号】第　　　　　号
　　【ホ.適合する一連の規定の区分】□　建築基準法施行令第136条の2の11第1号イ
　　　　　　　　　　　　　　　　　□　建築基準法施行令第136条の2の11第1号ロ
　　【ヘ.認証型式部材等の認証番号】

【12.床面積】			(申請部分	)(申請以外の部分	)(合計	)
【イ.階別】	(	階)	(	)(	)(	)㎡
	(	階)	(	)(	)(	)㎡
	(	階)	(	)(	)(	)㎡
	(	階)	(	)(	)(	)㎡
	(	階)	(	)(	)(	)㎡
	(	階)	(	)(	)(	)㎡
	(	階)	(	)(	)(	)㎡
	(	階)	(	)(	)(	)㎡
	(	階)	(	)(	)(	)㎡
【ロ.合計】			(	)(	)(	)㎡

【13.屋　根】

【14.外　壁】

【15.軒　裏】

【16.居室の床の高さ】

【17.便所の種類】

【18.その他必要な事項】

【19.備　考】

(第五面)

建築物の階別概要

【1. 番号】
【2. 階】
【3. 柱の小径】
【4. 横架材間の垂直距離】　m
【5. 階の高さ】　　　　m
【6. 天井】
　　【イ. 居室の天井高さ】　　m
　　【ロ. 令第 39 条第 3 項に規定する特定天井】□有　□無
【7. 用途別床面積】
　　　　（用途の区分　　　　）（具体的な用途の名称　　）（床面積　　　　　　）
　　【イ.】（　　　　　　）（　　　　　　　）（　　　　　　）㎡
　　【ロ.】（　　　　　　）（　　　　　　　）（　　　　　　）㎡
　　【ハ.】（　　　　　　）（　　　　　　　）（　　　　　　）㎡
　　【ニ.】（　　　　　　）（　　　　　　　）（　　　　　　）㎡
　　【ホ.】（　　　　　　）（　　　　　　　）（　　　　　　）㎡
【8. その他必要な事項】

【9. 備　考】

(第五面)

【1. 番　号】
【2. 階】
【3. 柱の小径】
【4. 横架材間の垂直距離】　m
【5. 階の高さ】　　　　m
【6. 天井】
　　【イ. 居室の天井高さ】　　m
　　【ロ. 令第 39 条第 3 項に規定する特定天井】□有　□無
【7. 用途別床面積】
　　　　（用途の区分　　　　）（具体的な用途の名称　　）（床面積　　　　　　）
　　【イ.】（　　　　　　）（　　　　　　　）（　　　　　　）㎡
　　【ロ.】（　　　　　　）（　　　　　　　）（　　　　　　）㎡
　　【ハ.】（　　　　　　）（　　　　　　　）（　　　　　　）㎡
　　【ニ.】（　　　　　　）（　　　　　　　）（　　　　　　）㎡
　　【ホ.】（　　　　　　）（　　　　　　　）（　　　　　　）㎡
【8. その他必要な事項】

【9. 備　考】

(第六面)

建築物独立部分別概要

【1.番　号】

【2.延べ面積】　　　　　㎡

【3.建築物の高さ等】
　【イ.最高の高さ】　　　　　m
　【ロ.最高の軒の高さ】　　　m
　【ハ.階　数】　　　地上（　　　　　　）地下（　　　　　　）
　【ニ.構　造】　　　　　　　造　一部　　　　　　造

【4.特定構造計算基準又は特定増改築構造計算基準の別】
　□特定構造計算基準　□特定増改築構造計算基準

【5.構造計算の区分】
　□建築基準法施行令第81条第1項各号に掲げる基準に従つた構造計算
　□建築基準法施行令第81条第2項第1号イに掲げる構造計算
　□建築基準法施行令第81条第2項第1号ロに掲げる構造計算
　□建築基準法施行令第81条第2項第2号イに掲げる構造計算
　□建築基準法施行令第81条第3項に掲げる構造計算

【6.構造計算に用いたプログラム】
　【イ.名　称】
　【ロ.区　分】　□建築基準法第20条第1項第2号イ又は第3号イの認定を受けたプログラム
　　　　　　　　（大臣認定番号　　　　　　）
　　　　　　　□その他のプログラム

【7.建築基準法施行令第137条の2各号に定める基準の区分】（　　　　　　　　　　）

【8.備考】

確認申請書作成にあたっての注意事項（申請書のみ提出）

1．各面共通関係
　　数字は算用数字を、単位はメートル法を用いてください。

2．第一面関係
　①　申請者又は設計者の氏名の記載を自署で行う場合においては、押印を省略することができます。
　②　※印のある欄は記入しないでください。

3．第二面関係
　①　建築主が2以上のときは、1欄は代表となる建築主について記入し、別紙に他の建築主についてそれぞれ必要な事項を記入して添えてください。
　②　建築主からの委任を受けて申請を行う者がいる場合においては、2欄に記入してください。
　③　2欄、3欄及び5欄は、代理者、設計者又は工事監理者が建築士事務所に属しているときは、その名称を書き、建築士事務所に属していないときは、所在地はそれぞれ代理者、設計者又は工事監理者の住所を書いてください。
　④　3欄の「ト」は、作成した又は建築士法第20条の2第3項若しくは第20条の3第3項の表示をした図書について記入してください。
　⑤　3欄、4欄及び5欄は、それぞれ代表となる設計者、建築設備の設計に関し意見を聴いた者及び工事監理者並びに申請に係る建築物に係る他のすべての設計者、建築設備の設計に関し意見を聴いた者及び工事監理者について記入してください。3欄の設計者のうち、構造設計一級建築士又は設備設計一級建築士である旨の表示をした者がいる場合は、該当するチェックボックスに「レ」マークを入れてください。記入欄が不足する場合には、別紙に必要な事項を記入して添えてください。
　⑥　4欄は、建築士法第20条第5項に規定する場合（設計に係る場合に限る。）に、同項に定める資格を有する者について記入し、所在地は、その者が勤務しているときは勤務先の所在地を、勤務していないときはその者の住所を、登録番号は建築士法施行規則第17条の35第1項の規定による登録を受けている場合の当該登録番号を書いてください。
　⑦　5欄及び6欄は、それぞれ工事監理者又は工事施工者が未定のときは、後で定まってから工事着手前に届け出てください。
　⑧　6欄は、工事施工者が2以上のときは、代表となる工事施工者について記入し、別紙に他の工事施工者について棟別にそれぞれ必要な事項を記入して添えてください。
　⑨　7欄は、該当するチェックボックスに「レ」マークを入れ、申請済の場合には、申請をした都道府県名又は指定構造計算適合性判定機関の名称及び事務所の所在地を記入してください。未申請の場合には、申請する予定の都道府県名又は指定構造計算適合性判定機関の名称及び事務所の所在地を記入し、申請をした後に、遅滞なく、申請をした旨（申請先を変更した場合においては、申請をした都道府県名又は指定構造計算適合性判定機関の名称及び事務所の所在地を含む。）を届け出てください。なお、所在地については、〇〇県〇〇市、郡〇〇町、村、程度で結構です。
　⑩　8欄は、該当するチェックボックスに「レ」マークを入れ、提出済の場合には、提出をした所管行政庁名又は登録建築物エネルギー消費性能判定機関の名称及び事務所の所在地を記入してください。未提出の場合には、提出する予定の所管行政庁名又は登録建築物エネルギー消費性能判定機関の名称及び事務所の所在地を記入し、提出をした後に、遅滞なく、提出をした旨（提出先を変更した場合においては、提出をした所管行政庁名又は登録建築物エネルギー消費性能判定機関の名称及び事務所の所在地を含む。）を届け出てください。なお、所在地については、〇〇県〇〇市、郡〇〇町、村、程度で結構です。
　　　また、提出不要の場合には、建築物のエネルギー消費性能の向上に関する法律施行令第4条第1項に規定する床面積を記入する等、提出が不要である理由を記入してください。特に必要がある場合には、各階平面図等の図書によりその根拠を明らかにしてください。なお、延べ面積が2,000平方メートル未満である場合、建築物のエネルギー消費性能の向上に関する法律第11条第1項の規定による非住宅部分を有さない場合その他の提出が不要であることが明らかな場合は、記入する必要はありません。
　⑪　建築物の名称又は工事名が定まっているときは、9欄に記入してください。

4．第三面関係
　①　住居表示が定まっているときは、2欄に記入してください。

② 3欄は、該当するチェックボックスに「レ」マークを入れてください。ただし、建築物の敷地が都市計画区域、準都市計画区域又はこれらの区域以外の区域のうち2以上の区域にわたる場合においては、当該敷地の過半の属する区域について記入してください。なお、当該敷地が3の区域にわたる場合で、かつ、当該敷地の過半の属する区域がない場合においては、都市計画区域又は準都市計画区域のうち、当該敷地の属する面積が大きい区域について記入してください。
③ 4欄は、該当するチェックボックスに「レ」マークを入れてください。なお、建築物の敷地が防火地域、準防火地域又は指定のない区域のうち2以上の地域又は区域にわたるときは、それぞれの地域又は区域について記入してください。
④ 5欄は、建築物の敷地が存する3欄及び4欄に掲げる区域及び地域以外の区域、地域、地区又は街区を記入してください。なお、建築物の敷地が2以上の区域、地域、地区又は街区にわたる場合は、それぞれの区域、地域、地区又は街区を記入してください。
⑤ 6欄は、建築物の敷地が2メートル以上接している道路のうち最も幅員の大きなものについて記入してください。
⑥ 7欄の「イ」(1)は、建築物の敷地が、2以上の用途地域若しくは高層住居誘導地区、建築基準法第52条第1項第一号から第六号までに規定する容積率の異なる地域、地区若しくは区域又は同法第53条第1項第一号から第六号までに規定する建蔽率若しくは高層住居誘導地区に関する都市計画において定められた建築物の建蔽率の最高限度の異なる地域、地区若しくは区域（以下「用途地域が異なる地域等」という。）にわたる場合においては、用途地域が異なる地域等ごとに、それぞれの用途地域が異なる地域等に対応する敷地の面積を記入してください。
「イ」(2)は、同法第52条第12項の規定を適用する場合において、同条第13項の規定に基づき、「イ」(1)で記入した敷地面積に対応する敷地の部分について、建築物の敷地のうち前面道路と壁面線又は壁面の位置の制限として定められた限度の線との間の部分を除いた敷地の面積を記入してください。
⑦ 7欄の「ロ」、「ハ」及び「ニ」は、「イ」に記入した敷地面積に対応する敷地の部分について、それぞれ記入してください。
⑧ 7欄の「ホ」(1)は、「イ」(1)の合計とし、「ホ」(2)は、「イ」(2)の合計とします。
⑨ 建築物の敷地が、建築基準法第52条第7項若しくは第9項に該当する場合又は同条第8項若しくは第12項の規定が適用される場合においては、7欄の「ヘ」に、同条第7項若しくは第9項の規定に基づき定められる当該建築物の容積率又は同条第8項若しくは第12項の規定が適用される場合における当該建築物の容積率を記入してください。
⑩ 建築物の敷地について、建築基準法第57条の2第4項の規定により現に特例容積率の限度が公告されているときは、7欄の「チ」にその旨及び当該特例容積率の限度を記入してください。
⑪ 建築物の敷地が建築基準法第53条第2項若しくは同法第57条の5第2項に該当する場合又は建築物が同法第53条第3項、第5項若しくは第6項に該当する場合においては、7欄の「ト」に、同条第2項、第3項、第5項又は第6項の規定に基づき定められる当該建築物の建蔽率を記入してください。
⑫ 8欄は、別紙の表の用途の区分に従い対応する記号を記入した上で、主要用途をできるだけ具体的に記入してください。
⑬ 9欄は、該当するチェックボックスに「レ」マークを入れてください。
⑭ 都市計画区域内、準都市計画区域内及び建築基準法第68条の9第1項の規定に基づく条例により建築物の容積率の最高限度が定められた区域内においては、11欄の「ロ」に建築物の地階でその天井が地盤面からの高さ1メートル以下にあるものの地階の住宅又は老人ホーム等の部分、「ハ」にエレベーターの昇降路の部分、「ニ」に共同住宅又は老人ホーム、福祉ホームその他これらに類するものの共用の廊下又は階段の用に供する部分、「ホ」に自動車車庫その他の専ら自動車又は自転車の停留又は駐車のための施設（誘導車路、操車場所及び乗降場を含む。）の用途に供する部分、「ヘ」に専ら防災のために設ける備蓄倉庫の用途に供する部分、「ト」に蓄電池（床に据え付けるものに限る。）を設ける部分、「チ」に自家発電設備を設ける部分、「リ」に貯水槽を設ける部分、「ヌ」に宅配ボックス（配達された物品（荷受人が不在その他の事由により受け取ることができないものに限る。）の一時保管のための荷受箱をいう。）を設ける部分、「ル」に住宅の用途に供する部分、「ヲ」に老人ホーム、福祉ホームその他これらに類するものの用途に供する部分の床面積を記入してください。
⑮ 住宅又は老人ホーム、福祉ホームその他これらに類するものについては、11欄の「ロ」の床面積は、その地階の住宅又は老人ホーム、福祉ホームその他これらに類するものの用途に供する部分の床面積から、その地階のエレベーターの昇降路の部分又は共同住宅若しくは老人ホーム、福祉ホームその他これらに類するものの共用の廊下若しくは階段の用に供する部分の床面積を除いた面積とします。

⑯　11欄の「ワ」の延べ面積及び「カ」の容積率の算定の基礎となる延べ面積は、各階の床面積の合計から「ロ」に記入した床面積（この面積が敷地内の建築物の住宅及び老人ホーム、福祉ホームその他これらに類するものの用途に供する部分（エレベーターの昇降路の部分又は共同住宅若しくは老人ホーム、福祉ホームその他これらに類するものの共用の廊下若しくは階段の用に供する部分を除く。）の床面積の合計の3分の1を超える場合においては、敷地内の建築物の住宅及び老人ホーム、福祉ホームその他これらに類するものの用途に供する部分（エレベーターの昇降路の部分又は共同住宅若しくは老人ホーム、福祉ホームその他これらに類するものの共用の廊下若しくは階段の用に供する部分を除く。）の床面積の合計の3分の1の面積）、「ホ」及び「ヌ」に記入した床面積並びに「ホ」から「リ」までに記入した床面積（これらの面積が、次の(1)から(6)までに掲げる建築物の部分の区分に応じ、敷地内の建築物の各階の床面積の合計にそれぞれ(1)から(6)までに定める割合を乗じて得た面積を超える場合においては、敷地内の建築物の各階の床面積の合計にそれぞれ(1)から(6)までに定める割合を乗じて得た面積）を除いた面積とします。
　　　　また、建築基準法第52条第12項の規定を適用する場合においては、「カ」の容積率の算定の基礎となる敷地面積は、7欄「ホ」(2)によることとします。
　　　(1)　自動車車庫等の部分　5分の1
　　　(2)　備蓄倉庫の部分　50分の1
　　　(3)　蓄電池の設置部分　50分の1
　　　(4)　自家発電設備の設置部分　100分の1
　　　(5)　貯水槽の設置部分　100分の1
　　　(6)　宅配ボックスの設置部分　100分の1
⑰　12欄の建築物の数は、延べ面積が10平方メートルを超えるものについて記入してください。
⑱　13欄の「イ」及び「ロ」は、申請に係る建築物又は同一敷地内の他の建築物がそれぞれ2以上ある場合においては、最大のものを記入してください。
⑲　13欄の「ハ」は、敷地内の建築物の主たる構造について記入してください。
⑳　13欄の「ニ」は、該当するチェックボックスに「レ」マークを入れてください。
㉑　13欄の「ホ」は、建築基準法第56条第7項第一号に掲げる規定が適用されない建築物については「道路高さ制限不適用」、同項第二号に掲げる規定が適用されない建築物については「隣地高さ制限不適用」、同項第三号に掲げる規定が適用されない建築物については「北側高さ制限不適用」のチェックボックスに「レ」マークを入れてください。
㉒　建築物及びその敷地に関して許可・認定等を受けた場合には、根拠となる法令及びその条項、当該許可・認定等の番号並びに許可・認定等を受けた日付について14欄又は別紙に記載して添えてください。
㉓　7欄の「ハ」、「ニ」、「ヘ」及び「ト」、10欄の「ロ」並びに11欄の「カ」は、百分率を用いてください。
㉔　建築基準法第86条の7、同法第86条の8又は同法第87条の2の規定の適用を受ける場合においては、工事の完了後においても引き続き同法第3条第2項（同法第86条の9第1項において準用する場合を含む。）の適用を受けない規定並びに当該規定に適合しないこととなった時期及び理由を18欄又は別紙に記載して添えてください。
㉕　ここに書き表せない事項で特に確認を受けようとする事項は、18欄又は別紙に記載して添えてください。
㉖　計画の変更申請の際は、19欄に第三面に係る部分の変更の概要について記入してください。

5．第四面関係
①　この書類は、申請建築物ごと（延べ面積が10平方メートル以内のものを除く。以下同じ。）に作成してください。
②　この書類に記載する事項のうち、10欄から15欄までの事項については、別紙に明示して添付すれば記載する必要はありません。
③　1欄は、建築物の数が1のときは「1」と記入し、建築物の数が2以上のときは、申請建築物ごとに通し番号を付し、その番号を記入してください。
④　2欄は、別紙の表の用途の区分に従い対応する記号を記入した上で、用途をできるだけ具体的に書いてください。
⑤　3欄は、該当するチェックボックスに「レ」マークを入れてください。
⑥　5欄は、「耐火構造」、「建築基準法施行令第108条の3第1項第1号イ及びロに掲げる基準に適合する構造」、「準耐火構造」、「準耐火構造と同等の準耐火性能を有する構造（ロ－1）」（建築基準法施行令第109条の3第1号に掲げる基準に適合する主要構造部の構造をいう。）又は「準耐火構造と同等の準耐火性能を有する構造

⑦　6欄は、「建築基準法施行令第１０９条の５第１号に掲げる基準に適合する構造」、「建築基準法第２１条第１項ただし書に該当する建築物」、「建築基準法施行令第１１０条第１号に掲げる基準に適合する構造」又は「その他」（上記のいずれにも該当しない建築物で、建築基準法第21条又は第27条の規定の適用を受けるもの）のうち該当するチェックボックス全てに「レ」マークを入れてください。また、「建築基準法施行令第109条の5第1号に掲げる基準に適合する構造」又は「建築基準法施行令第110条第1号に掲げる基準に適合する構造」に該当する場合においては、５欄の「準耐火構造」のチェックボックスにも「レ」マークを入れてください。建築基準法第21条又は第27条の規定の適用を受けない場合は「建築基準法第21条又は第27条の規定の適用を受けない」に「レ」マークを入れてください。

⑧　7欄は、「耐火建築物」、「延焼防止建築物」（建築基準法施行令第１３６条の２第１号ロに掲げる基準に適合する建築物をいう。）、「準耐火建築物」、「準延焼防止建築物」（同条第２号ロに掲げる基準に適合する建築物をいう。）又は「その他」（上記のいずれにも該当しない建築物で、建築基準法第61条の規定の適用を受けるもの）のうち該当するチェックボックスに「レ」マークを入れてください。建築基準法第61条の規定の適用を受けない場合は「建築基準法第61条の規定の適用を受けない」に「レ」マークを入れてください。

⑨　8欄の「ハ」は、建築基準法施行令第２条第１項第八号により階数に算入されない建築物の部分のうち昇降機塔、装飾塔、物見塔その他これらに類する建築物の屋上部分の階の数を記入してください。

⑩　8欄の「ニ」は、建築基準法施行令第２条第１項第八号により階数に算入されない建築物の部分のうち地階の倉庫、機械室その他これらに類する建築物の部分の階の数を記入してください。

⑪　10欄は、別紙にその概要を記載して添えてください。ただし、当該建築設備が特定の建築基準関係規定に適合していることを証する書面を添える場合には、当該建築基準関係規定に係る内容を概要として記載する必要はありません。

⑫　11欄の「イ」及び「ロ」は、該当するチェックボックスに「レ」マークを入れてください。

⑬　11欄の「ハ」は、建築基準法第６条の４第１項の規定による確認の特例の適用がある場合に、建築基準法施行令第１０条各号に掲げる建築物のうち、該当するものの号の数字を記入してください。

⑭　11欄の「ニ」は、建築基準法施行令第１０条第１号又は第２号に掲げる建築物に該当する場合にのみ記入してください。また、１１欄の「ホ」は、同条第１号に掲げる建築物に該当する場合に、該当するチェックボックスに「レ」マークを入れてください。

⑮　11欄の「ヘ」は、建築基準法第６８条の２０第１項に掲げる認証型式部材等に該当する場合にのみ記入してください。当該認証番号を記入すれば、第１０条の５の４第１号に該当する認証型式部材等の場合にあっては１０欄の概要、１１欄の「ニ」（屎尿浄化槽又は合併処理浄化槽並びに給水タンク又は貯水タンクで屋上又は屋内以外にあるものに係るものを除く。）並びに１３欄から１６欄まで及び第五面の3欄から6欄までの事項について、同条第2号に該当する認証型式部材等の場合にあっては１１欄の「ニ」（当該認証型式部材等に係るものに限る。）並びに１３欄から１６欄まで及び第五面の3欄から6欄までの事項について、同条第3号に該当する認証型式部材等の場合にあっては１０欄の概要及び１１欄の「ニ」（当該認証型式部材等に係るものに限る。）については記入する必要はありません。

⑯　12欄の「イ」は、最上階から順に記入してください。記入欄が不足する場合には、別紙に必要な事項を記入し添えてください。

⑰　16欄は、最下階の居室の床が木造である場合に記入してください。

⑱　17欄は、「水洗」、「くみ取り」又は「くみ取り（改良）」のうち該当するものを記入してください。

⑲　ここに書き表せない事項で特に確認を受けようとする事項は、１８欄又は別紙に記載して添えてください。

⑳　申請建築物が高床式住宅（豪雪地において積雪対策のため通常より床を高くした住宅をいう。）である場合には、床面積の算定において床下部分の面積を除くものとし、１９欄に、高床式住宅である旨及び床下部分の面積を記入してください。

㉑　計画の変更申請の際は、１９欄に第四面に係る部分の変更の概要について記入してください。

6．第五面関係
　①　この書類に記載すべき事項を別紙に明示して添付すれば、この書類を別途提出する必要はありません。
　②　この書類は、各申請建築物の階ごとに作成してください。ただし、木造の場合は3欄から8欄まで、木造以外の場合は5欄から8欄までの記載内容が同じときは、2欄に同じ記載内容となる階を列記し、併せて1枚とすることができます。
　③　1欄は、第二号様式の第四面の1欄に記入した番号と同じ番号を記入してください。
　④　3欄及び4欄は、木造の場合にのみ記入してください。
　⑤　6欄の「ロ」は、該当するチェックボックスに「レ」マークを入れてください。
　⑥　7欄は、別紙の表の用途の区分に従い対応する記号を記入した上で、用途をできるだけ具体的に書き、それぞれの用途に供する部分の床面積を記入してください。
　⑦　ここに書き表せない事項で特に確認を受けようとする事項は、8欄又は別紙に記載して添えてください。
　⑧　計画の変更申請の際は、9欄に第五面に係る部分の変更の概要について記入してください。

7．第六面関係
　①　この書類は、申請に係る建築物（建築物の二以上の部分がエキスパンションジョイントその他の相互に応力を伝えない構造方法のみで接している場合においては当該建築物の部分。以下同じ。）ごとに作成してください。
　②　1欄は、建築物の数が1のときは「1」と記入し、建築物の数が2以上のときは、申請建築物ごとに通し番号を付し、その番号を記入してください。
　③　2欄及び3欄の「イ」から「ハ」までは、申請に係る建築物について、それぞれ記入してください。ただし、建築物の数が1のときは記入する必要はありません。
　④　3欄の「ニ」は、申請に係る建築物の主たる構造について記入してください。ただし、建築物の数が1のときは記入する必要はありません。
　⑤　4欄、5欄及び6欄は、該当するチェックボックスに「レ」マークを入れてください。
　⑥　6欄の「イ」は、構造計算に用いたプログラムが特定できるよう記載してください。
　⑦　7欄は、建築基準法施行令第137条の2各号に定める基準のうち、該当する基準の号の数字及び「イ」又は「ロ」の別を記入してください。
　⑧　計画の変更申請の際は、8欄に第六面に係る部分の変更の概要について記入してください。

別　紙

建築物又は建築物の部分の用途の区分	用途を示す記号
一戸建ての住宅	０８０１０
長屋	０８０２０
共同住宅	０８０３０
寄宿舎	０８０４０
下宿	０８０５０
住宅で事務所、店舗その他これらに類する用途を兼ねるもの	０８０６０
幼稚園	０８０７０
小学校	０８０８０
中学校、高等学校又は中等教育学校	０８０９０
養護学校、盲学校又は聾学校	０８１００
大学又は高等専門学校	０８１１０
専修学校	０８１２０
各種学校	０８１３０
幼保連携認定こども園	０８１３２
図書館その他これに類するもの	０８１４０
博物館その他これに類するもの	０８１５０
神社、寺院、教会その他これらに類するもの	０８１６０
老人ホーム、身体障害者福祉ホームその他これらに類するもの	０８１７０
保育所その他これに類するもの	０８１８０
助産所	０８１９０
児童福祉施設等（建築基準法施行令第１９条第１項に規定する児童福祉施設等をいい、前３項に掲げるものを除く。）	０８２１０
公衆浴場（個室付浴場業に係る公衆浴場を除く。）	０８２３０
診療所（患者の収容施設のあるものに限る。）	０８２４０
診療所（患者の収容施設のないものに限る。）	０８２５０
病院	０８２６０
巡査派出所	０８２７０
公衆電話所	０８２８０
郵便局	０８２９０
地方公共団体の支庁又は支所	０８３００
公衆便所、休憩所又は路線バスの停留所の上家	０８３１０
建築基準法施行令第130条の４第５号に基づき建設大臣が指定する施設	０８３２０
税務署、警察署、保健所又は消防署その他これに類するもの	０８３３０
工場（自動車修理工場を除く。）	０８３４０
自動車修理工場	０８３５０
危険物の貯蔵又は処理に供するもの	０８３６０
ボーリング場、スケート場、水泳場、スキー場、ゴルフ練習場又はバッティング練習場	０８３７０

建築物又は建築物の部分の用途の区分	用途を示す記号
体育館又はスポーツ練習場（前項に掲げるものを除く。）	０８３８０
マージャン屋、ぱちんこ屋、射的場、勝馬投票券発売所、場外車券売り場その他これらに類するもの又はカラオケボックスその他これに類するもの	０８３９０
ホテル又は旅館	０８４００
自動車教習所	０８４１０
畜舎	０８４２０
堆肥舎又は水産物の増殖場若しくは養殖場	０８４３０
日用品の販売を主たる目的とする店舗	０８４３８
百貨店、マーケットその他の物品販売業を営む店舗（前項に掲げるもの及び専ら性的好奇心をそそる写真その他の物品の販売を行うものを除く。）	０８４４０
飲食店（次項に掲げるものを除く。）	０８４５０
食堂又は喫茶店	０８４５２
理髪店、美容院、クリーニング取次店、質屋、貸衣装屋、貸本屋その他これらに類するサービス業を営む店舗、洋服店、畳屋、建具屋、自転車店、家庭電気器具店その他これらに類するサービス業を営む店舗で作業場の床面積の合計が50㎡以内のもの（原動機を使用する場合にあっては、その出力の合計が0.75ｋｗ以下のものに限る。）、自家販売のために食品製造業を営むパン屋、米屋、豆腐屋、菓子屋その他これらに類するもので作業場の床面積の合計が50㎡以内のもの（原動機を使用する場合にあっては、その出力の合計が0.75ｋｗ以下のものに限る。）又は学習塾、華道教室、囲碁教室その他これらに類する施設	０８４５６
銀行の支店、損害保険代理店、宅地建物取引業を営む店舗その他これらに類するサービス業を営む店舗	０８４５８
物品販売業を営む店舗以外の店舗（前二項に掲げるものを除く。）	０８４６０
事務所	０８４７０
映画スタジオ又はテレビスタジオ	０８４８０
自動車車庫	０８４９０
自転車駐車場	０８５００
倉庫業を営む倉庫	０８５１０
倉庫業を営まない倉庫	０８５２０
劇場、映画館又は演芸場	０８５３０
観覧場	０８５４０
公会堂又は集会場	０８５５０
展示場	０８５６０
料理店	０８５７０
キャバレー、カフェー、ナイトクラブ又はバー	０８５８０
ダンスホール	０８５９０

建築物又は建築物の部分の用途の区分	用途を示す記号
個室付浴場に係る公衆浴場、ヌードスタジオ、のぞき劇場、ストリップ劇場、専ら異性を同伴する客の休息の用に供する施設、専ら性的好奇心をそそる写真その他の物品の販売を目的とする店舗その他これらに類するもの	08600
卸売市場	08610
火葬場又はと蓄場、汚物処理場、ごみ焼却場その他の処理施設	08620
その他	08990

参考文献

英文参考文献：

Advisory Committee on Zoning, 1926. A standard state zoning enabling act: under which municipalities may adopt zoning regulations[Z]. Washington D. C. Government Printing Office.

Alexander E R, 2001. A transaction-cost theory of land use planning and development control[J]. Town Planning Review, 72(1): 45-76.

Allmendinger P, 1996. Development control and the legitimacy of planning decisions: A comment[J]. Town Planning Review, 67(2): 229.

Angotti T, Hanhardt E, 2001. Problems and prospects for healthy mixed-use communities in New York city[J]. Planning Practice and Research, 16(2): 145-154.

Anonymous, 1961. Zoning and the law of nuisance[J]. Fordham Law Review, 29(4): 749-756.

Archer R W, 1977. The public land and leasehold system in Canberra, Australia: The use of the leasehold land tenure base for financing the capitals development, 1958-1971[J]. The American Journal of Economics and Sociology, 36(4): 351-366.

Armstrong M F, 1971. The zoning dilemma by Daniel R. Mandelker[J]. Kentucky Law Journal, 60(2): 196.

Arnebergh R, 1956. Variances in zoning[J]. The University of Kansas City Law Review.

Asadoorian M O, 1998. Is zoning a positive -sum game? [J]. Studies in Economics and Finance, 19(1/2): 3-24.

Baer W C, 1997. Towards design of regulations for the built environment[J]. Environment and Planning B: Planning and Design, 24(1): 37-57.

Baics G, Meisterlin L, 2016. Zoning before zoning: Land use and density in mid-nineteenth-century New York city[J]. Annals of the American Association of Geographers, 106(5): 1152-1175.

Banerjee T, 1993. Market planning, market planners, and planned markets.[J] Journal of the American Planning Association, 59(3): 353-360.

Barter P A, 2012. Off-street parking policy surprises in Asian cities[J]. Cities, 29(1): 23-31.

Bassett E M, 1922. Zoning[C]. National Municipal League.

Bassett E M, 1940. Zoning: The laws, administration, and court decisions during the first twenty years[M]. New York: Russell Sage Foundation.

Bereitschaft B, 2020. Gentrification central: a change-based typology of the American urban core, 2000-2015[J]. Applied Geography, 118: 102206.

Blowers A, 1980. The limits of power[M]. Oxford: Pergamon Press.

Booth P, 1996. Controlling development: Certainty and discretion in Europe, the USA and Hong Kong[M]. London: UCL Press.

Booth P, 2003, Planning by consent: The origins and nature of British development control [M]. London and New York: RoutledgeBrugman J, 1992. Call for a local agenda 21[R]. Toronto: Local Environmental Initiatives.

Buitelaar E, 2004. A transaction-cost analysis of the land development process[J]. Urban Studies, 41(13): 2539-2553

Buitelaar E, Galle M, Salet W, 2013. Third-party appeal rights and the regulatory state: Understanding the reduction of planning appeal options[J]. Land Use Policy, 35, 312-317.

Buller H, Hoggart K, 1986. Nondecision-making and community power: Residential development control in rural areas[J]. Progress in Planning, 25: 131-203.

Bunnell G, 1995. Planning gain in theory and practice - negotiation of agreements in Cambridgeshire[J]. Progress in Planning, 44(1), 1-113.

Burchell R W, Sternlieb B, 1978. Planning theory in the 1980s: a search for future directions[M]. New Brunswick, N. J.: Centre for Urban Policy Research, Rutgers University.

Campbell S, 1996. Green cities, growing cities, just cities?: Urban planning and the contradictions of sustainable development[J]. Journal of the American Planning Association, 62(3): 296-312.

Castells M, 1978. City, class and power[M]. New York: St. Martin's Press.

Claeys E R, 2005. Euclid lives? The uneasy legacy of progressivism in zoning[J]. Fordham Law Review, 73(2).

Cohen J E, 1995. A constitutional safety valve: The variance in zoning and land-use based environmental controls[J]. Boston College Environmental Affairs Law Review, 22(2), 307-364.

Cook W W, 1907. What is the police power? [J]. Columbia Law Review, 7(5): 322-336.

Cross M, 1978. Enforcement as a Function of Development Control[J]. Department of Town and Regional Planning.

Crow S, 2001. The planning system as a control system[D]. Cardiff: Cardiff University.

Cullingworth B, Nadin V, Hart T, et al, 2015. Town and country planning in the UK[M]. 15th edition. London: Routledge Taylor and Francis Group.

Cullingworth B, Caves R, 2013. Planning in the USA: Policies, issues, and processes[M]. New York: Routledge.

Davies H W E, 1980. Policy forum: The relevance of development control: "a response"[J]. Town Planning Review, 51(1): 5.

Durkin C, 2006. The exclusionary effect of "Mansionization": Area variances undermine efforts to achieve housing affordability[J]. Catholic University Law Review, 55(2): 439-472.

Fainstein S S, 1994. The city builders: Property development in New York and London, 1980-2000[J]. Cambridge, MA: Blackwell.

Faludi A, 1973. Planning theory: Urban and regional planning series[M]. Oxford: Pergamon Press.

Faludi A, 1985. Flexibility in zoning: the Australian case[J]. Australian Planner, 23(2): 19-24.

Faludi A, 1986. Flexibility in US zoning: A European perspective[J]. Environment and Planning B: Planning and Design, 13(3): 255-278.

Fluck T A, 1986. Euclid v. Ambler: A retrospective[J]. Journal of the American Planning Association, 52(3): 326-337.

Flyvbjerg B, 1998. Rationality and power: Democracy in practice[M]. Chicago: University of Chicago Press.

Fischler R, 1998. The metropolitan dimension of early zoning: Revisiting the 1916 New York City Ordinance[J]. Journal of the American Planning Association, 64(2): 170-188.

Fisher R, Ury W L, Patton B, 1981. Getting to yes: Negotiating agreement without giving in[M]. London: Penguin Books.

Forester J, 1989. Planning in the face of power[M]. Berkeley: University of California Press.

Fung A, Wright E O, 2003. Deepening democracy: Institutional innovations in empowered participatory governance[M]. London: Verso Press.

Friedmann J, Abers R, Autler L, 1996. Emergences: Women's struggles for livelihood in Latin America[J]. Los Angeles: UCLA, Latin American Center.

Gutmann A, Thompson D, 2004. Why deliberative democracy? [M] Princeton, NJ: Princeton University Press.

Gyford J, 1978. Town planning and the practice of politics[M]. London: University College London.

Hagman D G, Babcock R F, 1967. The zoning game: Municipal practices and policies[J]. The University of Chicago Law Review, 34(2):469.

Hall P, Tewdwr-Jones M, 2010. Urban and regional planning[M]. London: Routledge, 2010.

Hanf K, 1993, Enforcing environmental laws: the social regulation of co-production [M]//Michael H J. New agendas in the study of the policy process. London:

Harvester Wheatsheaf.

Harris N, 2011. Discipline, surveillance, control: A foucaultian perspective on the enforcement of planning regulations[J]. Planning Theory & Practice, 12(1): 57-76.

Harrison M L, 1972. Development control: the influence of political, legal and ideological factors[J]. Town Planning Review, 43(3): 254-274.

Harrison M L, Mordey R, 1987. Planning control: Philosophies, prospects, and practices[M]. London: Croom Helm.

Harvey D, 1985. The urbanization of capital: Studies in the history and theory of capitalist urbanization[M]. Baltimore: Johns Hopkins University Press.

Hawkins K, 1984. Environment and enforcement: Regulation and the social definition of pollution[M]. Oxford: Clarendon Press.

Healey P, 1992. An institutional model of the development process[J]. Journal of Property Research, 9(1): 33-44.

Healey P, Purdue M, Ennis F, 1995. Negotiating development: Rationales and practice for development obligations and planning gain[A]. London: E & FN Spon.

Healey P, 1999. Institutionalist analysis, communicative planning, and shaping places[J]. Journal of Planning Education and Research, 19(2): 111-121.

Heyes A, 1998. Making things stick: Enforcement and compliance[J]. Oxford Review of Economic Policy, 14(4): 50-63.

Hu E C M, 2001. Planning and development control through lease conditions[J]. Habitat International, 25(4): 599-615.

Hutter B M, 1988. The reasonable arm of the law? The law enforcement procedures of the environmental health officers[M]. Oxford: Clarendon Press.

Innes J E, 1996. Planning through consensus building: a new view of the comprehensive planning ideal[J]. Journal of the American Planning Association, 62(4): 460-472.

Johnston J L, Johnston-Dodds K, 2002. Common interest developments: Housing at risk? [M]. Sacramento: California Research Bureau.

Kasper W, Streit M E, 1999. Institutional economics: Social order and public policy [M]. Northampton, Mass.: Edward Elgar Publishing.

Knack R, Meck S, Stollman I, 1996. The real story behind the standard planning and zoning acts of the 1920s[J]. Land Use Law & Zoning Digest, 48(2): 3-9.

Kolnick K A, 2008. Order before zoning: Land use regulation in Los Angeles, 1880-1915[D]. Los angeles: University of Southern California.

Lai L W C, 1998. The leasehold system as a means of planning by contract: the case of Hong Kong[J]. Town Planning Review, 69(3): 249-275.

Lai L W C, 2005. Planning by contract: the leasehold foundation of a comprehensively planned capitalist land market[J]. Economic Affairs, 25(4): 16-18.

Lehavi A, 2018. One hundred years of zoning and the future of cities[M]. Cham: Springer International Publishing.

Lindberg N, 1992. Special permit: What they are and how they are used[J]. Planning Commissioners Journal.

Macneil I R, 1978. Contracts: Adjustment of long-term economic relations under classical, neoclassical, and relational contract law[J]. Northwestern University Law Review, 72(6): 854-905.

Mandelker D R, Brown C N, Meck S, et al., 2016. Planning and control of land development: Cases and materials[M]. 9th edition. Durham: Carolina Academic Press.

McKay S, Berry J, McGreal S, 2003. Planning enforcement: Lessons for practice and procedure[J]. Planning Theory and Practice, 4(3): 325-344.

Murdoch J, 1997. Towards a geography of heterogeneous associations[J]. Progress in Human Geography, 21(3): 321-337.

Owens D, Brueggemann A, 2004. A survey of experience with zoning variances[R]. Chapel Hill: The University of North Carolina.

Pearce B, 1981. Property rights versus development control[J]. Town Planning Review, 52(1): 41-60.

Peiser R, 1990. Who plans America? Planners or developers? [J]. Journal of the American Planning Association, 56(4): 496-503.

Preece R, 1990. Development control studies: Scientific method and policy analysis [J]. Town Planning Review, 61(1): 59-74.

Prior A, 2000. Problems in the theory and practice of planning enforcement[J]. Planning Theory & Practice, 1(1): 53-69.

Punter J, 1987. A history of aesthetic control: Part 2, 1953-1985[J]. Town Planning Review, 58(1): 29-62.

Purdue M, 1977. The scope of planning authorlttes' discretion—or What's material? [J]. Journal of Planning and Environment Law: 490-497.

Reiss A J jr, 1984. Selecting strategies of social control over organisational life[M]// Hawkins J, Thomas J M. Enforcing Regulation. Boston: Kluwer-Nijhoff.

Reps J W, 1964. Requiem for zoning[J]. Zoning Digest, 16(2): 33-56.

Robinson V B, Robinson L C, 1986. Dimensions of residential developer decision-making in a rapidly urbanizing region[J]. Socio-Economic Planning Sciences, 20 (1): 57-60.

Roelofs J, 2000. Eco-citles and red green politics. [J] Capitalism Nature Socialism, 11 (1): 139-148.

Rose J G, 2013. Legal foundations of land use planning: Textbook-Casebook and materials on planning law[M]. New York: Routledge.

Schilling J, Linton L S, 2005. The public health roots of zoning: In search of active living's legal genealogy[J]. American Journal of Preventive Medicine, 28(2): 96-104.

Scholtz J T, 1991. Cooperative regulatory enforcement and the politics of administrative ef fectiveness[J]. American Political Science Review, 85(1): 115-136.

Sellgren J, 1990. Development-control data for planning research: The use of aggregated development-control records[J]. Environment and Planning B: Planning and Design, 17(1): 23-37.

Shaw K, Robinson F, 2010. Centenary paper: UK urban regeneration policies in the early 21st century: Continuity or change? [J]. Town Planning Review, 81(2): 123-150.

Stillman P G, 1997. Privatopia: Homeowner associations and the rise of residential private government[J]. Utopian Studies, 8(2): 158-160.

Stone C N, 1989. Regime politics: Governing Atlanta, 1946-1988[M]. Lawrence, Kan. : University Press of Kansas.

Talen E, 2012. Zoning and diversity in historical perspective[J]. Journal of Planning History, 11(4): 330-347.

Tewdwr-Jones M, 1995. Development control and the legitimacy of planning decisions[J]. Town Planning Review, 66(2): 163.

The municipal art society of New York, 2004. Zoning variances and the New York city board of standards and appeals[R]. New York: The Municipal Art Society of New York.

Thomas K, 1997. Development control: Principles and practice[M]. London, New York: Routledge.

Voorhees Walker Smith & Smith, 1958. Zoning New York city[M]. New York: New York City Planning Commission.

Ward K, 1996. Rereading urban regime theory: A sympathetic critique[J]. Geoforum, 27(4): 427-438.

Weiss M A, 1986. Urban land developers and the origins of zoning laws: The case of Berkeley[J]. Berkeley Planning Journal, 3(1):7-25

Weiss M A, 1997. Density and intervention: New York's planning traditions[M]// Ward D, Zunz O. The landscape of modernity: New York City, 1900-1940.

Weiss M A, 2002. The rise of the community builders: The American real estate industry and urban land planning[M]. Beard Books.

Willey S, 2005. Are planning appeal rights necessary? A comparative study of Australia, England and Vancouver BC[J]. Progress in Planning, 63(3): 265-320.

Williamson C J S, 1931. Mechanics of zoning adjustments[J]. The ANNALS of the American Academy of Political and Social Science, 155(2): 108-122.

Willis K G, 1995. Judging development control decisions[J]. Urban Studies, 32(7): 1065-1079.

Wilson W H, 1970. Nuisance as a modern mode of land use control[J]. Washington Law Review, 46: 47-120.

Zhao J, 2011. Zoning variance administration in practice: Influencing factors and trends[D]. Gainesville: University of Florida.

Zhu J M, 2004. From land use right to land development right: Institutional change in China's urban development[J]. Urban Studies, 41(7): 1249-1267.

中(译)文参考文献：

包亚明,2003.现代性与空间的生产[M].上海:上海教育出版社.

陈秉钊,1999.论城市规划的分级管理、综合管理与垂直管理[J].城市规划汇刊(5):20-21+8.

陈璐,周剑云,庞晓媚,2022.洛杉矶城市分区的演变与新综合分区的转型[J].国际城市规划,37(4):63-73.

程金华,2012.分权、政府间竞争与经济发展:概念、逻辑及其批评[J].法学论坛,27(4):33-42.

蔡小波,庞晓媚,邱泉,等,2022.基于公共健康的开发控制研究[J].南方建筑,207(1):34-40.

弗鲁博顿,芮切特,2006.新制度经济学:一个交易费用分析范式[M].上海:上海人民出版社.

顾翠红,2008.澳大利亚昆士兰州整合开发评估系统[J].国际城市规划,23(6):117-120.

郝娟,1996.英国土地规划法规体系中的民主监督制度[J].国外城市规划(1):15-20.

郝娟,1997.西欧城市规划理论与实践[M].天津:天津大学出版社.

何佩然,2016.城传立新:香港城市规划发展史(1841-2015)[M].香港:中华书局.

何艳玲,2006."邻避冲突"及其解决:基于一次城市集体抗争的分析[J].公共管理研究(0):93-103.

洪文迁,2010.纽约大都市规划百年:新城市化时期的探索与创新[M].厦门:厦门大学出版社.

霍尔,2008.城市和区域规划[M].邹德慈,李浩,陈熳莎,译.北京:中国建筑工业出版社.

霍普金斯,2009.都市发展:规划制定的逻辑[M].赖世刚,译.北京:商务印书馆.

贾彩彦,2004.近代上海租界土地管理中的规划思想[J].上海综合经济(9):73-74.

卡林沃思,凯夫斯,2016.美国城市规划:政策、问题与过程[M].吴建新,杨志德,译.武汉:华中科技大学出版社.

卡林沃思,纳丁,2011.英国城乡规划[M].14版.南京:东南大学出版社.

柯武刚,史漫飞,2000.制度经济学:社会秩序与公共政策[M].韩朝华,译.北京:商务印书馆.

李广斌,王勇,袁中金,2009.城乡规划管理体制改革的思考:基于政治中委托代理理论的视角[J].经济体制改革(2):149-152.

李恒,2007.美国区划发展历史研究[D].北京:清华大学.

李泠烨,2011.城市规划法的产生及其机制研究:以德国和美国为中心的标志性考察[D].上海:上海交通大学.

黎淑翎,陈璐,于萍萍,2018.1961纽约市区划规例[M].广州:华南理工大学出版社.

刘飞,2010.信赖保护原则的行政法意义:以授益行为的撤销与废止为基点的考察[J].法学研究,36(6):3-19.

刘素英,2009.行政许可的性质与功能分析[J].现代法学,31(5):14-19.

罗斯巴德,2012.古典经济学[M].北京:商务印书馆.

卢道典,蔡喆,2012.基于分权视角的城市规划管理体制模式及改革建议[J].城市观察(2):110-118.

马爱平,2017."法不禁止皆自由"的宪政监督[J].政法学刊,34(2):32-41.

马端临,2003.文献通考[M].北京:中华书局.

芒福德,2005.城市发展史:起源、演变和前景[M].宋俊岭,倪文彦,译.北京:中国建筑工业出版社.

庞晓媚,周剑云,蔡小波,等,2021.基于"行动者关联法"剖析开发控制的程序结构[J].城市规划,(45)12:84-94.

庞晓媚,周剑云,戚冬瑾,2010.论开发控制体系的相对独立性[J].城市规划,34(7):9-16.

庞晓媚,周剑云,戚冬瑾,2014.城市规划行政许可及审批探讨[J].规划师,30(12):54-58.

庞晓媚,周剑云,戚冬瑾,2016.基于规划许可事权特点的动态行政模式[J].规划师,32(7):23-28.

庞晓媚,2018.应对可持续发展的开发控制体系[D].广州:华南理工大学.

戚冬瑾,周剑云,2011.英国城乡规划的经验及启示:写在《英国城乡规划》第14版中文版出版之前[J].城市问题(7):83-90.

戚冬瑾,周剑云,2013.基于形态的条例:美国区划改革新趋势的启示[J].城市规划,37(9):65-75.

Roo G,2012.荷兰环境规划:难以置信[M].叶齐茂,倪晓晖,译.北京:中国建筑工业出版社.

盛雪冬,2010.澳大利亚的规划许可证审批[J].中国建设信息(1):68-71.

Scott C,石肖雪,2014.作为规制与治理工具的行政许可[J].法学研究,36(2):35-45.

唐子来,程蓉,2003.法国城市规划中的设计控制[J].城市规划,27(2):87-91.

谭峥,2017.香港战后规划的思想流变:契约、福利与空间[J].国际城市规划,32(3):11-20.

徐博嘉,2013.行政协商制度基本问题分析[J].行政与法(10):94-99.

叶必丰,2014.行政行为原理[M].北京:商务印书馆.

殷成志,佩世,2005.德国建造规划的技术框架[J].城市规划,29(8):64-70.

殷成志,杨东峰,2007.德国城市规划法定图则的历史溯源与发展形成[J].城市问题(4):91-94.

于立,杨睿,2012.英国开发控制系统的分析与其特征[J].城市发展研究,19(5):95-99+110.

张宏伟,2010.美国地方政府对区划法的修改[J].城市规划学刊(4):52-60.

张祺炜,金保阳,2018.法定职责外行政协议的适法性[J].行政与法(9):100-107.

周剑云,黎淑翎,戚冬瑾,等,2019.基于纽约占用执照规则框架建构我国建筑使用管理制度[J].中国软科学(12):1-16.

周剑云,2020.卫生防疫与城镇分区管制溯源:英国《公共健康法1875》评述[J].北京规划建设(2):43-48.

周剑云,戚冬瑾,2019.1997昆士兰州整合规划法[M].广州:华南理工大学出版社.